商事领域

穿透式审判理论和实务

THEORY AND PRACTICE OF PENETRATING TRIAL IN COMMERCIAL FIELD

茅迪群　庄鸿钦　包铭欣／著

法律出版社 LAW PRESS · CHINA
北京

图书在版编目(CIP)数据

商事领域穿透式审判理论和实务 / 茅迪群, 庄鸿钦, 包铭欣著. -- 北京 : 法律出版社, 2023
ISBN 978-7-5197-8190-3

Ⅰ. ①商… Ⅱ. ①茅… ②庄… ③包… Ⅲ. ①经济纠纷-民事诉讼-审判-研究-中国 Ⅳ. ①D925.118.24

中国国家版本馆 CIP 数据核字(2023)第 151090 号

商事领域穿透式审判理论和实务
SHANGSHI LINGYU CHUANTOUSHI SHENPAN LILUN HE SHIWU

茅迪群　庄鸿钦　包铭欣 著

责任编辑 翁潇潇
装帧设计 鲍龙卉

出版发行 法律出版社
编辑统筹 法规出版分社
责任校对 王晓萍　王语童
责任印制 耿润瑜
经　　销 新华书店

开本 710 毫米×1000 毫米　1/16
印张 15.25　**字数** 228 千
版本 2023 年 8 月第 1 版
印次 2023 年 8 月第 1 次印刷
印刷 三河市兴达印务有限公司

地址:北京市丰台区莲花池西里 7 号(100073)
网址:www.lawpress.com.cn
投稿邮箱:info@lawpress.com.cn
举报盗版邮箱:jbwq@lawpress.com.cn
销售电话:010-83938349
客服电话:010-83938350
咨询电话:010-63939796

书号:ISBN 978-7-5197-8190-3　**定价**:68.00 元

前　言

2019年11月8日，最高人民法院颁布了《全国法院民商事审判工作会议纪要》（以下称《九民纪要》），该纪要首次指出：要"注意处理好民商事审判与行政监管的关系，通过穿透式审判思维，查明当事人的真实意思，探求真实法律关系"。这是迄今为止官方层面的审判文件中第一次也是唯一一次出现穿透式审判的表述。这一表述的出现，代表着"穿透式司法"正式成为当前商事审判中的一个基本立场。

截至本书完稿时，《九民纪要》已颁布三年有余，司法实践中运用穿透式审判思维进行裁判的案例已积累至一定数量，为我们研究"穿透式审判"这一现实命题提供了沃土；与此同时，理论界也出现了部分观点，对司法实践在部分案件中滥用穿透式审判的现象进行了批判与反思。诚然，穿透式审判思维的提出有其现实背景，但作为监管领域"移植"而来的"司法外来户"，如何将穿透式审判理念在实践中转化为合乎私法逻辑与裁判逻辑的司法语言，是理论界与实务界需要解决的重要问题。

本书的写作目的，一方面旨在通过对穿透式审判进行准确阐释，明确穿透式审判的本质含义与应然适用方式，进而纠正部分案例中存在的、司法实践对穿透式审判的认识误区；另一方面，笔者也希望本书能够通过对部分典型领域案例进行分析与解构，向实务工作者揭示当下的司法实践是如何运用穿透式审判理念裁判案件的，进而为实务工作者提供帮助。通过理论与实务双重维度的观察,或许我们能对穿透式审判产生一种不止于感性的认知,这对穿透式审判在实践中的发展是十分有益的。

本书所选取的案例,均为当前司法实践中出现的真实案例,在一定程度上能够反映出司法机关面对“穿透”的态度与裁判思路。当然,由于笔者的水平不足,书中的案例选取可能并不典型,不少观点也可能有失妥当甚至错误,我们虚心地接受各位读者的批评,也希望有更多读者能够与我们进行交流!

茅迪群

2023 年 8 月 7 日

目　　录

第一章

穿透式审判的发展脉络与正当基础

自2019年《全国法院民商事审判工作会议纪要》(以下称《九民纪要》)提出穿透式审判思维以来,穿透式审判似乎只在一些案件评析中"突然出现",又"草草消失",对于何为穿透、穿透式监管与穿透式审判的关系、如何在司法裁判中运用穿透式审判思维问题问题等,理论界和实务界关注的程度远远不够。

从审判文件中的表述来看,对穿透式审判这一概念的研究缺失似乎是情有可原的。《九民纪要》的引言这样写道:"……注意处理好民商事审判与行政监管的关系,通过穿透式审判思维,查明当事人的真实意思,探求真实法律关系……"根据该表述,穿透式审判是一种审判思维,而并非一种确定性的裁判规则;加之该表述位于《九民纪要》的引言部分,从理论上说,穿透式审判可成为所有民商事纠纷的指导性思维。这一现状导致穿透式审判在实践中可能以千变万化的形式出现,对其进行系统性研究存在一定的难度。除此之外,如何释明穿透式审判的准确内涵,也是当前的理论研究需要重视的。如果将穿透式审判简单化约于"实质重于形式"的裁判理念,就很容易忽视或低估现有商事法律规范在法解释学中的重要作用。本书的研究,就是在这一基础上展开的。

当前,尽管学界已经开始认识到,"在金融裁判中,频繁宣告无效和穿透是危险的",[1]但尚未有全面、系统研究穿透式审判的论著。这里需要指出,微观领域对穿透式审判裁判路径的研究是卓有成效且极具意义的,但是金融创新与商业创新的步伐,绝不会因为裁判思维的变化而停止。如果能够从更为宏观的角度对穿透式审判问题进行研究,将可能更为有效地应对风云变幻的商事法律实践。因此,在微观领域的裁判路径研究已积累至一定程度后,本书将斗胆站在这些论著的"肩膀"上,力图对穿透式审判思维进行一个总体、系统性的研究,希望能够为我国的商事司法带来一定的启示。

---

〔1〕 赵廉慧:《金融裁判中,频繁宣告无效和穿透是危险的》,载微信公众号"InlawweTrust"2022年11月9日,https://mp.weixin.qq.com/s/HUOJq5t29CERox7-6YYApw。

一、穿透式审判理念之缘起：从金融穿透式监管到穿透式审判

“穿透”最开始是作为监管理念而为法律人所熟知的。在学者们对我国金融法发展作出的论述中，常常可看到穿透式监管的踪迹。例如，学者论及我国金融监管模式时，常常强调功能监管与穿透式监管原则的重要作用。〔1〕而穿透式审判被广泛地接受，成为商事司法中的一个新命题，则是《九民纪要》颁布后的结果。在《九民纪要》颁布前，一些典型案例中已经出现了穿透式审判思维的雏形。〔2〕从文本上看，穿透式理念最初出现在金融监管层面的政策文件之中，此后进入中央层面的审判文件《九民纪要》。由适用于金融监管领域，逐渐进入金融商事司法领域；其适用对象也由最初的互联网金融，逐渐扩展到其他金融领域。从“穿透式监管”到“穿透式审判”，学界对穿透式方法的理解逐步加深，也对其防范与化解系统性金融风险的重大作用予以广泛认可。本部分的写作目的，就在于系统梳理穿透式理念的源流，进而为穿透式理念进入司法提供充足的理论与知识基础。其中，较为重要的问题有三个：第一，穿透式审判思维的源流何在？其方法论基础是什么？第二，《九民纪要》基于何种考虑正式提出穿透式审判思维？第三，如何将穿透式理念同我国商事审判的现实需求相结合，进而赋予穿透式审判更为合理的价值与制度定位？这将为后文尝试将穿透式理念的扩张特性与监管底色转化为合乎商事逻辑的裁判思维提供可能。

（一）穿透式监管的源流

如前文所述，“穿透式审判”这一提法，并非金融司法的内生产物，但“实质重于形式”的商事裁判理念，于30余年前便在裁判文件中有迹可循：早在1990年，最高人民法院就颁布了《关于审理联营合同纠纷案件若干问题的解

---

〔1〕参见李曙光：《金融法若干前沿问题探讨》，载《中国应用法学》2020年第1期。

〔2〕参见最高人民法院(2017)最高法民终529号。该案即“福建伟杰投资有限公司等诉福州天策实业有限公司营业信托纠纷案”，具有很强的穿透式理念进入司法的特征，后文将对其予以详述。

答》(已失效),其中规定:"企业法人、事业法人作为联营一方向联营体投资,但不参加共同经营,也不承担联营的风险责任,不论盈亏均按期收回本息,或者按期收取固定利润的,是明为联营,实为借贷,违反了有关金融法规,应当确认合同无效。"〔1〕这一司法政策强调法官在对案涉交易形式进行甄别时,应该深入该交易的经济实质,对其进行准确定性。可以说,当时的司法机关已经注意到在部分情形下"实质重于形式"裁判理念的运用。据此,《九民纪要》提出的穿透式审判思维,不仅仅包含着"实质重于形式"的价值取向,还有着更深层次的制度动因。根据《九民纪要》的规定,最高人民法院确立穿透式审判理念的目的在于"查明当事人的真实意思,探求真实法律关系";但从人们对司法的普遍认知来看,司法天然地具有事实发现的功能,通过诉讼中的举证质证等制度,法官们能够认清案件的客观事实,并将客观事实转化为法律事实,进而作出司法裁判。因此,穿透式审判中的"穿透"二字,不仅仅指单纯的、广义的事实发现,还有着更为深刻的含义。据此,要捋清"穿透"如何从金融监管领域进入商事司法裁判,就不得不从 2016 年第一次提出"穿透"开始讲起。

在 2016 年中国互联网金融协会的挂牌仪式上,时任中国人民银行副行长的潘功胜在谈及互联网金融监管时首次提到了"穿透式监管";此后,2016 年 4 月 12 日,国务院办公厅发布《互联网金融风险专项整治工作实施方案》,其中提及,对于互联网金融企业的监管,要"采取'穿透式'监管方法,根据业务实质认定业务属性"。自此,穿透式监管的概念被正式提出,并被广泛地应用于金融监管之中。

何为穿透式监管?对此,中国人民银行潘功胜副行长在 2016 年接受采访时有过这样一番论述:"透过互联网金融产品的表面形态看清业务实质,将资金来源、中间环节与最终投向穿透联接起来,按照'实质重于形式'的原则甄别业务性质,根据业务功能和法律属性明确监管规则。"〔2〕通过这一官

---

〔1〕 最高人民法院《关于审理联营合同纠纷案件若干问题的解答》[法(经)发〔1990〕27 号]"四、关于联营合同中的保底条款问题(二)"。

〔2〕 汪青:《潘功胜:互联网金融应实施穿透式监管》,载《中国经营报》2016 年 3 月 28 日,第 8 版。

方层面的解读可知，穿透式监管本质上是一种事实发现的方式，其核心的确包含了“实质重于形式”的监管理念，目的在于准确识别业务的性质。在适用顺序上，穿透式监管运用于监管规则适用之前，呈现先穿透，后适法的特征。通说认为，穿透式监管并非与行为监管、功能监管并列的概念，而是服务于功能监管和行为监管及其相对应的机构监管和行业监管的一种监管思维或监管方法。[1] 但穿透式监管最初之所以被提出，最根本的原因在于互联网金融相比传统金融存在一定程度的隐秘性与涉众性，进而存在加强监管、精准监管的必要。正如学者所概括的那样，“高风险性的金融与涉众性的互联网结合，必然使互联网金融比传统金融更具涉众性风险，风险面更广，传染性更强”，进而存在“防范复杂、低效率、抑制创新的监管，要在维护互联网金融市场活力与做好风险控制之间实现平衡”的现实需求。[2]

在比较法上，“穿透”这一理念可以追溯到税法领域的税务穿透（look-through rule）规则；而在金融领域，“穿透式”条款（look-through provision）早已在美国《1940年投资公司法》《1940年投资顾问法》中可觅踪迹，但其并未成为金融监管乃至金融司法领域的常用概念。[3] 因此可以说，尽管“穿透”这一方法早已有之，但将其作为金融监管领域的一项基本原则，则是在强监管的背景下，我国金融监管部门应对金融风险、维护金融稳定的一次“中体西用”的大动作。

（二）司法实践对穿透式监管理念的吸纳

实践中金融司法将不可避免地受到强监管背景的影响，在裁判方法、裁判路径、裁判结果上呈现与金融监管政策相似的趋势：在金融监管政策较为

---

〔1〕 参见叶林、吴烨：《金融市场的“穿透式”监管论纲》，载《法学》2017年第12期。

〔2〕 参见李有星、陈飞、金幼芳：《互联网金融监管的探析》，载《浙江大学学报（人文社会科学版）》2014年第4期。

〔3〕 参见袁达松、刘华春：《论穿透式金融监管》，载郭锋主编：《证券法律评论》（2017年卷），中国法制出版社2017年版；常健：《论“穿透式”监管与我国金融监管的制度变革》，载《华中科技大学学报（社会科学版）》2019年第1期；陈娟：《私募资管产品的穿透监管》，载《证券市场导报》2017年第9期。

宽松时，金融司法将倾向于对金融市场中的创新现象保持较为克制的态度；而在金融监管政策趋严时，金融司法将倾向于由克制转为能动，对部分可能有悖于金融监管政策、可能导致金融系统性风险的行为或产品转向严格的禁止态度。有学者对司法实践中的"职业放贷人"现象进行实证研究后便得出："金融司法一方面在审判标准和司法取向方面力图与金融监管部门保持同步，另一方面也试图以更低的成本缓解监管失灵带来的合同执行难题。"〔1〕如果从社科法学的视角去解释这一现象，可以认为法官在面对错综复杂的金融创新产品时，选择了一条最为保险的裁判路径；也可以认为，国家政策虽然并非正式法源，但在潜移默化的过程中对法官的心理产生了影响。最具代表性的观点来自黄韬教授，他认为，中国的法院是一种"公共政策法院"，法院会基于各种考量，追求法律效果和社会效果的统一，进而承担起部分公共治理的职能。〔2〕

但不论如何，金融司法对穿透式监管理念的吸纳并非一蹴而就，自 2016 年颁布《互联网金融风险专项整治工作实施方案》后，自 2016 年颁布《通过互联网开展资产管理及跨界从事金融业务风险专项整治工作实施方案》后，2018 年颁布的《商业银行股权管理暂行办法》、2018 年修正后颁布的《保险公司股权管理办法》等监管文件中均出现了"穿透式监管"的表述。2018 年颁布的《关于规范金融机构资产管理业务的指导意见》（以下简称《资管新规》）最为典型：该文件不仅再次重申了穿透式监管理念，还将穿透式监管的适用领域在互联网金融领域之外进行扩张，要求对资产管理业务实施监管，应当遵循穿透式监管的原则，"对于多层嵌套资产管理产品，向上识别产品的最终投资者，向下识别产品的底层资产（公募证券投资基金除外）"，〔3〕并

〔1〕 李有、沈伟：《金融司法的安全和效率周期之困——以"职业放贷人"司法审判为切入》，载《中国法律评论》2020 年第 5 期。

〔2〕 参见黄韬：《公共政策法院：中国金融法制变迁的司法维度》，法律出版社 2013 年版，第 60 页。

〔3〕 《资管新规》第 27 条规定："对资产管理业务实施监管遵循以下原则：……（二）实行穿透式监管，对于多层嵌套资产管理产品，向上识别产品的最终投资者，向下识别产品的底层资产（公募证券投资基金除外）。"

在限制多层嵌套等方面规定了细则。[1] 在强监管的背景之下，司法机关基于公共利益的考量，在裁判路径及裁判后果等方面也发生了显著的变化；其中最为典型的是，最高人民法院于2018年颁布的两例典型案例。[2] 在这两例典型案例中，股权代持协议的效力最终均遭否定，且裁判路径均以“社会公共利益”“社会公共秩序”为转介，在事实上实现了以金融监管规则否定合同效力的效果。这让《九民纪要》颁布前的金融司法，隐约有了穿透式司法的雏形。

总之，早在《九民纪要》提出“穿透式审判”之前，“穿透式审判”就随着金融强监管的趋势，被部分地应用于金融司法实践之中；而《九民纪要》的颁布，更像一种中央层面的定调，是一种统一全国司法工作者思想认识的途径；也在某种层面上，反映了最高人民法院希望加强金融监管与金融司法的互动，实现金融司法与金融监管协同的美好愿望。

（三）穿透式审判思维的正式提出

2019年11月，最高人民法院正式发布《九民纪要》，该纪要指出：“注意处理好民商事审判与行政监管的关系，通过穿透式审判思维，查明当事人的真实意思，探求真实法律关系。”《九民纪要》提及的“穿透式审判思维”，与金融监管领域的“穿透式监管”是一脉相承的，其意旨在于：通过“穿透式审判”本身可达致的事实发现之功能，在实现金融监管功效的同时，实现私法本身

---

〔1〕 参见《资管新规》第22条第1、2款规定：“金融机构不得为其他金融机构的资产管理产品提供规避投资范围、杠杆约束等监管要求的通道服务。资产管理产品可以再投资一层资产管理产品，但所投资的资产管理产品不得再投资公募证券投资基金以外的资产管理产品。”

〔2〕 这两例案例分别为最高人民法院（2017）最高法民申2454号、上海金融法院（2018）沪74民初585号；部分学者通过这两个典型案例，对于该阶段金融合同的效力、公共秩序对合同效力的影响等问题进行了详尽的分析，参见贺小荣：《意思自治与公共秩序——公共秩序对合同效力的影响及其限度》，载《法律适用》2021年第2期；孙跃：《论民商事裁判中基于融贯论的体系解释——以金融机构股权代持合同效力判定为例》，载《广西社会科学》2019年第5期；申鸣阳：《强监管背景下的金融司法——以金融合同效力裁判为视角》，载《北方金融》2019年第12期；胡赟頔：《金融监管规章影响商事合同效力的路径辨析》，载《海南金融》2020年第3期等。

价值上与逻辑上的契合,有学者称其为“私法的规制化”[1]或“金融司法监管化”。[2]

承上所述,《九民纪要》中的穿透式审判与金融监管领域的穿透式监管,除了适用领域不同,在内涵上也发生了一定的变化:尽管二者都着重强调穿透本身的事实发现功能,但穿透式审判思维的核心,除了发现当事人之间的真实法律关系,还包括原文提及的“查明当事人的真实意思”,这已经超出了穿透式监管的核心功能。除此之外,这一“查明当事人真实意思”的功能,似乎与穿透式监管的内在动因截然相反。以《资管新规》提及的穿透式监管为例,其重要功能在于打击多层嵌套,这种多层嵌套的交易结构,是私法主体多重考量下真实意思的体现;“查明当事人真实意思”的表述,似乎暗藏着对双方当事人真实意思的尊重。但是,多层嵌套的交易结构可能导致跨部门、跨地区产品登记系统的互不相通。一旦资管产品采取交叉投资等方式,产品投向、投资者身份等关键信息就可能被隐匿,穿透的链条就可能中断,[3]金融系统性风险也因此显现,这恰好是穿透方法的矫正重点。因此,通过穿透的手段实施监管,目的绝非狭义的“查明当事人的真实意思”,而在于查明当事人之间所建立的交易结构,并通过实质重于形式的理念,进而防范金融系统性风险。这一内在动因,与查明当事人之间的真实意思并无必然关联。而《九民纪要》使用的“查明当事人真实意思”的表述,若依传统观念,坚持认为穿透式审判与穿透式监管二者在内涵上完全一致,就无法解释《九民纪要》中“查明当事人的真实意思”这一表述。

总的来说,穿透式审判这一理念除了在适用主体、适用领域等方面与穿透式监管不同,在内涵上也与穿透式监管有所不同;但不论如何,穿透式监管与穿透式审判存在指导思想的一致性。在传统司法的谦抑性特征之下,

---

〔1〕 刘斌:《〈九民纪要〉与私法规制化》,载上海市法学会编:《上海法学研究》第24卷,《中国学术期刊(光盘版)》电子杂志社2019年版,第126~128页。

〔2〕 较早提出“金融监管司法化”概念的是雷继平先生,其在2018年北京大学金融法研究中心春季论坛的发言上使用了这一表述,转引自申鸣阳:《强监管背景下的金融司法——以金融合同效力裁判为视角》,载《北方金融》2019年第12期。

〔3〕 参见陈娟:《论资管产品穿透监管政策的适用》,载《金融法苑》2018年第2期。

金融司法与金融监管常常无法形成合力;而在"总体国家安全观"的背景之下,金融司法与金融监管如何共同守住不发生系统性金融风险的底线,是金融司法必须面对的课题,也是中国法院服务于公共治理的大势所趋。从这个角度上说,穿透式审判思维更类似于一种契合金融法领域、为金融安全服务的能动司法观;而这种独具特色的能动司法,是金融安全的公共政策导向下的必然结果。

二、金融商事司法走向穿透的正当性

金融商事司法缘何走向穿透?对于这个问题,可以从传统私法与金融监管法的关系、二者各自存在的局限性等方面进行探讨。实践中囿于成文法规则的稀缺与金融创新的升级迭代,金融司法面临错综复杂的艰巨任务;加之中国法院有意无意承担的公共治理职能,穿透式审判作为一个极富吸引力的提法被创造出来,也就显得不足为奇了。

(一)对传统私法规范局限性的克服

早在十余年前,王保树教授就指出:"正如自由与管制并不是对立的一样,自由与强制也不是对立的,它们不是简单的彼此消长关系,而是一种互动关系。……金融交易既需要便捷,也需要安全,因而既需要自由,也需要强制,两者是统一的。与此相适应,规范结构与实践相互协调,任意性规范和强行性规范相协调,这是一个不能避免的趋势。"[1]自此,"二元的金融法"这一观点,深深烙印在了一部分金融法学人的心中。

传统私法面对更新迭代的金融创新产品,在解释力上存在一定的不足,但这种不足从根本上说,是可以通过学者的努力去解决的,因此绝非传统私法的最大局限性。在二元结构的金融法体系下,传统私法的最大局限,毋宁说是无法对金融交易可能导致的负外部性因素进行规制;这将可能导致金融法在自由与强制之间完全地倒向自由,进而忽视了金融法中的强制性因

[1] 王保树:《金融法二元规范结构的协调与发展趋势——完善金融法体系的一个观点》,载《广东社会科学》2009年第1期。

素;而传统私法中的权利义务平衡理念,也无法解释金融领域的公共政策对部分新型交易形态进行规制的正当性。尽管当今,我国已拥有一套相对完善的、二元性的金融法体系,但在法官眼中,公与私依然模糊不清,在金融强监管的背景下,亟须全局性的司法政策对法官审判进行观念上的指引。鉴于并非所有的金融"创新"都对社会有着正外部性,"金融交易的价值源于其帮助实体经济提高效率的能力";〔1〕而穿透式审判理念的提出,有助于指引法官在审判金融案件时关注金融交易可能出现的外部性问题,避免法官以传统的私法思维接受一些可能带来负外部性但合乎私法自由的金融创新形式,以更具全局性的思维审理金融案件。

(二)对金融监管规范局限性的超越

金融监管规范时常具有滞后性,而传统的"命令—控制型监管"(静态监管)在面对动态、不断变化、更新迭代的金融市场时,容易导致监管真空、监管套利等问题;除了呼吁金融监管由"静态监管"转向"调适性监管"(动态监管),〔2〕金融司法能动的自由裁量特征,导致其事实上可能通过发挥剩余立法权的方式,对滞后、僵化的金融监管规范进行再造,进而在事实上实现金融监管的职能。

金融监管规范大多位阶较低,倘若径直适用金融监管规范判定金融交易活动或金融产品的效力,有越界之嫌。以实践中出现的场外配资合同为例,实践中出现的有效、事实有效与无效三种判定路径,在造成同案件不同判现象的同时,还体现了金融管制与私法自治之间恒久存在的紧张关系。〔3〕尽管在司法实践中,最高人民法院早已通过民事判决〔4〕实现了由

〔1〕［德］丽莎·赫佐格:《超越市场:公平社会中的金融》,载［德］丽莎·赫佐格主编:《金融正义论:金融市场与社会公平》,袁康译,上海人民出版社2021年版,第29页。

〔2〕"命令—控制型监管"(静态监管)与"调适性监管"(动态监管)等概念,参见杨松、张永亮:《金融科技监管的路径转换与中国选择》,载《法学》2017年第8期。

〔3〕参见黄绍坤:《场外配资合同效力认定的反思与重构》,载《华东政法大学学报》2021年第1期。

〔4〕参见最高人民法院(2017)最高法民终529号。

“合同违反部门规章”转介至“合同损害公共利益”，进而判定合同无效的说理思路，但金融司法仍然亟须一个总体性的方针，在强监管的大背景之下统一司法层面的认识，对一些可能违反金融监管规范的金融活动作出穿透式的处理，进而更加谨慎地判定其效力。

（三）实现商事司法与金融监管的协同

穿透式审判思维的提出，是最高人民法院等相关部门力图实现商事司法与金融监管协同的重要尝试。传统司法具有谦抑性、被动性与中立性的特征，不告不理、谨慎否定合同效力等都是其重要体现。而金融监管权在本质上是一种特殊的行政权，其不具备被动性、谦抑性的特征，并且带有强烈的价值导向：维护金融安全。倘若司法权与金融监管权无法实现合力，则金融监管的效率将被大大削弱。

同时，由于司法权与金融监管权分属于不同的部门，在实践中可能出现部门间的规则冲突与理解偏差。有学者通过实证研究的方式发现，我国借款利率长期受到中国人民银行和最高人民法院的双重规制，虽然在理论上并无冲突，但在实践中引发了司法裁判的多种指向，对同案同判的司法价值造成了重大冲击。[1] 而金融司法与金融监管将可能通过各司其职、优势互补的方式，共同服务于金融安全与金融稳定。穿透式审判在《九民纪要》中的出现，表明了最高人民法院对金融司法与金融监管实现协同的美好愿望，也表明了最高人民法院希望在行使司法权之外，也成为金融安全公共政策的践行者与监督者，助力于金融风险治理。

三、金融司法的穿透式审判实践

有学者认为，穿透式监管在中国拥有四种类型化实践：一是对主体的穿透，二是对产品属性的穿透，三是对嵌套层级的穿透，四是对三类股东的穿

---

〔1〕 参见李有、程金华：《行政、司法与金融规制冲突——对金融借款利率上限的实证研究》，载《交大法学》2020年第3期。

透。[1] 其中，对嵌套层级的穿透与对三类股东的穿透必然混合着对主体的穿透与对产品属性的穿透，因此，亦可将其合并视作一种混合性质的穿透。就穿透式审判而言，也有学者依据《九民纪要》的相关规定，将其类型化为"穿透法律关系性质"与"穿透法律关系状态"两种类型。[2]

根据学者的概括，我们可以大体将穿透类型化为"向上穿透"与"向下穿透"。所谓向上穿透，是指对法律关系状态的穿透，一旦实现了对双方当事人法律关系状态的穿透，即意味着对法律关系的根本性否定；而向下穿透，是指对法律关系性质的穿透，通过穿透的方式，对双方当事人所达成的权利义务安排进行重新认定，将外观表现出的法律关系 A 认定为穿透后的法律关系 B，进而适用不同的法律后果。[3] 实践中常见的向上穿透包括对股权代持关系的穿透、对民间借贷中自有资金的穿透等；而向下穿透的类型则十分多，如《九民纪要》第 69 条对保兑仓交易形式的穿透、股债杂糅背景下判定双方当事人达成交易的安排究竟属于"股"还是属于"债"的穿透等，这种穿透在司法实践中常常表现为"名 A 实 B"或"名为 A，实为 B"的裁判语词。

学界对穿透式审判所进行的类型化，很大程度是人为建构的，是对金融监管领域的穿透进行移植后形成的理想模式。司法实践中的穿透是否遵照了建构后的这一理想形式，尚待检验。据此，本书将深入《九民纪要》颁布后的金融司法实践，检视金融司法是如何认真对待《九民纪要》中"穿透式审判"这一提法的。

（一）司法实践中"穿透"的类型化分析

对穿透式审判进行类型化的结果，是否与学者依穿透式监管的逻辑所先验得到的类型相似，是理解司法实践面对穿透式审判的一个关键着眼点。

---

[1] 参见叶林、吴烨：《金融市场的"穿透式"监管论纲》，载《法学》2017 年第 12 期。

[2] 参见陈鹏飞、陈江：《监管穿透与审判穿透：二维"穿透"下的金融法治》，载厦门金融司法协同中心编：《金融司法协同的理论研究与实践探索》，法律出版社 2021 年版，第 7 页。

[3] 参见陈鹏飞、陈江：《监管穿透与审判穿透：二维"穿透"下的金融法治》，载厦门金融司法协同中心编：《金融司法协同的理论研究与实践探索》，法律出版社 2021 年版，第 6~9 页。

由表 1-1 检索结果可知，司法实践中“穿透式审判”的表述出现在 2019 年以后；在《九民纪要》颁布前，司法实践中从未有过“穿透式审判”这一提法。这从侧面表明，穿透式司法这一理念并非由司法领域内部产生，而是通过《九民纪要》正式进入司法实践之中的。

表 1-1　司法中出现“穿透式审判”表述的裁判文书数量统计

年度	裁判文书数量/篇
2019	18
2020	130
2021	84
2022	84

数据来源：中国裁判文书网，https://wenshu. court. gov. cn/；“威科先行”数据库 https://www. wkinfo. com. cn/，最后访问时间为 2022 年 10 月 18 日。其中，2022 年的全年数据于 2023 年 6 月 30 日更新。

司法实践中的“穿透式审判”，既有当事人在诉讼过程中提出的，也有法院在释法说理的过程中提出的。表 1-2 以期直观地展现各级人民法院在裁判文书中使用“穿透式审判”这一表述的现状；同时，该表格剔除了基层人民法院的 54 个样本及铁路运输法院的 3 个样本，力图使表格更为简明、更为直观。

表 1-2　裁判文书中“穿透式审判”表述出现位置统计表

（中级人民法院及以上）

单位：篇

法院层级	出现位置	
	当事人在诉求或辩称中提出	法院在裁判说理部分中提出
最高人民法院	7	2
高级人民法院	16	3
中级人民法院	181	27[①]

数据来源：中国裁判文书网，https://wenshu. court. gov. cn/；“威科先行”数据库，https://www. wkinfo. com. cn/，最后访问日期：2022 年 10 月 18 日。

① 在这些裁判文书中，有的“穿透式审判”为检察院抗诉时提出；同时，有 3 份裁判文书中的“穿透式审判”实为一审基层法院的说理依据，二审法院在裁判文书中进行了转述。鉴于此二类情况亦可反映司法机关对穿透式审判理念的基本认识，为了统计简明，本书将此二者统一并入“法院在裁判说理部分中提出”。

实证研究的结果表明，尽管“穿透式审判”并非具备确定性的法律规则，《九民纪要》也并非正式法源，但司法实践中已有近 300 例裁判文书出现了“穿透式审判”这一提法。其中，“穿透式审判”在多数情况下由当事人在诉求或辩称中提出，仅少数由司法机关在裁判理由中主动提出。这与穿透式审判思维理念性、原则性的本质特征有关。为了更好地了解司法实践中“穿透式审判”这一提法涵盖的领域，下文将对司法机关主动运用“穿透式审判”这一提法的 32 篇裁判文书进行分析，以便更好地了解司法实践中“穿透”的具体分类。

对 32 篇司法机关主动援引“穿透式审判”的裁判文书进行分类（见表 1-3），可知司法实践中司法机关主要在需要进行“向下穿透”，即穿透法律关系性质，对当事人之间达成的权利义务安排进行重新认定时主动援引“穿透式审判”这一提法的裁判文书数量达到了 17 篇；有 4 篇裁判文书则属于“向上穿透”，即穿透法律关系状态，根本性地否定法律关系本身。另有 11 篇裁判文书所涉及的情形很难归属于以上两种分类，且显著超出了民间借贷、金融等常见领域。

表 1-3　司法机关主动援引“穿透式审判”的裁判文书分类

类　　别	裁判文书数量/篇
向下穿透：穿透法律关系性质	17
向上穿透：穿透法律关系状态	4
其他无法显著归类的情形	11

在向下穿透领域，司法实践已有较为成熟的裁判路径：在（2020）最高法民终 1210 号民事判决书中，司法机关引用了《民法总则》（已失效）第 146 条虚假意思表示的规定，认为在案证据无法认定案涉货物存在真实的流转关系，双方之间也不存在真实的买卖合同关系，因此双方当事人之间

关于货物买卖的一系列协议属于以虚假的意思表示实施的民事法律行为，应属无效。对于双方当事人隐藏行为的效力，法院认为，该案更有可能是基于双方之间因融资需要而产生的借贷关系或其他法律关系。但由于原告拒不变更诉讼请求，坚决以买卖合同关系主张权利，一审法院驳回其诉讼请求并无不当，原告应当以双方之间成立的真实法律关系另行主张权利。这一实践中的处理方式，事实上是通过向下穿透的方式，综合评判双方之间达成的权利义务关系是否属于原告方的诉讼请求范畴。若属于，则支持原告方的诉讼请求；若不属于，则驳回原告方的诉讼请求。法院在其中扮演的是原告诉讼请求的审查角色，并通过主动释明的方式告知原告以双方实际达成的法律关系主张权利，并不主动地对原告的诉讼请求予以变更，符合民事诉讼法中的纠纷相对性解决原理。

在向上穿透领域，司法机关借由穿透，否定双方之间所达成的法律关系本身。以(2020)豫民终409号裁判文书为例，该案涉及出借人资金来源的审查问题。法院认为，上诉人虽然持有与A公司签订的借款合同，但案涉款项并非由上诉人账户支付，而是从B公司的会计C的账户直接支付给A公司的，上诉人亦称其与C之间不存在经济往来，未给C打过款，案涉借款是其与案外人D和C共同出资的。上诉人虽主张共同出资，但不能证明借款中其本人有多少出资，即不能证明款项系自有资金，一审法院结合该案的实际情况，认为上诉人不能明确其在该案中的债权金额，进而驳回其起诉的做法，是正确的。该案中上诉人的诉讼请求之所以被法院驳回，是因为法院通过向上穿透的方式，查明A公司的资金并非来源于上诉人，而是来源于B公司。由于出借人的资金来源必须为自有资金，上诉人亦无法通过其他证据证明该资金为其出资，据此，双方当事人之间虽然存在借款合同，但法院依然从根本上否定了双方当事人之间的民间借贷法律关系。

司法实践中也出现了无法显著归类于“向上穿透”与“向下穿透”的情形，呈现将“穿透式审判”化约为“实质重于形式”或“查清案件事实”的倾向，并且在适用范围上显著超出了金融领域。以(2022)豫13民终1833号裁判文书为例，法院认为，原告提交的录音材料等证据，可以证实其与被告合伙的事实,且录音中有双方对投资数额的确认。一审法院最终以事实不清、证据不足为由驳回了原告的诉讼请求,告知原告有充足证据后可另行起诉。原告本次又以同样的事由提起诉讼,如简单地再次驳回原告的诉讼请求,不利于化解双方矛盾、解决纠纷。法院认为,此时应贯彻"穿透式审判"理念,在诉讼中引导当事人申请对合伙盈亏进行司法审计,查清案涉合伙项目的投资、支出、盈亏等事实,依法作出裁决,避免矛盾进一步激化。此时法官的说理认为,原告所提出的证据已经达到了高度盖然性标准,足以佐证双方之间达成的合伙关系,因此,应当通过梳理证据的方式,查清双方当事人的权利义务关系。此处的"穿透式审判"并非传统意义上的"向上穿透"或"向下穿透",而是约等于"查清案件事实"的含义。再以(2020)京02民终312号裁判文书为例,该案的法官在说理时认为,审理案件时,要通过穿透式审判思维,查明当事人的真实意思、探求真实法律关系。甲基于对温室大棚的债权转让提出案外人执行异议之诉,法院即应围绕其是否有权停止执行展开审理。此间,不但涉及执行异议之诉程序中必要共同诉讼当事人、查封后财产转让效力判断,还涉及温室大棚的物权客体分类、善意取得、债权转让、股东与法人人格混同、职务代理、证据证明标准等法律制度。该案不属于金融领域,此处的"穿透"一词也并非传统意义上的"向上穿透"或"向下穿透",而是指查明案件事实真相之意。这实际上是司法实践将"穿透式审判"与"实质重于形式""查清案件事实"混同使用的结果。如果从《九民纪要》的表述"通过穿透式审判思维,查明当事人的真实意思,探求真实法律关系"来看,司法实践中的这一用法并未超越《九民纪要》中"穿透式审判"的表面语义;但如果仔细分析穿透这一用法的前世今生,通过历史解释的法律方法可以得出,司法实践对穿透式审判思维的理解,事实上是存在一定偏差的。

(二)金融司法中穿透式审判典型领域分析

对司法实践中"穿透"的类型化分析为研究穿透式审判提供了进路。鉴于司法实践中援引"穿透式审判"的案例众多,涵盖的领域甚广,甚至超出了金融司法的范畴,有必要对穿透式审判中“向下穿透”与“向上穿透”的典型领域进行分析,以求正本清源,厘清穿透式审判在司法实践中的恰当用法。名股实债现象与股权代持现象符合学界对穿透进行类型化的理性建构,分别对应着“向下穿透”与“向上穿透”两种类型。二者的共同之处在于,均为金融领域权利义务杂糅、交易形式复杂的实践结晶,对司法实践具有重大挑战。下文将对这两种现象进行深入剖析,以求更好地展现穿透式审判的实践样态。

1. 向下穿透:以“名股实债”纠纷为例

名(明)股实债现象的出现与传统公司法的股债二分立法例有着诸多抵牾。在传统公司法中,股权与债权的不同决定了股东与债权人权利义务的不同,构成了公司资本结构的基础。股与债的区别往往体现在财产属性、清偿顺位与成员权属性等诸多方面。针对此现象,有学者指出:倘若将公司看作一个实体,股权与债权之间的共性甚至高于其差异性,例如都需要承担风险,都对公司享有“剩余索取权”,股东和债权人都参与公司治理且公司董事对两者都负有信义义务等;〔1〕而二者的区别仅在于风险、收益及投资成本的不同。再如,有学者指出,倘若从投资者的角度进行分析,在假设市场有效、公司投资策略稳定且不考虑税收及破产相关成本的情况下,股权投资的当前价值与股票卖出期权的价值之和往往能够等于债权投资的当前价值与股票买入期权价值之和。〔2〕 这种引入期权作为分析工具的分析方法亦表明了股债杂糅现象出现的客观必然性。有学者将介于股与债之间的其他融资形式称为股权与债权之外的“第三种投资”。〔3〕 除此之外,诸如“股转债”“债转股”等新型投资方式的出现,更是表明了现代公司法实践中股与债的相互融合、交错与趋同。

正如有学者指出的那般,商法起源于一种经由商业活动形成的自发秩

---

〔1〕 参见邓峰:《普通公司法》,中国人民大学出版社 2009 年版,第 286~287 页。

〔2〕 Merton H. Miller, *The Modigliani - Miller Propositions After Thirty Years*, 2 The Journal of Economic Perspectives 99,110(1988).

〔3〕 赵旭东:《第三种投资:对赌协议的立法回应与制度创新》,载《东方法学》2022 年第 4 期。

序,国家法的确立并不会改变商法自发秩序的内核。[1] 这种“商法的自发秩序”在金融创新的大背景下,往往体现为商事主体构建的复杂商事安排。“名股实债”的直接动因就在于交易双方当事人力图达成一种介于股债之间的融资性交易安排,从而避免相关监管,达致双方当事人共赢的交易局面。在穿透式审判思维的指引之下,法官需要进入合同内部探求双方当事人的权利义务安排,进而判断当事人之间的交易安排属于股或债。司法实践中法官判定股与债的标准繁多,不一而足,总体而言,存在抽象认定与具体认定两类路径。

第一,抽象的“名股实债”裁判路径。

在抽象认定的裁判路径下,法官对涉“名股实债”纠纷的审判说理倾向于抽象地认定双方当事人签订合同的目的。例如,在(2020)沪民终 46 号判决书中,法官论证道,A 公司虽然约定受让 B 公司的股权,但并不追求对系争股权实现真正支配的目的,各签约方的真实目的并不在于标的物的所有权移转。从合同约定内容来看,应名为股权投资,实为借贷关系。此种论证方式虽运用了《九民纪要》中的穿透式审判思维,但在论证上显然存在一定的跳跃性:法官并未抽象出一套较为具体的判断双方当事人缔约时真实含义的裁判路径。在此种裁判路径下,穿透式审判思维之下的司法能动主义得到了极大贯彻,法官的自由裁量权被大大地扩充;但是由于说理论证的过程忽略了法官判定双方当事人权利义务安排的具体裁量因素,穿透式审判的边界极难把握,可能出现泛化倾向,并陷入同案异判、异案同判的司法困境。

第二,具体认定投资人签订合同目的的裁判路径。

亦有部分法官在面对“名股实债”纠纷时,运用具体的衡量标准对案涉合同双方当事人的真实意思进行综合考察。此种说理方式以融资合同订立时双方当事人的效果意思为中心,对融资合同的条款进行较为充分的考量和较为明确的解释,这对日后商事活动的开展具有一定启发性意义。司

---

[1] 参见施鸿鹏:《民法与商法二元格局的演变与形成》,载《法学研究》2017 年第 2 期。

法实践中常用于考察交易双方当事人订立合同真实目的的标准主要有：投资回报是否与经营业绩挂钩，是否实际参加公司经营决策，是否满足股东认定的实体条件/形式条件，是否存在处置、转让股权产生收益的可能等。当然，也有法官跳出了传统区分股与债的标准，对“名股实债”纠纷进行判定。如(2020)豫民终591号民事判决书中法官就运用了相关政策进行说理：“一审法院将本案诉争的法律关系认定为借贷关系，没有充分认识到财政性涉企资金基金化改革在全面深化财税体制改革，改进涉企资金分配方式，引入市场化运作模式，更好地实现政府调控产业目标方面的重要意义。故该案的法律关系应当定性为股权投资关系，该案的处理也应当按照协议的约定，遵循股权投资保障的裁判规则。”

采用具体的衡量标准对案涉合同双方当事人的真实意思进行综合考察，在保证论证周延性的同时，为商业主体未来的商业交易安排提供可参照的安排路径。但是随之而来的问题是：司法实践中运用的这些指标是否具备合理性？不同的指标间是什么样的关系？哪些指标在个案衡量时占据较大的权重？这需要结合公司法基本理论和基本的商业逻辑进行细致考察，不可为了穿透而穿透，进而淡化法官对案件具体情况的关注。事实上，由于公司融资现象复杂而多元，司法实践中“既有‘新华信托诉港城置业案’‘股权的认定’对商事外观主义的坚持，也有‘新华信托与江峰房产公司合同纠纷案’‘债权的认定’中对交易实质的追求，还有‘北京时光与新华信托合同纠纷案’中，不拘泥于股债区分，尊重融投资方约定来处理各方的权利义务”。[1] 在穿透式司法理念的加持下，可以预见的是：今后的“名股实债”纠纷中法院将逐渐由形式走向实质；但在由形式走向实质的路上，法院不仅需要厘清双方当事人的利益安排、需要填补双方当事人的意思漏洞，还需要以穿透式审判的“经济法思维”面对商事交易中的“商法思维”，不宜动辄运用强制性条款对双方当事人之间的交易安排进行规制。

---

〔1〕 陈克：《论不完全合同视角下的公司融资》，载《交大法学》2020年第1期。

2. 向上穿透:以股权代持纠纷为例

股权代持系商事实践中的常见现象,存在天生的避法倾向。实践中股权代持的动机多种多样,如隐秘财产、规避对股东资格的限制等,不一而足,难以穷尽列举。《最高人民法院关于适用〈中华人民共和国公司法〉若干问题的规定(三)》(以下称《公司法解释(三)》)在规范层面对股权代持现象进行了规定,[1]确立了对股权代持协议原则认可、例外无效的处理原则。

然而,2018 年"天策公司与伟杰公司股权代持纠纷案",却一改往常司法机关对股权代持纠纷的处理态度,呈现穿透式思维进入私法自治的倾向。该案中的天策公司与伟杰公司均为某保险有限公司的股东,双方签订《信托持股协议》并约定:天策公司将所持该保险公司股份的实益权利通过信托的方式委托伟杰公司持股,后双方产生纠纷并诉至法院。该案的一审法院延续了《公司法解释(三)》的判断思路,认为该《信托持股协议》不存在无效之情形。但最高人民法院却推翻了一审法院的认定,指出双方签订的《信托持股协议》违反了 2014 年《保险公司股权管理办法》中"任何单位或者个人不得委托他人或者接受他人委托持有保险公司的股权"的规定,违反《保险公司股权管理办法》有关禁止代持保险公司股权规定的行为,在一定程度上具有与直接违反《保险法》等法律、行政法规一样的法律后果;同时还将出现破坏国家金融管理秩序、损害包括众多保险法律关系主体在内的社会公共利益的危害后果。双方签订的《信托持股协议》本质上损害了社会公共利益,应属无效。

---

[1] 《公司法解释(三)》第 24 条规定:"有限责任公司的实际出资人与名义出资人订立合同,约定由实际出资人出资并享有投资权益,以名义出资人为名义股东,实际出资人与名义股东对该合同效力发生争议的,如无法律规定的无效情形,人民法院应当认定该合同有效。前款规定的实际出资人与名义股东因投资权益的归属发生争议,实际出资人以其实际履行了出资义务为由向名义股东主张权利的,人民法院应予支持。名义股东以公司股东名册记载、公司登记机关登记为由否认实际出资人权利的,人民法院不予支持。实际出资人未经公司其他股东半数以上同意,请求公司变更股东、签发出资证明书、记载于股东名册、记载于公司章程并办理公司登记机关登记的,人民法院不予支持。"

从表面上看,这起案件涉及违反规章的法律行为的效力问题以及否定合同效力认定时对"公共政策"的理解。但是,《保险公司股权管理办法》的监管思路在于通过穿透真实的股东,进而起到规范保险公司股东行为的目的。该案法院说理过程对于危害金融管理秩序、损害公共秩序的着墨,无不体现着穿透式理念在司法中的运用。[1] 相比最高人民法院审判的"博智资本基金公司与鸿元控股集团有限公司其他合同纠纷案",[2]最高人民法院的态度在不到3年的时间内发生了变化,在引起我们对同案不同判现象担忧的同时,使学界意识到穿透式审判思维对金融司法的巨大影响。

从商法原理来看,股权代持这一法律现象存在多种解读:股权信托、代理、无名合同、委托合同和借名协议等。[3] 但不论如何,商法学者们普遍认为,股权代持现象的处理方式应当遵照商法中的外观主义,"上帝的归上帝,恺撒的归恺撒",在股权代持关系的内部与外部适用不同的法律规则。具体而言,在内部关系中应当坚持实质标准,在外部交易关系与生效裁判文书执行的过程中应当坚持名义标准,进而保护善意第三人对权利外观的合理信赖。[4] 但无论是前文所述的"天策公司与伟杰公司股权代持纠纷案",还是实践中被广泛关注的上市公司的股份代持问题,都并非单纯的公司法问题,还涉及证券法、保险法、信托法等多重部门法的复杂问题。在这些案件中,商法与经济法的杂糅乃至混同,给法院裁判带来了极大的难度。以前述"天策公司与伟杰公司股权代持纠纷案"为例,虽然该裁判作出时《九民纪要》尚未颁行,穿透式审判思维尚未走上司法舞台,但最高人民法

[1] 参见邓纲、吴英霞:《穿透式监管如何嵌入合同治理——以"天策公司和伟杰公司股权代持纠纷一案"为例》,载《安徽大学学报(哲学社会科学版)》2019年第3期。

[2] 参见最高人民法院(2013)民四终字第20号。

[3] 笔者认为,将股权代持视作一种股权信托最为妥当,但股权代持的性质并非本书研究的重点,因此略过。对股权代持性质的相关探讨,参见葛伟军:《有限责任公司股权代持的法律性质——兼评我国〈公司法司法解释(三)〉第24条》,载《法律科学》2016年第5期;刘俊海:《论股权代持的法律性质和效力》,载《河北大学学报(哲学社会科学版)》2021年第5期;刘迎霜:《股权代持协议的性质与法律效力》,载《法学家》2021年第3期等。

[4] 参见刘俊海:《论股权代持的法律性质和效力》,载《河北大学学报(哲学社会科学版)》2021年第5期。

院的司法实践已经借鉴了监管领域的穿透方法,在事实上运用了穿透式审判思维。金融司法对待同一法律行为的不同态度,加之《九民纪要》颁布后对穿透式审判思维的固定和强化,是否意味着在今后的金融司法之中,法院将对此类案件进行“先定果后寻因”的技术操作,进而导致法律沦为政策的工具?[1] 倘若这一假设真的应验,那么不但判决的说理性、司法的公信力无法得到保证,连金融司法赖以生存的基本秩序也将受到颠覆。因此,无论在上市公司股份代持领域,还是诸多受到金融监管的金融公司股权代持的问题,都需要在细分领域的裁判路径方面予以进一步细化。

---

〔1〕 参见钱玉林、徐芙蓉:《上市公司股份代持的穿透式审判思维审视及裁判路径重构》,载黄红元总编,蔡建春、卢文道主编:《证券法苑》第32卷,法律出版社2021年版,第420页。

第二章

金融合同纠纷穿透式审判实务

前文分析,穿透式审判思维主要是从金融的穿透式监管理念演变而来,故大量穿透式审判思维在金融合同纠纷中适用。本章对金融合同纠纷穿透式审判典型案例进行分析,并针对从事金融活动的主体提出法律建议。

一、民间委托理财纠纷案

在上诉人叶某(原审原告)与上诉人(原审被告)宁波某股权投资基金管理有限公司(以下简称某投资基金公司)、宁波某文化发展有限公司以及徐某等民间委托理财纠纷上诉案[1]中,法官对该纠纷作出了“名为投资基金,实为民间委托理财合同”的裁判。

(一)基本案情

该案以民间委托理财纠纷为案由。基本案情如下:2018 年 7 月 26 日,原告与被告某投资基金公司签订《张学友演唱会投资基金认购协议》,由原告认购被告某投资基金公司非公开发售的基金。合同约定,基金投资范围为 2018 年 9 月 29 日、30 日张学友巡回演唱会重庆站,存续时间为 107 天(2018 年 7 月 26 日至 2018 年 11 月 9 日),投资项目清算时间为 2018 年 11 月 9 日,且被告某投资基金公司承诺于清算日后 3 个工作日(2018 年 11 月 14 日)内将全部认购款及收益支付至原告指定账户。原告以 A 类基金认购人的身份,即固定收益类投资人,认购 170 万元的基金份额,预期年化收益率为 24%。根据合同约定,原告于 2018 年 7 月 26 日向指定账户转入 170 万元基金投资款。被告仅于 2019 年 5 月 31 日返还投资本金 50 万元后未按约定支付收益及本金。后经原告在中国证券投资基金业协会网站“私募基金管理人综合查询”栏目查询发现,被告某投资基金公司未依法向中国证券基金业协会登记备案,因此未取得私募基金管理人的资质。被告某投资基金公司注册资金 3000 万元,实缴资本仅 760 万元,其股东徐某等均未完成出资义务。原告认为,被告某投资基金公司没有发行私募基金的资质,双方法律关

[1] 参见浙江省宁波市中级人民法院(2020)浙 02 民终 3427 号。

系名为基金投资关系,实为民间借贷关系。根据合同约定,原告曾多次向六被告请求返还投资款、支付收益,但一直未果,造成原告巨大经济损失,原告将该公司及其股东列为共同被告提起诉讼,要求判令:(1)被告某投资基金公司返还原告本金120万元并支付应得收益(以已返还本金50万元为基数,自2018年7月26日起,至2019年5月31日止,按年利率24%算为101,589元;以本金120万元为基数,自2018年7月26日起,至实际支付之日止,按年利率24%计算);(2)某文化发展有限公司以及徐某等对上述债务在其未出资本息范围内承担补充赔偿责任等。

某投资基金公司辩称:(1)该案的法律关系是投资关系,而非借贷关系。(2)被告某投资基金公司已依约签署项目投资协议,并支付投资款项。(3)该案的张学友演唱会投资项目出现兑付风险,被告某投资基金公司已经积极履行了款项催讨和通知投资人的管理义务。(4)案涉项目均尚未达到支付本金及收益的条件。(5)即便某投资基金公司需要支付投资本金及收益,原告的主张也存在错误。综上所述,请求依法驳回原告的诉讼请求。一审法院支持了原告本金返还,并支持2018年7月26日至2019年5月31日按年利率24%计算的利息损失。二审法院认为一审不应将投资人应得收益全部按年利率24%计付,而应区分时间节点;并且对于计算利息的清算日进行了改正。

(二)争议的焦点及事实认定

法院将争议焦点归纳为:一是案涉《张学友演唱会投资基金认购协议》的法律性质;二是某投资基金公司是否需要承担违约责任以及责任范围;三是某投资基金公司股东是否需要承担责任。

一审法院针对争议焦点认为:关于争议焦点一,认为案涉的基金认购协议属于名为投资基金、实为民间委托理财合同。主要是因为:第一,案涉某投资基金公司未进行基金管理人备案登记。第二,案涉张学友演唱会投资基金未经登记备案。关于争议焦点二,认为某投资基金公司应当承担违约责任。

二审法院未对争议焦点进行归纳，也未明确表述对一审法院归纳的争议焦点表示认可。但二审法院对一审法院认定的事实予以认可；认同一审法院认定的某投资基金公司未尽“诚实守信、勤勉尽责”义务，导致合同项目结束后未能及时结算，理应承担违约责任。

（三）案例评析

一审、二审法院判决结果，均表现出了较好的投资者保护；且对投资中融资的一方未履行“诚实守信、勤勉尽责”义务表示了否定，并要求其承担法律责任。

但一审和二审法院均未对该案合同属于“民间委托理财合同”予以说理。一审法院对于合同性质的认定，仅阐述了该合同不是私募基金的理由，却没有给出任何构成“民间委托理财合同”的理由。关于“民间委托理财合同”是否为一类合同性质，或者该合同具有哪些要件、哪些特色等，均没有依据，也没有说明，导致最后得出“名为投资基金，实为民间委托理财合同”缺乏法理依据。

判决说理中出现了自相矛盾：第一，否认合同性质为基金，但以私募基金以及管理人的要求衡量被告是否尽到义务，且以基金管理的方式计算管理费。第二，合同被定性为“民间委托理财”，关于合同义务以及违约，均未涉及民间委托理财的特色，也未根据真实定性——民间委托理财处理双方的权利义务，导致对合同性质的判断既无意义又产生自相矛盾。

一审、二审法院对基金、委托理财、民间委托理财等金融商事法律问题缺乏深入的理解，案件争议中说理不够充分，关于原告提出的“被告某投资基金公司没有发行私募基金的资质，双方之间的交易形式符合民间借贷的特征而不符合基金投资的特征，双方法律关系名为基金投资关系，实为民间借贷关系”未予以正面回应。最后判断该案原被告（上诉人和被上诉人）之间的关系为民间委托理财合同，又无明确的依据，导致判断说理不够充分。

（四）法律建议

投资者与无金融特殊牌照的企业常常签订投资合同，一旦发生争议，则可能涉及合同无效的争议。若是合同有效,也可能未被作为签订合同文本表达的意思对待,最终被穿透,各方蒙受损失。故建议对合同文本充分理解,对合同双方的主体资格充分调查,最后作出理性投资判断。

1. 对投资者的建议

第一,不与无牌照的公司签订投资合同。关于基金的所有法律保护和合同承诺的基金管理人的义务,都因为合同性质发生变化而效力存疑。

第二,是投资,不是借贷。虽然该案中最终投资者利益未受损害,但是法院也未支持投资者关于"实为借贷"的说法。实务中很多投资者抱着侥幸心理,以为对方没有金融牌照,最坏的结果是投资合同无效,进入"名为投资、实为借贷"的结果。但是法院没有认同该案为借贷纠纷。法院支持原告关于24%的利息支付请求,不是因为借贷关系,而是因为作为实为民间委托理财合同纠纷,委托人所得与理财回报直接有关。该案中该理财最终有47%的回报率。既然投资者在诉讼请求中自觉要求按照24%计算回报,法院无理由不支持。

第三,高风险高收益,是投资的基本逻辑,合同签订时必须关注。该案中基于理财本身取得较高回报,原告所请求的回报小于实际投资回报,最后结果总体满意,投资者利益未受损害。如果委托理财失败,即投资无回报,或还有损失。那么,法院判决既然已经明确实为民间委托理财合同,作为委托人的投资者必然承受受托人理财的所有结果,除非委托人证明受托人故意或重大过失。此时,不是关于24%的利息是否支持的问题,而是投资者要自担投资失败的后果了。

2. 对受托企业的建议

第一,无资质不经营。企业经营有明确范围,金融活动更是需要特殊审批,作为企业,理应遵守市场秩序,合法合规经营。

第二,诚信受托。该案并没有否定合同效力,认为是民间委托理财,却在法院说理中要求受托单位按照《证券投资基金法》关于基金管理人的义务履行合同义务和法定义务,显然高于一般民间委托关系中的代理人义务。

二、金融借款合同纠纷案

在上诉人西藏信托（原审原告）与被上诉人宁波某投资合伙企业（有限合伙）、杨某发、彭某（原审被告）金融借款合同纠纷上诉案[1]中，法官对该纠纷作出了“名为信托贷款，实为合作投资股市”的裁判。

（一）基本案情

该案以金融借款合同纠纷为案由。基本案情如下：2016 年 2 月 4 日，就宁波某投资合伙企业拟认购啤酒花非公开发行的 2058.82 万股股票（标的股票）相关融资事宜，西藏信托（甲方）与宁波某投资合伙企业（乙方）、杨某发（丙方）和彭某（丁方）共同签订《框架协议》（编号 TTCO-I-A-PJH-201601-KJXY-01）。协议第 1.1 条约定，本次融资包含以下三部分：首先，由宁波某投资合伙企业参与认购标的股票，宁波某投资合伙企业获得标的股票认购权后，西藏信托向宁波某投资合伙企业发放不超过 14,000 万元的短期过桥贷款，过桥贷款期限不超过 3 个月，专项用于缴纳标的股票认购款；其次，宁波某投资合伙企业完成本次认购后，西藏信托向宁波某投资合伙企业发放本金金额不超过 14,000 万元的信托贷款，贷款期限不超过 3.5 年，贷款资金专项用于偿还过桥贷款本金，贷款期限内，宁波某投资合伙企业有权提前清偿全部或部分贷款本息；最后，宁波某投资合伙企业完成本次认购后，西藏信托以信托项目项下信托资金受让宁波某投资合伙企业认购取得的啤酒花 400 万股股票的收益权（标的股票收益权），标的股票收益权转让价格为 2720 万元，转让价款存入西藏信托指定的银行账户中作为信托贷款的还款保证金，同时宁波某投资合伙企业应于信托贷款到期日按照约定的价格回购标的股票收益权。协议第 1.4 条关于过桥贷款及信托贷款的放款先决条件约定：过桥贷款的放款先决条件之一是宁波某投资合伙企业已增加西藏信托或西藏信托指定第三方为普通合伙人及执行事务合伙人，且在

---

〔1〕 参见北京市第四中级人民法院（2019）京 04 民初 803 号；北京市高级人民法院（2021）京民终 403 号。

合伙协议中明确西藏信托或其指定第三方对于合伙事务管理以及合伙财产及收益分配的一票否决权，同时宁波某投资合伙企业已将所有印章、印鉴、证照及银行账户转交给西藏信托或其指定第三方监管；信托贷款的放款先决条件包括宁波某投资合伙企业已于取得过桥贷款资金当日将14,000万元存入西藏信托指定账户中作为过桥贷款以及信托贷款的还款保证金。协议第2.3条关于股票质押担保，特别约定西藏信托有权要求宁波某投资合伙企业或其指定第三方未及时追加交付保证金，西藏信托有权处置质押权利以实现质权，并有权要求宁波某投资合伙企业立即偿还全部信托贷款本息及其他款项的约定。协议第3.1条约定本次融资需要签署的法律文件包括但不限于本协议，西藏信托与宁波某投资合伙企业签订的《贷款合同》《股票质押合同》《股票收益权转让合同》，由西藏信托与杨某发、彭某签署的《保证合同》以及其他相关法律文件，上述各项法律文件共同组成本次融资的最终交易文件。

《框架协议》签订后，西藏信托（贷款人）与宁波某投资合伙企业（借款人）还曾就过桥贷款签订贷款合同，西藏信托于2016年4月16日发放过桥贷款1.4亿元。2016年5月27日，西藏信托向宁波某投资合伙企业发放1.4亿元信托贷款，该款项实际用于归还前期过桥贷款。2016年5月30日，西藏信托从宁波某投资合伙企业账户划走3470万元。西藏信托称，上述3470万元包括宁波某投资合伙企业基于《回购协议》交付的保证金2720万元以及基于《贷款合同》交付的保证金14,000万元扣减过桥贷款利息后的结余款750万元，上述款项系宁波某投资合伙企业支付给西藏信托用于受让西藏信托拥有的3470万元信托业保障基金资产收益权，此后西藏信托相继与宁波某投资合伙企业签署一系列补充协议，并向宁波某投资合伙企业支付数笔信托业保障基金资产收益权回购款，宁波某投资合伙企业收到款项后，均于当日即按西藏信托要求回转支付给西藏信托用于偿还信托贷款本息。

2016年3月9日，宁波某投资合伙企业办理工商变更登记，将合伙人变更为信和云沣、彭某与西藏信托，其中信和云沣为普通合伙人、执行事务合伙人。同时,信和云沣、彭某、西藏信托与北京宏巨资产管理有限公司(以下简称宏巨公司,系由西藏信托指定)还以宁波某投资合伙企业合伙人身份签订《合伙协议》,约定信和云沣、宏巨公司共同作为普通合伙人,西藏信托、彭某共同作为有限合伙人,其中宏巨公司为执行事务合伙人。

2008 年 2 月中旬,西藏信托向宁波某投资合伙企业、杨某发、彭某发送《关于权益丧失的通知函》,以杨某发、彭某未足额追加交付保证金构成《框架协议》及其最终交易文件、《四方协议》项下严重违约为由,通知宁波某投资合伙企业基于其持有的案涉同济堂股票享有的权益全部丧失。此后西藏信托再次于 2018 年 4 月向宁波某投资合伙企业、杨某发、彭某发送要求立即清偿债务并履行担保责任的函件,并最终于 2019 年 8 月 19 日向法院起诉,要求判令:(1)宁波某投资合伙企业偿还剩余贷款本金 54,495,957.19 元及其利息(以 54,495,957.19 元为基数,自 2019 年 6 月 5 日起计算至实际支付之日止,按照年利率 10%计算);(2)宁波某投资合伙企业按照《贷款合同》第 11.4 条第(4)项之约定向西藏信托支付违约金(以逾期贷款本息总额为基数,自 2019 年 6 月 5 日起计算至实际支付之日止,按照每日 0.05%计算);(3)宁波某投资合伙企业按照《股票质押合同》第 12.1 条第(5)项之约定向西藏信托支付相当于主债权金额 0.3%的违约金(482,801.64 元);(4)宁波某投资合伙企业向西藏信托赔偿律师费损失 250,000 元;(5)杨某发、彭某对前述第 1~4 项债务向西藏信托承担连带保证责任;(6)杨某发、彭某按照《保证合同》第 10.1 条第(4)项之约定向西藏信托支付相当于主债权金额 10%的违约金(16,093,388.24 元);(7)该案案件受理费、财产保全费 5000 元、因申请财产保全而产生的保险费 71,873.85 元等为实现债权的全部费用由宁波某投资合伙企业、杨某发、彭某共同负担。

一审法院经审理认为,该案存在以下三种特殊情形:其一,案涉当事人之间基于《框架协议》及相应具体交易安排而形成的所有合同均因损害社会公共利益而无效;其二,西藏信托完全控制了宁波某投资合伙企业可以对外作出有效意思表示的所有渠道,该案形成一手托两家的不正常状况,直接涉嫌虚假诉讼;其三,西藏信托作为宁波某投资合伙企业事实上的普通合伙人兼执行事务合伙人,与宁波某投资合伙企业签订的所有合同均属于违法交易而依法无效,且需要依法对主债务人宁波某投资合伙企业的债务承担无限连带责任而导致债权债务主体混同,在此情况下西藏信托不得将债务转嫁给担保人承担。于是判决驳回原告西藏信托的全部诉讼请求。

二审法院经审查认为,西藏信托的上诉请求及理由均不能成立,一审判决认定事实清楚,适用法律正确,于是驳回上诉,维持原判。

(二)争议的焦点及事实认定

法院将该案主要争议焦点(重大争议事项)归纳为:一是关于该案审查范围以及案涉合同效力认定;二是西藏信托作为宁波某投资合伙企业合伙人的法律责任。

一审法院针对重大争议事项一认为:西藏信托据以主张权利的根本合同依据为《框架协议》以及为落实该框架协议而达成的一系列具体业务合同,包括《贷款合同》《回购协议》《保证合同》《股票质押合同一》《股票质押合同二》等一揽子协议,显然上述协议之间密切关联,而不是各自独立互不相关。综合考察《框架协议》及相应派生协议的整体约定发现,西藏信托与宁波某投资合伙企业并非简单的资金融通借款合同关系,西藏信托已经实质参与并深度介入购买特定股票(证券代码:600090,当时简称啤酒花,后简称同济堂)并在限售期届满后出售牟利的投机活动。一审法院认为,根据《框架协议》及其派生协议的约定,西藏信托与宁波某投资合伙企业已经形成合伙法律关系,西藏信托出资,宁波某投资合伙企业出渠道,双方共同炒股牟利,且按照约定西藏信托可以获取保底收益而无须承担投机风险。据此,一审法院认定双方签订的《贷款合同》等具体业务合同,均属于通谋虚假意思表示,应当按照西藏信托与宁波某投资合伙企业之间存在的真实法律关系认定其法律性质及效力。为防范金融风险以及维护证券市场的正常交易秩序,行业监管部门三令五申严禁信贷资金流入证券市场,但作为专业的持牌金融机构,西藏信托明确知晓监管部门的上述监管要求,依然将信托资金用且仅用于购买特定股票。因此,该案中各方参与人通过《框架协议》等一系列交易安排的根本目的是将信托资金用于炒股牟利,不仅违反了上述强制性监管规定,也损害了社会公共利益。据此,认定《框架协议》及依据《框架协议》形成的各项具体业务合同,均因损害社会公共利益而无效。同时,为担保上述合同而签订的各种担保合同,包括《保证合同》《股票质押合同一》《股票质押合同二》等,均因主合同无效而一并无效。针对重大争议事项二认为:西藏信托虽名为宁波某投资合伙企业的有限合伙人,但委派员工出任执行事务合伙人委派代表、持有合伙企业的全部章证印鉴且对合伙事务享有一票否决权,其已经完全掌控了该合伙企业,成为有实无名的执行事务合伙人,也就是说,西藏信托依法为宁波某投资合伙企业事实上的普通合伙人。根据我国《合伙企业法》关于普通合伙人不得同本合伙企业进行交易的规定,西藏信托作为事实上的普通合伙人,其与宁波某投资合伙企业签订的所有协议均属于依法不得进行的违法交易,因此西藏信托需对宁波某投资合伙企业的债务承担无限连带责任。

二审法院针对一审法院归纳的重大争议事项认为:(1)《框架协议》约定,本次融资需要签署的法律文件包括但不限于本协议,西藏信托与宁波某投资合伙企业签订的《贷款合同》《股票质押合同》《股票收益权转让合同》,由西藏信托与杨某发、彭某签署的《保证合同》,以及其他相关法律文件,上述各项法律文件共同组成本次融资的最终交易文件。因此,一审法院对案涉融资行为的全部交易流程进行审查并无不当。(2)一审法院认定西藏信托在《贷款合同》项下的根本目的并非获取固定利息,而是与宁波某投资合伙企业形成合伙关系,共同炒股谋取高额收益,该认定正确。(3)西藏信托认可并实质上行使了作为普通合伙人对宁波某投资合伙企业的管理权,在西藏信托享有宁波某投资合伙企业70%的出资份额的情况下,西藏信托与宁波某投资合伙企业在管理权、财产权上已经趋于混同,并实质上控制了宁波某投资合伙企业。(4)根据金融穿透式监管规则,对于多层嵌套资产管理产品向上识别产品的最终投资者,向下识别产品的底层资产。案涉《贷款协议》项下的信托贷款资金来源于通利23号信托计划,该资金进一步来源于另一个信托计划利昇1号。可见,西藏信托并非以自有资金认购啤酒花股票,该行为违反了 2011 年《上市公司非公开发行股票实施细则》(已失效)的规定。综上所述,西藏信托的上诉请求及理由均不能成立,遂判决驳回上诉,维持原判。

(三)案例评析

一审、二审法院关于本案调查、说理以及最终得出判决结果的全过程,均表现出了良好的穿透式审判思维。同时,参照金融监管的穿透规则,将多层嵌套的资管产品进行上下穿透,识别出西藏信托在信托贷款表象下的一系列操作,认定为"名为信托贷款,实为投资股票牟利"的行为,不但违反了强制性监管规定,同时损害了社会公共利益。

针对该案复杂的交易设计,一审、二审法院运用穿透式审判思维审理查明,案涉交易从上游资金募集,到中游资金投放,再到下游股票认购,几乎每个环节都违反了监管规定。根据《资管新规》第 27 条第 2 项规定,对资产管理业务实施监督遵循以下原则,实行穿透式监管,对于多层嵌套资产管理产品向上识别产品的最终投资者,向下识别产品的底层资产。该案一审、二审法院在向上穿透过程中,查明了西藏信托在案涉《贷款协议》项下的贷款资金来源于通利 23 号信托计划,该资金又进一步来源于另一个利昇 1 号信托计划,并非来自自有资金。向下穿透后,查明案涉信贷资金最终流入证券市场用于购买特定股票。而严禁信贷资金用于炒股是监管部门基于国家金融安全以及证券市场正常交易秩序而制定的一以贯之的监管制度,《流动资金贷款管理暂行办法》第 3、9、39 条,《中国银行业监督管理委员会关于进一步防范银行业金融机构与证券公司业务往来相关风险的通知》(银监发〔2006〕97 号)等,均有明确规定。这不仅是国家宏观监管政策的体现,也是社会公共利益的反映。因此,该案通过司法裁判对规避证券监管要求的行为给予否定评价,不仅提高了违法者的违法成本,避免违法者因违法而不当获益,而且充分发挥了金融司法与证券监管不同的功能优势,有助于提升金融市场的治理实效。

(四)法律建议

金融市场乱象丛生,也险象环生,金融监管部门针对乱象频频出手,出台各类监管措施进行规制,同时金融机构又想方设法逃避监管,采用层层嵌套、抽屉协议、假借创新等方式寻找监管漏洞,以期逃避处罚,获取不当利益。但金融司法与金融监管的协同互动、同频共振,必将进一步加强对金融乱象的遏制力度。《九民纪要》第 31 条关于"违反规章的合同效力"明确提到:违反规章一般情况下不影响合同效力,但该规章的内容涉及金融安全、市场秩序、国家宏观政策等公序良俗的,应当认定合同无效。因此,建议金融机构和其他市场交易主体不应抱有侥幸心理,意图绕过监管与司法的双重规制,最终遭受损失。

1. 对金融机构的建议

第一,审慎对待金融创新。金融创新仍需要金融监管,金融创新并不是鼓励金融机构为自身利益涉足规避监管限制的违法违规业务领域,而是始终不能逃离金融监管的范畴。因此,金融创新需要严格的风控措施和敏锐的风险识别能力,合法合规地设计业务产品,创新业务模式,切勿试图通过逃避监管的方式获取所谓的"创新"利益,借创新之名,行欺骗之实。

第二,切勿通过签订"抽屉协议""阴阳合同"等形式规避监管、掩盖非法目的。实务中个别金融机构会将符合监管要求的内容规定在需要履行披露、备案等要求的"阳合同"之中,而将监管部门明令禁止的内容规定在诸如补充协议等"阴合同"之中,一旦发生纠纷,必然会出示"阴合同",从而将不法事实暴露在行政和司法的"探照灯"下,最终难免受到行政处罚或不利判决。

第三,严禁一般资金信托违规入市。《资管新规》开宗明义地指出,应有效防控金融风险,引导社会资金流向实体经济,更好地支持经济结构调整和转型升级。该案中投资于特定股票的资金来自两个信托计划,但均非证券投资信托计划,而信托公司只能运用证券投资信托资金投资股市。根据《信托公司证券投资信托业务操作指引》(银监发〔2009〕11 号)相关规定,信托公司办理证券投资信托业务，必须严格遵守相关监管要求，因此在此类信托计划名称中应明确体现出“证券投资”的性质，在信托目的中明确包含用于股票投资等，避免一般信托资金违规入市。

第四，在私募基金投资时，严格按照法律规定经营业务。该案中法官认为西藏信托的投资性质为合伙，作为宁波某投资合伙企业的普通合伙人，实际上控制了该合伙企业的管理权，并在实际操作中将自身财产和合伙企业混同。虽然根据我国《合伙企业法》，普通合伙人对合伙企业债务承担无限连带责任，但是企业财产和合伙人财产依然界限清晰。其中若涉及有限合伙人的利益，更要求普通合伙人恪尽职守。作为私募基金，组织形式上采用合伙形式，而我国一般对私募基金的性质认定为信托。信托的财产具有独立性，和管理人的财产应该风险隔离。作为专业的信托公司——西藏信托，却对信托业务的风险隔离直接破除，在诉诸法律时，法官必然注意到该不寻常现象。故该案穿透式审判是必然的。

第五，民事诉讼是民事主体权利救济的合法途径，但不可滥用，更不可恶意使用。恶意“维护”自身“权益”，难以获得法院的支持。该案中法官根据认定的事实，识破西藏信托的恶意动机，直接阐明案涉虚假诉讼。任何金融机构，乃至民事主体，均不应存在侥幸心理。

2. 对金融投资者的建议

第一，审慎选择金融资管产品。投资者应根据自身的风险偏好、风险承受能力等选择适合自身的资管产品，切勿盲目追求高收益而遭受损失。在选择产品过程中，可以要求金融机构工作人员对产品进行详细介绍，对投资者进行风险测评，了解产品的过往收益和投资经理的过往业绩等，切勿盲目投资。

第二，跟进投资资金流向和所投项目的具体进展情况。该案中案涉信托资金均来源于信托投资计划，而西藏信托为了掩饰非法借款目的及资金用途，规避禁止信贷资金违规流入股市的监管规定，在“通利23号集合资金信托计划”《信托合同》中称贷款用于“债务人补充流动资金”，在其官网信托计划公示信息中称信托资金用途为“借款给合伙企业用于补充营运资金”，还在《贷款合同》“贷款用途”条款中约定“甲方(宁波某投资合伙企业)应将贷款用于补充流动资金”。为此,投资者除了审慎签订合同,还应进一步跟踪资金真实流向,要求产品发起或代销机构及时提供投资项目运营报告等,避免因遭遇欺诈而蒙受损失。

第三,承担合格投资者应有的责任。《资管新规》将资产管理产品的投资者分为不特定社会公众和合格投资者两大类,是对不适格投资者的阻却性保护。合格投资者,是指具备相应风险识别能力和风险承担能力,投资于单只资管产品不低于一定金额且符合特定条件的自然人和法人或者其他组织。合格投资者须对自身的投资行为负责,自担风险,即“买者自负”。因此,投资者切勿隐瞒事实,采用非正当手段提供合格投资者表征资料来购买面向合格投资者销售的资管产品,使信托公司足以相信其为合格投资者的,一旦出现投资风险引起纠纷,投资者仍应对自身投资行为承担责任。

三、借款合同纠纷案

在上诉人某资产管理股份有限公司云南省分公司(原审原告,以下简称某资产管理公司)、昆明某工贸有限责任公司(原审被告,以下简称昆明某工贸公司)、戴某(原审被告)、崔某华(原审被告)与被上诉人云南某文化产业发展股份有限公司(原审被告,以下简称云南某文化产业公司)、戴某梅(原审被告)借款合同纠纷上诉案[1]中,法官对该纠纷作出了“名为债权转让,实为借款;名为担保,实为债务加入”的裁判。

(一)基本案情

该案以借款合同纠纷为案由。基本案情如下:2014 年 2 月 28 日,某资产管理公司与云南某文化产业公司因案外项目因素,双方签署《印章交接单》两份,云南某文化产业公司将其公章、合同专用章、财务专用章、法定代表人戴某梅私章移交给某资产管理公司保管。2014 年 5 月 8 日,某资产管

---

[1] 参见云南省高级人民法院(2018)云民初 141 号;最高人民法院(2020)最高法民终 537 号。

理公司通过光大银行向云南某文化产业公司转账支付 4000 万元(双方已结清)。2014 年 5 月 10 日,云南某文化产业公司与昆明某工贸公司签订《借款协议书》,约定昆明某工贸公司向云南某文化产业公司借款 1.09 亿元。此后,在 2014 年 5 月 13 日至 2014 年 6 月 19 日,云南某文化产业公司利用该 4000 万元款项在云南某文化产业公司与昆明某工贸公司之间反复多次往来转账(案涉某资产管理公司基于起诉的受让自云南某文化产业公司的 1.09 亿元原始债权是云南某文化产业公司与昆明某工贸公司截取了上述往来转账款中的三笔形成)。2014 年 6 月 30 日,云南某文化产业公司与昆明某工贸公司签订《债权债务确认书》,确认云南某文化产业公司对昆明某工贸公司享有 1.09 亿元债权。2014 年 7 月 10 日,云南某文化产业公司与某资产管理公司及昆明某工贸公司签订《债权转让协议》约定,云南某文化产业公司将其对昆明某工贸公司的 1.09 亿元债权以 1.09 亿元的价款转让给某资产管理公司。2014 年 7 月 10 日,某资产管理公司与昆明某工贸公司签订《还款协议》,后续又签订三份《还款协议之补充协议》。2015 年 11 月 25 日,该案各方当事人共同签订《还款协议之补充协议(三)》,约定截至 2015 年 11 月 17 日,昆明某工贸公司在该协议项下剩余债务本金余额为 93,085,300 元,担保人同意继续为本协议项下的债务提供抵押、保证担保。之后,某资产管理公司与昆明某工贸公司签订了《抵押协议》,与云南某文化产业公司签订了《抵押协议》和《保证协议》,与戴某梅、戴某和崔某华分别签订了《保证协议》。

后来,某资产管理公司向一审法院提起诉讼,请求:(1)昆明某工贸公司向某资产管理公司偿还借款本金 93,085,300 元,债务重组宽限补偿金 45,829,397.07 元(暂计算至 2018 年 6 月 30 日)以及 2018 年 7 月 1 日至全部债务本金还清之日的债务重组款项补偿金(按照年利率 15%计算);(2)昆明某工贸公司向某资产管理公司支付违约金 77,166,841.48 元(暂计算至 2018 年 6 月 30 日)以及 2018 年 7 月 1 日至全部债务本金还清之日的违约金(按照正常重组宽限补偿金率上浮 50%即 7.5%以及日利率 0.05%计算);(3)确认某资产管理公司对昆明某工贸公司名下的抵押土地拍卖、变卖所得的价款享有优先受偿权;(4)确认某资产管理公司对云南某文化产业公司名下的房产拍卖、变卖所得的价款享有优先受偿权;(5)云南某文化产业公司、戴某梅、戴某对昆明某工贸公司上述债务承担连带保证责任;(6)崔某华对上述债务在其与戴某夫妻共同财产的范围内承担清偿责任;(7)该案全部诉讼费、保全费由昆明某工贸公司、云南某文化产业公司、戴某梅、戴某、崔某华承担。

一审法院支持了原告的诉讼请求,但认为:该案名为债权转让,实为资金借贷,该案应按当事人之间实际发生的借款法律关系进行处理;以财务顾问费、重组款项补偿金、重组宽限补偿金、违约金的形式变相约定的利息明显过高,应认定为无效。二审法院认为,某资产管理公司未经批准从事贷款业务,违反银行业监管法律规定,因此与云南某文化产业公司之间的借款关系应认定为无效,而原审法院仅认为部分条款因变相约定利息明显过高无效,适用法律不当,应予纠正。但当事人的上诉理由均不成立,其上诉请求应不予支持,原审判决认定事实清楚,适用法律虽有不当,但处理结果正确,因此判决驳回上诉,维持原判。

(二)争议的焦点及事实认定

一审法院将该案主要争议焦点归纳为:一是关于某资产管理公司与昆明某工贸公司、云南某文化产业公司、戴某梅、戴某、崔某华之间法律关系的性质、效力问题;二是关于案涉债务主体究竟是昆明某工贸公司还是云南某文化产业公司,下欠债务本金是多少,利息如何计算,以及某资产管理公司诉讼请求的宽限补偿金和违约金是否应支持,如何计算的问题。

一审法院针对争议焦点一认为:根据当事人提交的银行转账凭证及云南某文化产业公司资金流水可以证明云南某文化产业公司与昆明某工贸公司之间实际并不存在1.09亿元的债权债务关系,案涉所谓债权转让关系是某资产管理公司、昆明某工贸公司、云南某文化产业公司三方通过多次往来走账虚构的,属于某资产管理公司违规收购不真实的非金融机构不良资产,以收购不良资产名义为云南某文化产业公司提供融资贷款。基于上述分析，应认定某资产管理公司与云南某文化产业公司、昆明某工贸公司之间实际并不存在债权转让关系，某资产管理公司与云南某文化产业公司、昆明某工贸公司之间的法律关系名为债权转让，实为企业之间借贷，透过现象看本质，该案应按当事人之间实际发生的借款法律关系进行处理。

针对争议焦点二认为：在借款法律关系中，虽然实际收款人和用款人为云南某文化产业公司，但昆明某工贸公司是云南某文化产业公司的控股股东，昆明某工贸公司法定代表人戴某与云南某文化产业公司法定代表人戴某梅之间是父女关系，昆明某工贸公司与云南某文化产业公司属于家族关联企业，且昆明某工贸公司事前参与了虚假债权转让协议的签订，事后也实际归还过部分欠款本息，更为关键的是该案中的《还款协议》及一系列补充协议均是昆明某工贸公司与某资产管理公司签订，昆明某工贸公司在协议中明确表示愿意还款，因此，应认定该案借款法律关系中的出借方为某资产管理公司，借款方应认定为云南某文化产业公司和昆明某工贸公司。双方协议中通过财务顾问费、重组款项补偿金、重组宽限补偿金、违约金等形式变相约定的资金利息明显过高，且某资产管理公司属于非银行金融企业，不具备向企业发放贷款主体资格，其向企业变相提供融资的行为属于违反部门规章的行为。故原审法院酌定该案资金占用利息按年利率6%计算。

二审法院将该案主要争议焦点归纳为：一是某资产管理公司是否有真实的收购案涉不良资产的意思表示；二是某资产管理公司与云南某文化产业公司之间的借款关系是否因违反《银行业监督管理法》第19条的规定而无效。

二审法院针对争议焦点一认为：云南某文化产业公司与昆明某工贸公司通过往来转账，虚构了案涉云南某文化产业公司享有的昆明某工贸公司1.09亿元的债权。转让方（云南某文化产业公司）的指定账户用于存放受让方（某资产管理公司）支付的收购资金，由受让方预留人员印鉴，并对账户内的资金进行监管，在债权转让之后，受让方监管转让方的账户不符合交易常规，进一步印证某资产管理公司的真实意思并非收购案涉不良债权。某资产管理公司关于不知案涉债权虚构的主张不成立。云南某文化产业公司系案涉9600万元的实际用款人,其先后向某资产管理公司还本付息总计14,473,350元,因此某资产管理公司与云南某文化产业公司成立借款合同法律关系。

针对争议焦点二认为:《银行业监督管理法》第19条规定,"未经国务院银行业监督管理机构批准,任何单位或者个人不得设立银行业金融机构或者从事银行业金融机构的业务活动"。该规定涉及金融安全、市场秩序、国家宏观政策等公共秩序,属于强制性效力规定。某资产管理公司系金融资产管理公司,非银行金融机构,其经营范围不包括贷款业务。某资产管理公司未经批准从事贷款业务,违反上述规定,与云南某文化产业公司之间的借款关系无效。针对争议焦点三认为:昆明某工贸公司参与1.09亿元债权虚构行为违反了诚实信用原则,具有过错。在确定合同因意思表示虚伪和违反强制性效力规定而无效后,人民法院应当在当事人之间合理分配民事责任,不能使不诚信的当事人因合同无效而获益,因此昆明某工贸公司应当按照抵押协议约定对真实的债务承担担保责任。此外,昆明某工贸公司在上述条件下,还与某资产管理公司签订案涉还款协议及补充协议,可证实昆明某工贸公司的真实意思表示是向某资产管理公司承担还款责任。案涉还款协议及补充协议没有约定云南某文化产业公司不再向某资产管理公司承担还款责任,应当认定昆明某工贸公司签订还款协议构成并存的债务加入,与云南某文化产业公司共同向某资产管理公司承担还款责任。

(三)案例评析

一审、二审法院对该案的整个审理过程呈现两种类型的"穿透":一是法院通过调查案涉系列协议、银行转账凭证、资金流水等,查清某资产管理公司与云南某文化产业公司之间并非真实的不良债权转让,而是借款关系,此乃法院查清案件事实的"穿透",即"名为债权转让,实为借款";二是法院对昆明某工贸公司在该案中明知所转让债权为虚构仍与某资产管理公司签订还款协议、抵押协议等表明还款意愿的行为定性为"名为担保,实为债务加入"。

关于“名为债权转让,实为资金借贷”。债权转让的前提须有债权的真实合法存在,且没有争议,而经法院调查后确认云南某文化产业公司实际对昆明某工贸公司并不享有债权。案涉所谓债权转让关系是某资产管理公司、昆明某工贸公司、云南某文化产业公司三方通过多次往来走账虚构形成,属于某资产管理公司违规收购不真实的非金融机构不良资产,以收购不良资产名义为云南某文化产业公司提供融资贷款。某资产管理公司系金融资产管理公司而非银行金融机构,并不具有发放贷款业务的资质。因此,某资产管理公司未经批准从事贷款业务的行为违反了《银行业监督管理法》的规定,从而认定其与云南某文化产业公司之间的资金借贷关系无效。尽管债权转让系虚构,某资产管理公司与云南某文化产业公司之间的借贷关系也无效,但昆明某工贸公司在明知以上情况的前提下仍与某资产管理公司签订还款协议和补充协议,该行为系昆明某工贸公司愿意归还案涉借款的意思表示,因此双方之间形成的这一真实发生的债权债务关系应当认定为有效。法院的判决既维护了正常的市场交易秩序,又适当平衡了当事人之间的利害关系。

关于“名为担保,实为债务加入”。昆明某工贸公司与某资产管理公司签订了抵押协议,以担保某资产管理公司对云南某文化产业公司所享有的债权,但同时又与某资产管理公司签订了还款协议和补充协议,充分表明了其愿意归还某资产管理公司案涉款项的意思表示。而案涉还款协议及补充协议并没有约定云南某文化产业公司退出债务不再向某资产管理公司承担还款责任,因此认定昆明某工贸公司签订还款协议系构成并存的债务加入,即与云南某文化产业公司共同向某资产管理公司承担还款责任。一方面,一审、二审法院在认定主合同无效、作为从合同的担保合同亦当然无效的情况下,仍根据诚实信用原则,从当事人之间合理分配民事责任的角度出发判决昆明某工贸公司依然应当按照抵押协议约定对真实的债务承担担保责任;另一方面,又运用穿透式审判思维,将昆明某工贸公司签订还款协议和补充协议的行为认定为债务加入,充分体现了司法对诚信原则在市场交易中的一贯重视。

不过,该案的二审判决部分仍然值得商榷。某资产管理公司不具有法律上允许的从事贷款业务的资质,该判断无疑是正确的。所谓贷款业务,就是以贷款作为营业内容;而营业一般指连续性从事经营性业务。如果从事一次借款,是不能被称为贷款业务的。该案中原被告之间的争议性质被穿透后,认定为借款纠纷。那么借款合同的效力,理应根据《民法典》关于借款合同要件予以认定。贷款合同,特指有贷款从业资格的机构订立的借款合同。故法院应该先判断某资产管理公司连续性从事借款活动,已经构成非法从事贷款业务,方可以判断出该合同违反法律直接规定而无效。将一次借款判断为从事贷款业务,法律上也缺乏直接依据。《关于办理非法放贷刑事案件若干问题的意见》第1条规定:“违反国家规定,未经监管部门批准,或者超越经营范围,以营利为目的,经常性地向社会不特定对象发放贷款,扰乱金融市场秩序,情节严重的,依照刑法第二百二十五条第(四)项的规定,以非法经营罪定罪处罚。前款规定中的‘经常性地向社会不特定对象发放贷款’,是指2年内向不特定多人(包括单位和个人)以借款或其他名义出借资金10次以上。贷款到期后延长还款期限的,发放贷款次数按照1次计算。”司法解释以次数和金额为标准,作出过详细解释的,法院应该说明该案是否涉及上述情形。另外,如果当事人没有提出该合同无效,法院是否有权直接穿透式认定合同无效,值得商榷。

(四)法律建议

《民法典》第552条和《关于适用〈中华人民共和国民法典〉有关担保制度的解释》(以下简称《民法典担保制度解释》)第36条第2款规定了“并存的债务承担”,即“债务加入”。第三人在债务加入后,与原债务人一起对债务共同承担连带责任。这将增加承担债务的一般责任财产,具有担保的功能。[1] 债务加入与连带保证在外观上具有相似之处,如债务加入人与保证人都对债务承担连带清偿责任,都对债权人享有原债务人的抗辩权等。但

---

〔1〕 参见史尚宽:《债法总论》,中国政法大学出版社2002年版,第625页。

债务加入与连带保证不同的是,债务加入不具有从属性,保证合同从属于主合同,主合同无效则保证合同亦无效,而债务加入则不因原债权债务关系无效而无效。在原合同无效情形下,债务加入人仍应与原债务人共同承担缔约过失责任。[1] 连带保证人承担保证责任后,可以向债务人追偿,而债务加入人作为连带债务人履行债务后,是否对债务人有追偿权,取决于他与债务人之间的约定。[2]

1. 对债务加入人的建议

第一,清楚理解债务加入与保证的联系与区别,谨慎选择债务加入。鉴于债务加入不具有对债务主合同的从属性,债务加入人与债务人或连带债务人都是债务的终局承担者,如该案所判,即使主合同被认定为无效,债务加入人对债务依然应承担还款责任。

第二,积极行使追偿权。尽管债务加入人并不享有其所承担债务的全部追偿权,其仅有权就超过其应当承担的债务部分向原债务人或其他连带债务人追偿,但针对该有权追偿部分依然建议积极追偿。

第三,若本人并无债务加入的意思表示,则建议无论在何种形式的合同中,如还款协议、保证合同、抵押合同等,都勿表达愿意承担还款责任或共同承担还款责任的意愿,以避免被法院认定为债务加入的意思表示。

2. 对债权人的建议

第一,未持有贷款业务牌照的任何企业包括金融机构,谨慎借款,否则容易落入合同无效的后果。笔者虽认为法院未对某资产管理公司的借款被纳入贷款业务进行充分说理,在说服力上欠妥;但是该案中某资产管理公司与云南某文化产业公司的账目往来不是一笔,而是持续性的多笔,且还款计划类似银行按揭贷款或分期还款的模式,从外观上具备了贷款业务的典型特征。故最后不仅其合同因为违反《银行业监督管理法》被认定为无效,原

[1] 参见刘贵祥:《民法典关于担保的几个重大问题》,载《法律适用》2021 年第 1 期。可见,债务加入责任显著重于保证。

[2] 参见黄薇主编:《中华人民共和国民法典合同编解读》(上册),中国法制出版社 2020 年版,第 287 页。

本期待的高额利息等非但得不到满足,最后可能还会蒙受损失(因为无效之后是恢复原状,故资金出借人丧失了请求利息的合同基础)。

第二,争取第三方对债务的加入。如上所述,债务加入的责任大于连带责任保证,更大于一般保证,因此在难度较大的融资请求或其他履行义务中,尽量争取第三方对债务的共同加入,以增加债务履行的进一步保障。

第三,接受第三人的债务加入之前应审慎核查第三人作出债务加入决定的程序是否到位。根据我国《公司法》的相关规定,公司对外担保或公司法定代表人行使代表权对外提供担保的,都需要经过公司内部决议程序。而债务加入的责任又显著重于保证,因此根据举轻以明重的原理,债务加入人同意加入他人债务之前理应经过股东会或董事会决议,因此,作为债权人同样应尽到审慎的核查义务。

四、投资合同纠纷案

在上诉人李某辉(原审被告)与袁某华(原审原告)、董某升(原审被告)上诉案[1]中,法院作出了“表述为担保责任,最终应承担差额补足责任”的裁判。

(一)基本案情

该案以合同纠纷为案由。基本案情如下:2017 年 3 月 29 日,两被告与原告签订《差额补足协议》一份,协议约定,原告或原告指定的第三方参与认购广东东方精工科技股份有限公司 2017 年非公开发行的股票,出资劣后本金为 8000 万元,对应优先级金额为 16,000 万元,认购股份金额为 23,200 万元,两被告同意对原告或原告指定主体认购股份全部出售时收回的本金及收益按原告认购金额计算不足年化 10%部分进行补足。双方确认,如原告或原告指定的第三方在股票解禁期间或解除锁定后 8 个月内未能实现认购金额年化 10%的综合收益或造成股票亏损的,被告同意以人民币 1 亿元为

[1] 参见浙江省湖州市中级人民法院(2019)浙 05 民初 1 号;浙江省高级人民法院(2020)浙民终 525 号。

限对原告承担担保责任。另约定股票解除锁定后,如原告在股价低于年化收益10%以下减持,则需要获得被告同意,被告不同意的需要进行补仓。协议还就超额收益的分配、协议变更解除等内容进行了约定。2017年3月29日,袁某华作为委托人与受托人云南国际信托有限公司签订《某集合资金信托计划资金信托合同》,用于受让云南国际信托有限公司设立的“某单一资金信托”的信托受益权,该单一信托的信托财产将不超过30,000万元信托资金用于认购另一资管计划,该资管计划的资金用于认购广东东方精工科技股份有限公司于深圳证券交易所非公开定向发行的股票,总金额不超过30,000万元,锁定期12个月。袁某华加入该集合资金信托计划的信托资金为一般级信托资金1亿元。同日,袁某华向云南国际信托有限公司转汇10,000万元。2019年5月10日,云南国际信托有限公司出具某集合资金信托计划清算报告,报告载明信托计划于2019年5月8日终止,袁某华名下信托收益为-127,770,552.58元。另查明,原告袁某华向云南国际信托有限公司支付增强信用资金和补仓资金1.1亿元,并在减持前向董某升进行了通知,但两被告均未履行补仓义务,也未对通知进行回复。故原告诉至一审法院,请求判令两被告共同向原告支付原告已卖出的东方精工股票造成的损失10,000万元,并承担该案的诉讼费用。一审判决支持了原告的诉讼请求,二审法院认为原审判决认定事实清楚,适用法律正确,实体处理恰当。因此判决驳回上诉,维持原判。

(二)争议的焦点及事实认定

一审、二审法院将该案主要争议焦点归纳为:一是案涉《差额补足协议》是否有效;二是李某辉、董某升应否向袁某华承担差额补足责任。

一审法院针对争议焦点一认为:该案两被告之所以愿意签订案涉《差额补足协议》,是基于两被告对原告参与认购的东方精工股票从商业角度作出了价值判断,两被告运用经济学工具和技能对股票价值预期进行了评估,目的是追求投资利益,实质是一种具有商事交易秩序价值的对赌行为,是当事人之间真实的意思表示,未违反法律、行政法规的强制性规定,也不损害国家、集体、第三人利益,合法有效,应予保护,当事人应当按照合同约定履行义务。针对争议焦点二认为:虽然案涉协议约定用了"承担担保责任"的表述,但该案不存在主债权债务关系,故该案的《差额补足协议》不属于保证合同,该协议应被视为双方当事人之间合意形成的、两被告自愿承担袁某华投资损失及投资收益补足赔偿责任的无名合同,其本质系董某升、李某辉自愿对袁某华可能产生的投资收益不足部分及损失的承担。

二审法院针对争议焦点一认为:案涉《差额补足协议》由双方自愿签订,属当事人意思自治范畴,协议内容未违反法律、行政法规禁止性规定,也不损害国家、集体和第三人利益,更未因此破坏金融交易秩序,因此合法有效。针对争议焦点二认为:李某辉、董某升对袁某华通过第三方信托认购案涉股票明知且认同,原告在补仓和减持股票过程中并不存在过错。因此,李某辉、董某升应按约定的补偿计算方法承担差额补足责任。

(三)案例评析

该案一审、二审法院均对案涉《差额补足协议》的效力予以肯定,且认定两被告应承担约定的差额补足责任,而非两被告所主张的"担保责任"。尽管案涉《差额补足协议》的约定用了"承担担保责任"的表述,但因该案不存在主债权债务关系,该所谓担保责任本质上系李某辉、董某升一方的主要合同义务,系双方基于对东方精工股票未来商业价值判断并愿意以 10,000 万元为限对袁某华投资损失承担补足的义务。因此,协议约定的"担保责任"并不属于保证,但不影响原告依据《差额补足协议》请求被告履行约定义务。

保证责任和差额补足均属于增信措施,但差额补足义务与被补足的债务本身不必然具有同一性和从属性,因此其与保证责任的构成要件不同。差额补足协议的性质系根据协议主体、权利义务约定等进行综合认定:提供差额补足的第三人在协议等文件材料中具有提供担保的意思表示,债权人请求其承担保证责任的,则法院将依照保证的有关规定处理;协议等文件材料中提供差额补足的第三人明确了加入债务或与债务人共同承担债务等意思表示的,则法院将该意思表示认定为债务加入。据此,对于差额补足的增信措施属于何种性质,不能一概而论。

该案中双方当事人争议在于系争《差额补足协议》的法律性质、效力认定等问题。首先,关于《差额补足协议》的法律性质。该案中案涉信托合同系由原告袁某华与信托公司签订,信托公司并非《差额补足协议》项下的债权人,该案也不存在主合同债务。而保证行为最本质的法律特征系其从属性,即保证法律关系的成立必须以主债务的存在为前提,且保证人与主债务人系针对同一笔债务向同一债权人作出履约承诺。因此,该案中的差额补足义务明显具有独立性,与具有从属性的保证责任明显不同。该案中案涉《差额补足协议》实质为原被告三人之间共同投资的内部约定,是一种双方对投资利益、投资风险共同承担的合作投资模式,是作为利益共同体、共同责任人基于对投资标的股票未来估值发展不确定性的一种商业价值判断,目的是为原告巨额投资后所产生的融资风险提供保障承诺,实为双方自愿设立以标的股票的涨跌为条件的投资对赌关系。该协议并未涉及其他人的权利义务,亦未损害其他投资人合法权益,也没有破坏证券市场稳定和增加证券市场风险。故法院判定双方关于差补的约定并不违反法律、法规的禁止性规定,被告应按约履行合同义务。

该案中一审、二审法院对以“保证”作为权利表象的差额补足义务作了穿透式审理,肯定了差额补足义务作为增信措施的独立性地位,保护了商事交易的诚信基础和交易市场秩序的有序发展。

(四)法律建议

市场经济发展的日益复杂多样性,催生了差额补足、流动性支持等类似承诺性文件作为增信措施的出现。《九民纪要》第 91 条规定,信托合同之外的当事人提供第三方差额补足、代为履行到期回购义务、流动性支持等类似承诺文件作为增信措施,其内容符合法律关于保证的规定的,人民法院应当认定当事人之间成立保证合同关系。其内容不符合法律关于保证的规定的,依据承诺文件的具体内容确定相应的权利义务关系,并根据案件事实情况确定相应的民事责任。

《民法典担保制度解释》第36条又将这一认定规则拓展适用于一般债权债务关系。因此,此类增信措施的性质和效力如何确定,是属于从合同还是独立合同,与传统的抵押、质押、保证等增信措施是否可相提并论,存在哪些性质差异和潜在的法律风险,需要市场主体在适用的时候事先做好分析和甄别。

1. 对增信措施提供方的建议

第一,对提供增信支持的基础法律关系进行透彻了解并设置合理的"触发条件"。如上文所述,抵押、质押、保证等传统担保措施,具有与主合同债务的同一性和从属性,因此一旦主合同无效,担保合同亦无效,担保人就无须再承担担保责任。而差额补足、流动性支持等增信措施具有独立性,并不要求必须存在债权债务的基础法律关系为前提,因此其合法性和有效性并不受所谓的主合同有效与否的影响,只要触发双方事先约定的"特定条件",增信措施提供方就应承担相应的义务。因此,对于差额补足、流动性支持等增信措施的提供方,建议对所支持的目标项目情况、基础法律关系如何等事先进行透彻了解,合理设置"触发条件",以对自身可能承担的法律风险进行有效把控。

第二,明确自己的意思表示和义务责任,并在书面协议等文件材料中作出清晰表述。鉴于差额补足、流动性支持等类似承诺性文件的性质认定并不具有唯一性。有可能被认定为保证,亦有可能被认定为债务加入,或者直接根据承诺文件来要求提供方履行约定的义务或承担相应的民事责任。因此,建议双方在签订书面协议时,对于承诺文件提供方具体承担哪种责任应事先进行明确无歧义的约定,避免日后产生纠纷。

2. 对增信措施接受方的建议

第一,视情况选择合适的增信措施。为进一步满足特定的交易需求,实践中创设出了越来越多样的增信措施,不同的交易可能需要选择不同的增信措施。比如针对基础法律关系并非债权债务合同,权利人仅希望其投资或其他行为得到更好保障的情形,即可采取差额补足、流动性支持等增信措施,灵活约定产生债权债务后对方相应的义务。

第二,若增信措施接受方系金融机构,则应注意避免“保底承诺”“刚性兑付”。近年来,我国出台的诸多金融监管政策均不再允许信托公司、资管公司等对投资者的投资进行保底和刚兑,而由投资者自担风险、自负盈亏。《九民纪要》第 92 条规定,“信托公司、商业银行等金融机构作为资产管理产品的受托人与受益人订立的含有保证本息固定回报、保证本金不受损失等保底或者刚兑条款的合同,人民法院应当认定该条款无效。受益人请求受托人对其损失承担与其过错相适应的赔偿责任的,人民法院依法予以支持。实践中,保底或者刚兑条款通常不在资产管理产品合同中明确约定,而是以‘抽屉协议’或者其他方式约定,不管形式如何,均应认定无效”。《资管新规》第 6 条第 2 款规定,“金融机构应当加强投资者教育,不断提高投资者的金融知识水平和风险意识,向投资者传递‘卖者尽责、买者自负’的理念,打破刚性兑付”。因此,在层层嵌套的资管业务产品中,无论哪一层出现“保底收益”的承诺文件或增信措施都将被认定为无效,建议在设计相关增信文件时,注意避开类似承诺性表述。

五、买卖合同纠纷案

在原告胡某瑞与被告王某买卖合同纠纷案[1]中,法官通过穿透式审判方式发现案涉标的物为国家明令禁止虚拟货币交易所使用的“矿机”,因此作出买卖合同无效的认定。

(一)基本案情

该案以买卖合同纠纷为案由。基本案情如下:2021 年 10 月 18 日胡某瑞与王某通过微信方式达成买卖协议:胡某瑞向王某购买三台 20s-48w-68t 神马 M20S 型机器(又名“矿机”,其用途是在网络上“挖矿”,挖虚拟货币“比特币”),包 24 小时算力。2021 年 10 月 19 日胡某瑞通过微信方式向王某合计转款 62,220 元并指定了交货地点。胡某瑞收到机器后投入使用。2021

---

〔1〕 参见四川省井研县人民法院(2021)川 1124 民初 1619 号。

年 10 月 23 日胡某瑞以微信电话以及打电话的方式告知王某机器无法使用而联系无果的情况下,随即对机器进行了拆机检查。2021 年 10 月 24 日胡某瑞联系上王某后将机器的测试视频、机器的 SN 码及机器设备的照片发送给王某,要求王某协商处理该问题。2021 年 10 月 25 日之后,王某不再与胡某瑞联系。胡某瑞遂向法院起诉,请求判令:(1)被告向原告返还设备款 62,220 元及资金占用利息(以欠付金额 62,220 元为基数,按银行同期贷款年利率 6%自 2021 年 10 月 20 日起计算至款项付清之日止);(2)该案诉讼费 1356 元、保全费 1284 元、公告费 260 元由被告承担。法院判决被告返还原告 62,220 元,同时原告返还被告案涉机器,驳回了原告其他诉讼请求。

(二)争议的焦点及事实认定

一审法院将该案主要争议焦点归纳为:一是原、被告之间的买卖协议是否有效;二是原、被告财物如何返还。

一审法院针对争议焦点一认为:原告与被告之间就购买"矿机"形成的协议因损害社会公共利益、不利于节约资源、保护生态环境应属无效。针对争议焦点二认为:该案原、被告"矿机"买卖协议无效,自始没有法律约束力,双方因无效的民事法律行为所取得、占有对方的财产无合法根据,应当予以返还,故被告应返还原告货款 62,220 元,原告应返还被告货物三台案涉"矿机"。

(三)案例评析

法院判决案涉买卖合同无效的主要依据为我国《民法典》第 153 条第 2 款"……违背公序良俗的民事法律行为无效"和第 9 条"民事主体从事民事活动,应当有利于节约资源、保护生态环境"的规定。公序良俗包括公共秩序与善良风俗两个方面,其中公共秩序是指法律秩序,善良风俗是指法律秩序之外的道德习俗。将公序良俗写入《民法典》并放在基本原则的高度,其价值在于将道德伦理引入法律规范适用,成为有效弥补法律漏洞的价值依据。此外,我国《民法典》确立了生态文明原则,要求民事主体从事民事活动，应当有利于节约资源、保护生态环境。

结合该案事实，该案所涉交易“矿机”，实为在网络上“挖矿”（挖“比特币”）的专用计算机设备，用于计算生产虚拟货币，且此类“挖矿”活动能源消耗和碳排放量大，不利于国家节能减排，也不利于节约资源、保护生态环境，更不利于实现碳达峰、碳中和的目标。因此，原被告系在明知“挖矿”的社会危害性及相关部门明确禁止虚拟货币相关交易的情况下，仍签订买卖合同，继续购买“矿机”进行“挖矿”，明显损害了社会公共利益、违背了公序良俗原则。

因此，从维护健康的市场环境及确立正确的社会价值导向的角度出发，从维护国家金融管理秩序和人民群众财产安全的立场出发，对该案情形下合同效力的认定应从严把握，司法不应支持、鼓励这种为追求经济利益而有损社会公共利益和公序良俗的行为。该案判决体现了司法机关协同加强金融监管、有效防范金融风险、推动经济社会高质量可持续发展的积极作用。

（四）法律建议

1. 对生产企业的建议

第一，市场经济主体不应纯粹追求个人私利，而应同时承担起相应的社会责任。企业的生存和发展离不开对社会资源的整合和利用，同时其又通过生产产品的方式反过来影响着社会的方方面面。只有当企业自身发展利益和社会整体发展利益相协调的时候，才能实现利益的最大化。若企业的生产经营活动损害了国家、社会的公共利益，则必将受到司法的严惩。

第二，公序良俗是企业做大做强过程中应始终坚持的法治意识和道德底线。随着《民法典》的颁布和实施，公序良俗不再仅仅是人们内心道德评判标准，而成为判定民事行为效力的重要依据。因此，坚持并贯彻公序良俗原则也是每一个市场经济主体应当具有的基本意识和法律底线。

第三，坚持脚踏实地做好实体经济，让虚拟经济服务于实体经济。虚拟经济是指以虚拟资本为运动载体、依托金融市场进行的相对独立的经济循环活动，主要表现为高度流动性、不稳定性、高风险性和高投机性。它是一把“双刃剑”,既可以促进实体经济的发展,也可能对实体经济带来负面影响,因此虚拟经济的产生和发展都必须以实体经济为物质基础。而作为与虚拟经济连接紧密的相关行业,则应进一步加强自身风险管理,避免风险投机交易行为,脚踏实地做好实体产业,同时适当发挥虚拟经济对实体经济的资金支持作用,切勿本末倒置,让资本冲昏了头脑,冒险从事法律法规或国家政策明令禁止的市场交易行为。

第四,树立环保大局意识,共同参与生态文明建设。《民法典》确立了生态文明原则,是对我国生态文明建设任务的协同贯彻。保护生态环境、防止资源过度开发,已不再是企业的一句口号,而应作为一种警示。司法实践中法官对个案的审判已将相关民事活动对资源与环境是否造成损害、对他人利益和社会公共利益是否造成损害以及损害的程度、主观过错等作为判案标准。因此,市场经济主体一旦触碰法律的底线,难免会付出惨重的代价,切忌以身试法。

2. 对投资者的建议

第一,强化风险意识,警惕不法宣传。经济创新日新月异,但也给不法分子创造了更多违法犯罪的机会。因此,提醒投资者,要自觉增强风险防范意识,谨防类似虚拟货币交易及相关活动的法律风险,远离诱惑,警惕高收益宣传或保底承诺,防止自身利益被不法侵害。

第二,更新知识储备,转变投资理念。新的宏观和微观经济政策时刻在变,法律和政策的结合程度也愈加紧密,司法实践已对违反金融监管政策的民事行为作无效判决。因此,作为投资者应加快自身对新知识新理念的融入,改变“理财刚兑”“保底收益”等传统意识,积极转变投资理念,根据自身的风险识别和风险承受能力选择适合自己的投资理财产品,切勿盲目追求高收益,避免资金遭受损失。

第三,金融投资应该以真实的市场为基础,脱虚向实,促进实体经济,方能获得较好的且踏实的回报。虽然金融投资产品总是乱花迷人眼,但作为投资者需要清楚认识到一个现实:所有的投资回报最终依托实体经济,只有生产和技术才能长久地产生效益,不发生泡沫。

本章法条链接

一、《中华人民共和国民法典》(中华人民共和国主席令第45号,2020年5月28日发布)

第九条 民事主体从事民事活动,应当有利于节约资源、保护生态环境。

第一百四十六条 行为人与相对人以虚假的意思表示实施的民事法律行为无效。

以虚假的意思表示隐藏的民事法律行为的效力,依照有关法律规定处理。

第一百五十三条 违反法律、行政法规的强制性规定的民事法律行为无效。但是,该强制性规定不导致该民事法律行为无效的除外。

违背公序良俗的民事法律行为无效。

第五百五十二条 第三人与债务人约定加入债务并通知债权人,或者第三人向债权人表示愿意加入债务,债权人未在合理期限内明确拒绝的,债权人可以请求第三人在其愿意承担的债务范围内和债务人承担连带债务。

第六百六十八条 借款合同应当采用书面形式,但是自然人之间借款另有约定的除外。

借款合同的内容一般包括借款种类、币种、用途、数额、利率、期限和还款方式等条款。

第六百八十八条 当事人在保证合同中约定保证人和债务人对债务承担连带责任的,为连带责任保证。

连带责任保证的债务人不履行到期债务或者发生当事人约定的情形时,债权人可以请求债务人履行债务,也可以请求保证人在其保证范围内承担保证责任。

第六百八十九条 保证人可以要求债务人提供反担保。

二、《中华人民共和国证券投资基金法》(中华人民共和国主席令第23号,2015年4月24日修正发布)

第八十九条 担任非公开募集基金的基金管理人,应当按照规定向基金行业协会履行登记手续,报送基本情况。

第一百一十九条第一款　违反本法规定，未经批准擅自设立基金管理公司或者未经核准从事公开募集基金管理业务的，由证券监督管理机构予以取缔或者责令改正，没收违法所得，并处违法所得一倍以上五倍以下罚款；没有违法所得或者违法所得不足一百万元的，并处十万元以上一百万元以下罚款。对直接负责的主管人员和其他直接责任人员给予警告，并处三万元以上三十万元以下罚款。

三、《中华人民共和国合伙企业法》（中华人民共和国主席令第 55 号，2006 年 8 月 27 日修订发布）

第三十二条　合伙人不得自营或者同他人合作经营与本合伙企业相竞争的业务。

除合伙协议另有约定或者经全体合伙人一致同意外，合伙人不得同本合伙企业进行交易。

合伙人不得从事损害本合伙企业利益的活动。

第九十二条　合伙企业不能清偿到期债务的，债权人可以依法向人民法院提出破产清算申请，也可以要求普通合伙人清偿。

合伙企业依法被宣告破产的，普通合伙人对合伙企业债务仍应承担无限连带责任。

四、《中华人民共和国银行业监督管理法》（中华人民共和国主席令第 58 号，2006 年 10 月 31 日发布）

第十九条　未经国务院银行业监督管理机构批准，任何单位或者个人不得设立银行业金融机构或者从事银行业金融机构的业务活动。

五、《中华人民共和国刑法》（中华人民共和国主席令第 66 号，2020 年 12 月 26 日修正发布）

第二百二十五条　【非法经营罪】违反国家规定，有下列非法经营行为之一，扰乱市场秩序，情节严重的，处五年以下有期徒刑或者拘役，并处或者单处违法所得一倍以上五倍以下罚金；情节特别严重的，处五年以上有期徒刑，并处违法所得一倍以上五倍以下罚金或者没收财产：

（一）未经许可经营法律、行政法规规定的专营、专卖物品或者其他限制买卖的物品的；

（二）买卖进出口许可证、进出口原产地证明以及其他法律、行政法规规定的经营许可证或者批准文件的；

（三）未经国家有关主管部门批准非法经营证券、期货、保险业务的，或者非法从事资金支付结算业务的；

（四）其他严重扰乱市场秩序的非法经营行为。

六、《最高人民法院关于适用〈中华人民共和国民法典〉有关担保制度的解释》（法释〔2020〕28号，2020年12月31日发布）

第三十六条　第三人向债权人提供差额补足、流动性支持等类似承诺文件作为增信措施，具有提供担保的意思表示，债权人请求第三人承担保证责任的，人民法院应当依照保证的有关规定处理。

第三人向债权人提供的承诺文件，具有加入债务或者与债务人共同承担债务等意思表示的，人民法院应当认定为民法典第五百五十二条规定的债务加入。

前两款中第三人提供的承诺文件难以确定是保证还是债务加入的，人民法院应当将其认定为保证。

第三人向债权人提供的承诺文件不符合前三款规定的情形，债权人请求第三人承担保证责任或者连带责任的，人民法院不予支持，但是不影响其依据承诺文件请求第三人履行约定的义务或者承担相应的民事责任。

七、《全国法院民商事审判工作会议纪要》（法〔2019〕254号，2019年11月8日发布）

31.【违反规章的合同效力】违反规章一般情况下不影响合同效力，但该规章的内容涉及金融安全、市场秩序、国家宏观政策等公序良俗的，应当认定合同无效。人民法院在认定规章是否涉及公序良俗时，要在考察规范对象基础上，兼顾监管强度、交易安全保护以及社会影响等方面进行慎重考量，并在裁判文书中进行充分说理。

91.【增信文件的性质】信托合同之外的当事人提供第三方差额补足、代为履行到期回购义务、流动性支持等类似承诺文件作为增信措施，其内容符合法律关于保证的规定的,人民法院应当认定当事人之间成立保证合同关系。其内容不符合法律关于保证的规定的,依据承诺文件的具体内容确定相应的权利义务关系,并根据案件事实情况确定相应的民事责任。

92.【保底或者刚兑条款无效】信托公司、商业银行等金融机构作为资产管理产品的受托人与受益人订立的含有保证本息固定回报、保证本金不受损失等保底或者刚兑条款的合同,人民法院应当认定该条款无效。受益人请求受托人对其损失承担与其过错相适应的赔偿责任的,人民法院依法予以支持。

实践中,保底或者刚兑条款通常不在资产管理产品合同中明确约定,而是以"抽屉协议"或者其他方式约定,不管形式如何,均应认定无效。

94.【受托人的举证责任】资产管理产品的委托人以受托人未履行勤勉尽责、公平对待客户等义务损害其合法权益为由,请求受托人承担损害赔偿责任的,应当由受托人举证证明其已经履行了义务。受托人不能举证证明,委托人请求其承担相应赔偿责任的,人民法院依法予以支持。

八、《关于规范金融机构资产管理业务的指导意见》(银发〔2018〕106号,2018年4月27日发布)

二、资产管理业务是指银行、信托、证券、基金、期货、保险资产管理机构、金融资产投资公司等金融机构接受投资者委托,对受托的投资者财产进行投资和管理的金融服务。金融机构为委托人利益履行诚实信用、勤勉尽责义务并收取相应的管理费用,委托人自担投资风险并获得收益。金融机构可以与委托人在合同中事先约定收取合理的业绩报酬,业绩报酬计入管理费,须与产品一一对应并逐个结算,不同产品之间不得相互串用。

资产管理业务是金融机构的表外业务,金融机构开展资产管理业务时不得承诺保本保收益。出现兑付困难时,金融机构不得以任何形式垫资兑付。金融机构不得在表内开展资产管理业务。

私募投资基金适用私募投资基金专门法律、行政法规,私募投资基金专门法律、行政法规中没有明确规定的适用本意见,创业投资基金、政府出资产业投资基金的相关规定另行制定。

五、资产管理产品的投资者分为不特定社会公众和合格投资者两大类。

合格投资者是指具备相应风险识别能力和风险承担能力，投资于单只资产管理产品不低于一定金额且符合下列条件的自然人和法人或者其他组织。

（一）具有2年以上投资经历，且满足以下条件之一：家庭金融净资产不低于300万元，家庭金融资产不低于500万元，或者近3年本人年均收入不低于40万元。

（二）最近1年末净资产不低于1000万元的法人单位。

（三）金融管理部门视为合格投资者的其他情形。

合格投资者投资于单只固定收益类产品的金额不低于30万元，投资于单只混合类产品的金额不低于40万元，投资于单只权益类产品、单只商品及金融衍生品类产品的金额不低于100万元。

投资者不得使用贷款、发行债券等筹集的非自有资金投资资产管理产品。

六、金融机构发行和销售资产管理产品，应当坚持"了解产品"和"了解客户"的经营理念，加强投资者适当性管理，向投资者销售与其风险识别能力和风险承担能力相适应的资产管理产品。禁止欺诈或者误导投资者购买与其风险承担能力不匹配的资产管理产品。金融机构不得通过拆分资产管理产品的方式，向风险识别能力和风险承担能力低于产品风险等级的投资者销售资产管理产品。

金融机构应当加强投资者教育，不断提高投资者的金融知识水平和风险意识，向投资者传递"卖者尽责、买者自负"的理念，打破刚性兑付。

二十七、对资产管理业务实施监管遵循以下原则：（二）实行穿透式监管，对于多层嵌套资产管理产品，向上识别产品的最终投资者，向下识别产品的底层资产（公募证券投资基金除外）。

九、《流动资金贷款管理暂行办法》（中国银行业监督管理委员会令2010年第1号，2010年2月12日发布）

第三条 本办法所称流动资金贷款，是指贷款人向企（事）业法人或国家规定可以作为借款人的其他组织发放的用于借款人日常生产经营周转的本外币贷款。

第九条 贷款人应与借款人约定明确、合法的贷款用途。

流动资金贷款不得用于固定资产、股权等投资，不得用于国家禁止生产、经营的领域和用途。

流动资金贷款不得挪用，贷款人应按照合同约定检查、监督流动资金贷款的使用情况。

第三十八条　贷款人违反本办法规定经营流动资金贷款业务的，中国银行业监督管理委员会应当责令其限期改正。贷款人有下列情形之一的，中国银行业监督管理委员会可采取《中华人民共和国银行业监督管理法》第三十七条规定的监管措施：

（一）流动资金贷款业务流程有缺陷的；

（二）未将贷款管理各环节的责任落实到具体部门和岗位的；

（三）贷款调查、风险评价、贷后管理未尽职的；

（四）对借款人违反合同约定的行为应发现而未发现，或虽发现但未及时采取有效措施的。

第三十九条　贷款人有下列情形之一的，中国银行业监督管理委员会除按本办法第三十八条采取监管措施外，还可根据《中华人民共和国银行业监督管理法》第四十六条、第四十八条对其进行处罚：

（一）以降低信贷条件或超过借款人实际资金需求发放贷款的；

（二）未按本办法规定签订借款合同的；

（三）与借款人串通违规发放贷款的；

（四）放任借款人将流动资金贷款用于固定资产投资、股权投资以及国家禁止生产、经营的领域和用途的；

（五）超越或变相超越权限审批贷款的；

（六）未按本办法规定进行贷款资金支付管理与控制的；

（七）严重违反本办法规定的审慎经营规则的其他情形的。

十、《关于进一步防范银行业金融机构与证券公司业务往来相关风险的通知》（银监发〔2006〕97号，2006年12月31日发布）

三、严格禁止挪用银行信贷资金炒股

严格禁止任何企业和个人挪用银行信贷资金直接或间接进入股市，银行业金融机构不得贷款给企业和个人买卖股票。

十一、《信托公司证券投资信托业务操作指引》(银监发〔2009〕11 号,2009 年 1 月 23 日)

第八条 信托公司拟推出的证券投资信托产品应当具备明确的风险收益特征,并进行详尽、易懂的描述,便于委托人甄别风险,同时声明“信托公司、证券投资信托业务人员等相关机构和人员的过往业绩不代表该信托产品未来运作的实际效果”。

第九条 信托公司在推介证券投资信托产品时,应当制作详细的推介计划书,制定统一的推介流程,并对推介人员进行上岗前培训。信托公司应当要求推介人员充分揭示证券投资产品风险,保留推介人员的相关推介记录。

第十条 信托文件应当明确约定信托资金投资方向、投资策略、投资比例限制等内容,明确约定是否设置止损线和设置原则。

第十五条 信托公司办理证券投资信托业务,应当依据法律法规规定和信托文件约定,及时、准确、完整地进行信息披露。

第十六条 信托公司办理集合管理的证券投资信托业务,应当按以下要求披露信托单位净值:

(一)至少每周一次在公司网站公布信托单位净值。

(二)至少每 30 日一次向委托人、受益人寄送信托单位净值书面材料。

(三)随时应委托人、受益人要求披露上一个交易日信托单位净值。

十二、《关于办理非法放贷刑事案件若干问题的意见》(法发〔2019〕24 号,2019 年 7 月 23 日发布)

一、违反国家规定,未经监管部门批准,或者超越经营范围,以营利为目的,经常性地向社会不特定对象发放贷款,扰乱金融市场秩序,情节严重的,依照刑法第二百二十五条第(四)项的规定,以非法经营罪定罪处罚。

前款规定中的“经常性地向社会不特定对象发放贷款”,是指 2 年内向不特定多人(包括单位和个人)以借款或其他名义出借资金 10 次以上。

贷款到期后延长还款期限的,发放贷款次数按照 1 次计算。

第三章

股权投资纠纷穿透式审判实务

本章对股权投资纠纷穿透式审判典型案例进行分析，并针对从事股权投资活动的主体提出法律建议。

股权投资系为参与或控制某一公司的经营活动而投资购买其股权的行为。我国《民法典》第125条规定了民事主体依法享有股权和其他投资性权利。随着我国多层次资本市场体系的建立和完善，IPO越发呈常态化趋势，债权融资的比例逐渐降低，而股权融资的比例自然提高。虽然我国法律对股与债有着不同的定性，对权利义务的规定有着清晰的界限，但随着近年来投融资的活跃，也产生了名股实债或似股似债的融资结构。因此，股债争议也随之产生，尤其是名股实债，是股权还是债权，亦有着诸多观点。

司法实践中投融资双方一旦产生纠纷诉诸司法，则司法机关对股权还是债权的认定并非简单以交易双方达成的协议形式予以判断，而是运用穿透方法检视双方的权利义务分配、结构设置，探究双方真实意思表示，在股债杂糅的复杂交易安排中"提炼"出一种真实的法律关系并对交易性质进行判断和定性。

一、股权投资合同纠纷案

在原告抚州某资产管理有限公司（以下简称某资产管理公司）对被告南丰县某投资发展有限责任公司（以下简称某投资发展公司）合同纠纷案[1]中，法官对该纠纷作出了"名股实债"的裁判。

（一）基本案情

该案以股权投资合同纠纷为案由。2018年4月25日，南丰县某基金中心（有限合伙）注册成立。合伙人为原告某资产管理公司、被告某投资发展公司、案外人抚州某基金管理有限公司，执行事务合伙人为抚州某基金管理有限公司。2018年7月16日，原告某资产管理公司与被告某投资发展公司及抚州某基金管理有限公司签订《南丰县某基金中心（有限合伙）合伙协

[1] 参见江西省抚州市中级人民法院（2021）赣10民初206号。

议》,约定三方共同出资成立南丰县某基金中心(有限合伙),其中原告某资产管理公司认缴出资1.6亿元人民币,被告某投资发展公司认缴出资4000万元人民币,原告某基金管理有限公司认缴出资1万元,三方缴付期限均为2022年1月31日。原告为优先级有限合伙人,被告为劣后级有限合伙人。协议约定收益的分配:本合伙企业的收益分配分为合伙人投资本金分配和投资收益分配两部分;先分配优先级合伙人的投资收益,再分配劣后级合伙人的投资收益,再分配优先级合伙人的本金,最后分配劣后级合伙人的本金。协议约定亏损和债务的承担:本合伙企业的亏损由合伙人根据本协议之规定承担;除本合伙协议另有约定外,有限合伙人以其认缴出资额为限对本有限合伙企业的债务承担责任,普通合伙人对本有限合伙企业的债务承担无限连带责任。同日,原告某资产管理公司(乙方)与被告某投资发展公司(甲方)签订《合伙企业份额受让合同》,约定:甲方应于本合同已签署、生效后支付合伙份额转让款,乙方相应将持有的对应的合伙企业份额转让给甲方,即甲方自甲方向乙方支付合伙份额转让价款之日起享有价款所对应的合伙份额;甲方有义务按照本合同约定的条款和条件受让本合同项下乙方持有的全部合伙企业优先级有限合伙份额,乙方向甲方转让本合同项下合伙企业1.6亿份合伙份额之转让价款总额为1.6亿元整;甲方受让乙方持有的具体基金份额、受让价款以及受让日期根据乙方向甲方发出的《转让款/溢价款支付通知函》来确定;甲方应当向乙方支付合伙份额受让溢价款,按季支付,乙方获得上述转让款及溢价款与合伙企业的经营业绩不挂钩,不是根据合伙企业的投资收益或亏损进行分配,而是甲方向乙方提供固定保本保收益。2021年7月20日,原告某资产管理公司、被告某投资发展公司及某基金管理有限公司签订《〈南丰县某基金中心(有限合伙)合伙协议〉之补充协议》,约定:本有限合伙企业的亏损及债务负担由劣后级合伙人承担,优先级合伙人仅为有限合伙企业的名义合伙人,实为固定收益的债权人,故不对外承担亏损及负担债务。2018年7月31日,原告某资产管理公司向南丰县某基金中心(有限合伙)开具转账支票支付800万元。2021年4月26日,原告某资产管理公司向被告某投资发展公司发出《转让价款/溢价款支付通知函》,载明截至 2021 年 4 月 26 日被告应向原告支付份额转让款、溢价款及合同约定相应的违约金。2021 年 4 月 28 日,被告某投资发展公司向原告某资产管理公司发出上述通知函的收函回执。

原告某资产管理公司认为被告某投资发展公司不予支付原告任何转让款及溢价款,已严重违反双方之间的约定,损害原告的合法权益。故为维护原告的合法权益,向法院起诉,请求依法判令:(1)被告向原告支付转让款 800 万元及违约金 3,466,711 元(违约金以 800 万元为基数,自 2018 年 7 月 31 日起按全国银行间同业拆借中心发布的贷款市场报价利率 4 倍计算至转让款支付完毕之日止,暂计算至 2021 年 4 月 26 日);(2)被告向原告支付溢价款 1,763,549 元及违约金 400,483 元(违约金以每期溢价款为基数,每期溢价款应当自支付之日起每日 5/10000 计算至溢价款支付完毕之日止,暂计算至 2021 年 4 月 26 日);(3)该案诉讼费、财产保全费、保函费等全部由被告承担。

被告某投资发展公司辩称:第一,《南丰县某基金中心(有限合伙)合伙协议》因政策调整,履行不下去,达不到合伙目的。第二,原被告签订《合伙企业份额受让合同》也因上述合伙协议履行不下去,变得皮之不存毛将焉附。(1)被告受让的是原告 1.6 亿元人民币的出资份额,但是被告出资 800 万元之后,没有再出资,原告当然没有 1.6 亿元的份额可转让,也无法受让原告 1.6 亿元的出资份额。(2)原告以自己的行为表明不履行《合伙企业份额受让合同》主要义务,出资了 800 万元就没有再出资,也不准备再出资。(3)合同生效后,原告应立即将合伙企业的执行事务移交被告,但原告一直担任合伙企业的执行事务合伙人,原告以自己的行为明确表示不履行《合伙企业份额受让合同》主要债务。第三,原告根本就无合伙份额可转让,何谈溢价款,违约金更加无从谈起。第四,三方签订的合伙协议及补充协议违反了《合伙企业法》规定的合伙人共负盈亏的基本原则,是无效的。合伙协议及补充协议没有解除之前,原告没有任何理由向被告索要 800 万元。故原告的起诉没有事实和法律依据,请法院驳回原告的诉讼请求。一审法院支持了原告某资产管理公司转让款人民币 800 万元及违约金 346.6711 万元的给付请求,但对于诉请的法定最高利率之外的违约金及溢价款,不予支持。

(二)争议的焦点及事实认定

该案中法院将争议焦点归纳为:案涉《南丰县某基金中心(有限合伙)合伙协议》《合伙企业份额受让合同》《〈南丰县某基金中心(有限合伙)合伙协议〉之补充协议》的效力问题及案涉法律关系的性质。

一审法院针对争议焦点认为:关于上述协议的法律关系性质问题,不能仅依据书面合同的名称以及形式内容进行判定,还应当结合当事人的缔约过程、缔约目的,从合同约定的具体权利义务关系出发,运用穿透式审判思维,探究当事人真实交易目的,揭示当事人的真实意思表示,结合实际履行情况,根据真实的权利义务关系认定交易的性质与效力。经查,《合伙企业份额受让合同》约定,某资产管理公司获得转让款及溢价款与合伙企业的经营业绩不挂钩,不是根据合伙企业的投资收益或亏损进行分配,而是某投资发展公司向某资产管理公司提供固定保本保收益;《〈南丰县某基金中心(有限合伙)合伙协议〉之补充协议》约定,本有限合伙企业的亏损及债务负担由劣后级合伙人承担,优先级合伙人仅为有限合伙企业的名义合伙人,优先级合伙人实为固定收益的债权人,不对外承担亏损及负担债务。根据上述约定,某资产管理公司不承担南丰县某基金中心的亏损,按期取得固定收益,某资产管理公司对南丰县某基金中心名为合伙投资人实为借款债权人,即名股实债。该名股实债协议并不属于合同无效的情形。

(三)案例评析

我国法律确立了股、债两分理念,在《民法典》《公司法》中适用不同的法律规则,具有不同的法律地位,有着明显的区分和清晰的法律界限。股债两分构成了公司融资及治理结构的基础,从根本上影响着资本市场法制的价值体系构造与具体规则设计。但是随着我国商事实践的不断发展,在企业融资的经济现实中,股与债常常被混合使用,股债交融的现象非常普遍。市场主体在复杂的投资融资活动中逐步形成了各种新的交易模式,如夹层融资、分级基金、结构化资产计划、资产收益权产品等。[1] 这些全新的融资模式模糊了股与债的界限，对司法裁判和商事监管均提出了新的要求。

中国证券投资基金业协会发布的《证券期货经营机构私募资产管理计划备案管理规范第4号》对名股实债的概念进行了界定："投资回报不与被投资企业的经营业绩挂钩，不是根据企业的投资收益或亏损进行分配，而是向投资者提供保本保收益承诺，根据约定定期向投资者支付固定收益，并在满足特定条件后由被投资企业赎回股权或者偿还本息的投资方式，常见形式包括回购、第三方收购、对赌、定期分红等。"

在金融投资市场上，股权受让交易亦是主要的融资方式之一，其中交易主体较为复杂，因此辨别主体之间的法律关系成了规范投资市场的一大难题。该案涉及的主体性质以及合同类型多样，但一审法院归纳的争议焦点相对清晰，提出了我们首先要解决上述几类合同效力以及案涉法律关系的性质问题，再经过推理得出该案为"名股实债"的结论，从而将双方法律关系认定为债权债务关系。

一审法院对于上述合同性质的认定，从《合伙企业份额受让合同》中权利义务关系出发，到分析补充协议中的责任承担方式以及合同订立目的得出了原告某资产管理公司对南丰县某基金中心名为合伙投资人实为借款债权人，即"名股实债"的结论。又因案涉《南丰县某基金中心（有限合伙）合伙协议》和补充协议不属于法律规定的有名合同，一审判决根据协议性质参照最相类似的借款合同的相关规定处理，适用法律正确，并在说理过程中提到对于此类合同性质的认定。我们要从合同双方当事人缔约目的、缔约过程以及权利义务关系出发探究双方当事人真实的意图，这更有利于我们判断合同性质以及确定违约金金额。

但该案中一审法院并未对原被告之间产生纠纷的《合伙企业份额受让合同》的效力问题给出具体分析。笔者认为，这种判断除了考察民事法律行为效力的一般规则外，还应结合《关于审理民间借贷案件适用法律若干问题

---

[1] 参见李安安：《股债融合论：公司法贯通式改革的一个解释框架》，载《环球法律评论》2019年第4期。

的规定》进行效力判断。

（四）法律建议

“名股实债”在实务中被大量运用在房地产投资领域，以及上述案件涉及的合伙企业投资领域。之所以被大规模应用，是因为相关经济活动主体认为它有绝妙的优势：对于该案中提到的三方共同出资成立南丰县某基金中心（有限合伙）来说，名股实债可以解决公司融资问题；对于原告等投资者而言，“名股实债”可以规避监管部门以及税务机关的监管和核查，既拓宽了投资渠道，又降低了投资风险。这种投融资方式，既是监管机构与被监管对象之间博弈的游戏，也是融资人优化财务报表、降低杠杆之需。“名股实债”因融资需求而生，也因不符合行业规范受到各方质疑，但基础合同关系仍受法律保护。

鉴于双方产生法律纠纷后法院对于法律关系的认定立足于探究当事人的真实意思表示，应结合协议签订背景、目的、交易模式和履行情况等进行区分。为避免股权投资业务被定性为“名股实债”的法律风险，建议各方主体在沟通谈判、交易文件的起草签订、企业经营管理中根据事先达成一致的意思表示来行使权利和履行义务，防止合同目的落空。

1. 对参与合伙投资的主体的建议

第一，合伙企业的合伙人需要按照法律规定共担风险，任何不承担风险的“合伙人”都不可能是真正的合伙人。我国合伙企业主要分为普通合伙和有限合伙，前者的合伙人承担无限连带责任；有限合伙企业中的有限合伙人以出资为限承担责任，但以不得参与合伙经营为代价。故根据我国《合伙企业法》的规定，不存在不担风险的合伙人。

第二，合伙人之间的利润分配、亏损分担比例由合伙人自由约定，但不得约定不承担风险。我国《合伙企业法》第 33 条第 1 款规定：“合伙企业的利润分配、亏损分担，按照合伙协议的约定办理；合伙协议未约定或者约定不明确的，由合伙人协商决定；协商不成的，由合伙人按照实缴出资比例分配、分担；无法确定出资比例的，由合伙人平均分配、分担。”这明确将合伙利润分配和亏损分担的自主权交给合伙人自由约定，但该条第 2 款明确，"合伙协议不得约定将全部利润分配给部分合伙人或者由部分合伙人承担全部亏损"。条文使用"不得"，便是当事人之间不得以自由约定对抗法律的强制性规定。

第三，任何投资若是不承担风险，依目前我国的司法审判，基本会被穿透为借款。很多人可能误认为，违反法律规定的合同条款可能无效。但现实是，法院透过现象探究当事人的真实意思，找到隐藏在背后的真实逻辑。当一个投资关系最后被穿透认定为借款关系后，总有一方蒙受损失。比如该案中对于亏损的合伙企业来说，被穿透还原为出借人的，不必承担合伙高额损失的连带责任，相反只要还可以获得借款利息，明显是占据优势；但是对于借款人，却减少让他人共同承担合伙责任的机会。当然，如果合伙企业处于盈利状态，则双方地位完全相反。故在签订协议期间，对于任何一方，均不知结果为何，变成了另类对赌。

2. 对投资人的建议

第一，在签订股权投资合同之前要充分了解目标企业，委托第三方开展尽职调查，对出让方在目标企业所承担的责任及享有的权利进行分析，尤其需要对公司章程、前轮投资协议及相关文件进行核查。若协议所涉部分事项根据目标企业的公司章程或前轮融资协议约定属于应由股东会、董事会决议通过的内容，则应严格遵循程序规定；否则，除非有证据证明目标企业拒不提供或提供的是虚假文件，极有可能因自己没有核查到位而在双方产生纠纷时无法被法院认定为善意第三人而遭受投资损失。

第二，鉴于法院对于股权投资的认定主要考虑是否收取固定收益回报、是否参与公司实际经营、股权转让价格是否合理、是否完成股权变更登记、股权回购条款安排是否存在规避监管等，因此，投资双方应根据真实意思表示来签订相关投资协议，办理相关手续，禁止以股权投资之名来行借款融资之实，或通过"抽屉协议""阴阳合同"的形式以达到"保底""刚兑"的目的，从而导致约定内容因涉及金融安全、市场秩序等公序良俗原则而无效。

3. 对融资人的建议

第一,合理利用股债融资。鉴于股权融资系目标企业股东通过出让部分股权,以增资或转让的方式引进新股东的融资方式,与债权融资存在明显差异。因股权融资获得资金后,企业无须还本付息,这在一定程度上降低了企业的杠杆率和融资成本。因此,融资企业与实控人应诚信、依法经营,按时缴纳各项税款,按约进行盈利分红,依法保障投资人权益,财务上保持"出表"与"入表"平衡,管理上适度让位给投资人,结果上与投资人共担风险共享收益,而不应借助自身的实控地位和经验优势,损害投资人的合法权益。

第二,谨慎采取"名股实债"的方式。司法实践中对"名股实债"的认定,既遵循外观主义,又采用实质重于形式原则。在"名股实债"的交易模式下,投资方持有股份及工商变更登记会对其他债权人(尤其普通债权人)形成权利外观,因此,法院处理过程中会对内部关系和外部关系进行区别处理,平衡好尊重意思自治和商事外观保护的关系。对外遵循外观主义,保护第三人的信赖利益,尤其在目标公司破产或解散的情况下,优先保护其他债权人的合法利益;对内则采用实质重于形式原则,探究当事人之间的真实意思表示,相关权利义务需要根据协议约定进行确认。因此,融资人应充分认识司法裁判对于"名股实债"的穿透审查风险,切勿盲目采用这一方式进行融资。

二、股权转让纠纷案

在原告唐某颖、周某明与被告某旅游产业发展有限公司(以下简称某旅游产业发展公司)合同纠纷案[1]中,法官对该纠纷作出了"名为股权转让实为合伙"的裁判。

(一)基本案情

该案以股权转让纠纷为案由。基本案情如下:2013 年 8 月 20 日,江苏某置业有限公司(以下简称江苏某置业公司)注册成立,注册资本为 1000 万

[1] 参见滨海县人民法院(2019)苏 0922 民初 4075 号;江苏省盐城市中级人民法院(2020)苏 09 民终 1204 号。

元人民币,法定代表人为唐某颖。2017 年 8 月 24 日,江苏某置业公司的股东变更为周某明和唐某颖。

2017 年 8 月 31 日,某旅游产业发展公司注册成立,法定代表人为冯某明,现股东为常熟市某房产公司和常熟市某物业管理有限公司,其中某房产公司持股比例为 95%。某房产公司法定代表人为冯某明,冯某明持有公司 70%的股份。

2018 年 3 月 20 日,唐某颖、周某明还作为甲方在某旅游产业发展公司作为乙方的《江苏某置业有限公司股权转让协议》中签名。在该股权转让协议中约定了股权转让及权利设定方案,即按协议约定的条件和方式,甲方将其持有的江苏某置业公司 55%股权一次性转让给乙方。股权转让后目标公司的股权结构变更为:乙方持有目标公司 55%的股权,甲方持有目标公司 45%的股权。双方特别约定,项目公司在经营管理本项目过程中的一切事项,由乙方全权负责,但在作出决定时,应与甲方通气与协调及沟通使甲方享有知情权,建筑工程一切事宜需甲乙双方签字后共同认可。

2018 年 8 月 9 日,江苏某置业公司作为发包方、案外人世联公司作为施工方、某房产公司作为担保方签订了《建筑工程施工框架协议》。某房产公司自愿为江苏某置业公司向世联公司担保付款义务的连带偿还责任。签订上述合同后,世联公司按照约定将保证金支付至某房产公司的账户。唐某颖、周某明并不知晓签订上述合同。

某旅游产业发展公司违背三方协议的约定,直接将案涉工程发包给其熟悉的承包单位,且向承包人收取了工程款保证金,但保证金并未汇入江苏某置业公司,原告认为实际上是某旅游产业发展公司与承包人恶意串通,侵害了江苏某置业公司和唐某颖、周某明的权益。三方协议明确约定工程方面的事宜,必须经过唐某颖、周某明同意,但在股权转让后,某旅游产业发展公司不仅转移公司资金,而且全面排斥唐某颖、周某明的权益。因此,唐某颖、周某明向一审法院提出的两项诉讼请求为:判决解除唐某颖、周某明与某旅游产业发展公司签订的《江苏某置业公司股权转让协议》;判决某旅游产业发展公司返还其受让的股权给唐某颖、周某明,并配合办理返还股权的变更登记手续。

(二)争议的焦点及事实认定

一审法院归纳该案主要争议焦点为:某旅游产业发展公司是否违反唐某颖、周某明与其签订的《江苏某置业公司股权转让协议》的约定;唐某颖、周某明与某旅游产业发展公司签订的股权转让协议是否应解除。

二审法院对一审法院审理查明的事实予以确认,但对争议焦点重新进行了归纳,认为该案主要争议焦点为:(1)周某明、唐某颖与某旅游产业发展公司订立的《江苏某置业公司股权转让协议》的性质是否为股权转让合同?(2)周某明、唐某颖是否有权解除该协议?

二审法院针对争议焦点认为:关于争议焦点一,根据我国《公司法》第71条规定,有限责任公司的股东之间可以相互转让其全部或者部分股权。股东向股东以外的人转让股权,应当经其他股东过半数同意。股权转让包括公司股东之间、股东与非股东之间的股权转让。股东与非股东之间的股权转让是公司股东依法将自己的股权出让他人,使他人成为公司股东,通常由他人向原股东支付相应对价的双务合同。该案中周某明、唐某颖与某旅游产业发展公司订立的股权转让协议,实质上并不符合股权转让合同性质要求,而属于合伙合同。其理由如下:(1)从某旅游产业发展公司出资款支付对象看,某旅游产业发展公司系向江苏某置业公司投入1544.6266万元,该款项并不是支付给周某明、唐某颖,这与股权转让合同中转让款应当支付给股权出让方存在明显区别。(2)从江苏某置业公司资本变动情况看,该案诉讼时,江苏某置业公司股东认缴注册资本为1000万元,公司并未形成增资扩股决议,某旅游产业发展公司汇入江苏某置业公司的上述1544.6266万元并不属于公司资本范畴,应当认定为公司之间债务往来,也不存在江苏某置业公司通过增资方式将周某明、唐某颖股权稀释后,吸纳某旅游产业发展公司为股东的客观事实。(3)从协议双方合作范围看,双方仅在案涉宗地房产开发项目上合作,而对于公司其他相关土地不合作,某旅游产业发展公司无权介入。股东有权参与公司经营决策、公司资产收益,而该条款约定明显排斥了某旅游产业发展公司股东权利。(4)从订立协议目的看,周某明、唐某颖作为实际控制人与某旅游产业发展公司订立该协议,是为了该项目融资进行合作,共同出资、共享收益、共担风险,因此属于合伙合同。

关于争议焦点二,某旅游产业发展公司违反协议条款中关于合作经营重大事宜有相互告知义务的约定,致使合伙人之间信任基础丧失,共同合作开发案涉宗地房产无法继续而处于僵局状态。因此,周某明、唐某颖有权解除该合伙合同。

(三)案例评析

我国《公司法》第32条第3款规定:公司应当将股东的姓名或者名称向公司登记机关登记;登记事项发生变更的,应当办理变更登记。未经登记或者变更登记的,不得对抗第三人。这是关于股权登记具有的对抗效力的规定,是商事外观主义原则在我国《公司法》中的适用和体现,也是股权投资活动中实际权利人与外部第三人发生利益冲突时应遵循的原则,但并非股东权利取得的设权规定。

该案一审、二审法院对案涉《江苏某置业公司股权转让协议》的定性有着不同的理解,因此对该案争议焦点进行了不同的归纳。一审法院秉持协议的形式内容和股权变更登记的形式外观主义,定性该案系股权转让纠纷,因被告某旅游产业发展公司未遵守协议双方的特别约定而构成违约,导致双方难以合作并实现合同目的,因此支持原告唐某颖、周某明主张解除与某旅游产业发展公司的股权转让协议的诉请。很明显,一审法院忽略了原被告双方的真实意思表示系合作开发房地产项目,且通过协议的方式对合作双方的资金投入、权利义务、收益分配、违约责任等进行了明确的约定,因此双方之间形成的实质是合伙关系而非协议形式上的股权转让关系。

二审法院通过合同形式和登记外观看双方合作本质,查明周某明、唐某颖与某旅游产业发展公司签订的案涉股权转让协议,无论从协议主体、内容和履行情况看,均不同寻常、不合常理。因此,运用穿透式审判思维,准确揭示交易模式,探究当事人真实交易目的,根据真实的权利义务关系认定交易性质与效力。尽管双方股权转让后已办理工商变更登记,但如上所述,工商登记并非股东权利取得的法定要件,而是维护善意相对人信赖利益而设立的对抗要件。因此,二审法院否定股权变更登记的公示效力,通过登记之形式探究双方真实交易目的,据此得出周某明、唐某颖与某旅游产业发展公司订立的该协议虽然名称为股权转让协议,但其内容实质为合伙协议的结论。

(四)法律建议

商事交易过程中当事人为了规避监管、追求利益最大化,往往采取多层嵌套、虚假意思表示等模式。但司法实践中已逐步形成了穿透式审批思维,探究交易双方的真实目的,因此建议商事交易各方主体勿以侥幸心理企图绕过行政监管和司法审判获取非法利益,而应彻底回归诚信,注重商誉,避免造成不必要的损失。

1. 对合伙合同或合作各方当事人的建议

第一,股权非合作的唯一方式,合伙合同或合作合同才是。实务中有很多人误以为参与项目需要身份,比如该案中的股东,所以各方设计了复杂的合同,为了各方可以达到参与特定项目的目的。而实际上,各民事主体之间的合作在法律允许的范围内是自由的。《民法典》专门规定了合伙合同,第967条称:合伙合同是两个以上合伙人为了共同的事业目的,订立的共享利益、共担风险的协议。其中关于合伙人,法律没有明确表明是指自然人,那么法无禁止即自由,公司应该不在禁止之类。但为何很多商事主体未看到这一合同的价值,可能是受到之前《民法通则》(已失效)关于“个人合伙”的影响,认为《合伙企业法》之外的合伙,是个人之间以协议方式开展的合作。但《民法典》新增合伙合同,意在更广泛的意义,一并囊括了商事实务中未以组织合作的联营、合作等方式。通过合伙合同,对一个项目,合伙人可以根据《民法典》第968条规定,“应当按照约定的出资方式、数额和缴付期限,履行出资义务”。当然,需要再次强调,虽同样称为合伙人,但合伙合同中的合伙人仅是合同的当事人,合伙企业的合伙人却是组织的出资人。

第二,需要资质的业务应排除非资质合伙人。该案当事人意在对某特定的宗地房产开发项目合作。而开发房产需要符合法律规定条件的资质，并被许可。该案当事人为了规避合作方不具有资质的法律限制，才设计出股权转让方案，并不惜程序麻烦完成了股权变更登记。关于这样的规避行为，法律必然不允许存在，所以才有了二审法院穿透式审判，还原事实真相，保护房地产开发市场的正常秩序。

第三，合法合规经营是任何商事主体需要遵守的基本原则。企业要赢得资金，要获得发展，首先必须遵守法律。党的十八大以后，中国特色社会主义法治建设越来越受到重视；党的二十大报告提出“坚持全面依法治国，推进法治中国建设”。我国要构建新发展格局，着力推动高质量发展，必须以法治建设为保障。企业要获得高质量内涵式发展，必须依法合规。党的二十大以后，在习近平法治思想的指导下，各级法院进一步贯彻穿透式审判思维，让各种规避法律的行为现形于阳光下。故企业乃至投资人均应头脑清晰，不弄虚作假。

2. 对股权出让方的建议

首先，股权是指民事主体因投资于公司成为公司股东而享有的人身和财产权益的一种综合性权利，主要包括分红权、表决权、提案权、质询权、转让权、会计账簿查阅权、经营管理权、剩余财产分配请求权等。若股权出让方基于某种原因决定将公司股权转让给其他股东或第三人，则应将转让股权所对应的全部股东权利一并转让给受让方，而不能仅转让部分权利仍保留另一部分权利，如此操作易被法院认定股权出让方构成合同项下的违约而承担违约责任，甚至因不能达到受让方签订合同的目的而解除股权转让协议。

其次，股权出让方若仅出让部分股权，而剩余股权已不能保持控股地位，则应考虑交易双方日后对公司经营管理权、重大事项决定权等重要权利的特殊安排，尽量争取在交易阶段与受让方达成一致约定，保留对公司部分重大事项的决策权或参与权。

3. 对股权受让方的建议

首先，受让股权需要支付对价，并应支付给股权出让方而非目标公司。

因受让方系从出让方取得目标公司股权从而享有一系列股东权益，因此其应向股权出让方支付相应的对价，而目标公司并非合同的当事方，若由其接收款项，则易被定性为公司借款或新股东增资款，从而导致交易双方股权转让的真正目的无法实现。

其次，股权受让方在受让股权支付对价前，应通过查询目标公司工商登记信息、公司章程及股权出让方与公司之间签订的初始投资协议或其与前手股东之间签订的股权转让协议等，核实其所受让的标的股权是否存在权利瑕疵或权利限制，确认股权的真实状态，以避免引起不必要的纠纷。

三、股东出资纠纷案

在原告和田某物流公司与被告新疆某投资公司、新疆某物流公司股东出资纠纷案[1]中，法官作出了"应由隐名股东履行对公司出资义务"的裁判。

（一）基本案情

该案以股东出资纠纷为案由。基本案情如下：2017 年 11 月 18 日，新疆某物流公司向新疆某投资公司出具《授权委托书》，委托新疆某投资公司全权办理新疆某物流公司对外招商引资、谈判、洽谈、签订合作协议等事项。2018 年 6 月，新疆某投资公司与案外人新鑫都公司签订《和田市建材综合交易物流园建设项目投资合作框架协议》（以下简称《出资协议书》），双方约定：为共同开发建设和田市建材（钢材）综合交易市场，双方合意共同投资设立项目公司；新疆某投资公司占股 39%，新鑫都公司占股 61%；新疆某投资公司以 500 亩土地使用权作价出资，新鑫都公司出资 1000 万元人民币。2018 年 6 月 29 日，新鑫都公司将 1000 万元投资款汇入新疆某投资公司指定的账户，新疆某投资公司于 60 个工作日内将合同内土地办入项目公司名下。2018 年 7 月 4 日，新疆某投资公司与新鑫都公司订立《和田某物流有限

〔1〕 参见新疆维吾尔自治区和田市人民法院（2021）新 3201 民初 957 号；新疆维吾尔自治区和田地区中级人民法院（2022）新 32 民终 75 号。

公司章程》,章程规定:股东新疆某投资公司认缴出资2340万元,占股39%,以土地使用权和货币出资;股东新鑫都公司认缴出资3660万元,占股61%。2018年7月23日,《出资协议书》中的项目公司和田某物流公司成立。但案涉钢材市场开发建设过程中,均由新疆某物流公司通过发函等形式与和田某物流公司直接对接。2018年11月20日经和田市人民政府批准,通过挂牌出让的方式由新疆某物流公司购得《出资协议书》约定之案涉土地。因该土地使用权一直未按约变更登记至和田某物流公司名下,和田某物流公司将新疆某投资公司和新疆某物流公司列为共同被告向一审法院提起诉讼,请求判令两被告将案涉土地过户给原告。

新疆某投资公司就该案提起上诉,认为新疆某物流公司向其出具的《授权委托书》并未涉及代持股、代履行的内容。一审法院在和田某物流公司和新鑫都公司没有任何证据证明新疆某投资公司存在任何行为证实存在间接代理、授权委托书所载授权范围明确的情况下,认定新疆某投资公司被授权代为处置土地,否认了新疆某投资公司作为独立的有限责任公司对外签订合同的权力,即新疆某投资公司系以自己名义与其签订《出资协议书》,而非代新疆某物流公司签订。综上,请求撤销一审民事判决,改判驳回和田某物流公司的诉讼请求。

新疆某物流公司上诉称,新疆某投资公司作为具有独立民事主体地位的公司,是以自身名义、为自身利益与新鑫都公司签订的《出资协议书》,而非以新疆某物流公司代理人名义签订的。和田某物流公司工商登记股东是新疆某投资公司,而非新疆某物流公司。新疆某物流公司对新疆某投资公司授权委托书的内容为:委托新疆某投资公司全权办理新疆某物流公司对外招商引资、谈判、洽谈、签订合作协议等工作,并未授权“处置土地”。综上,请求撤销一审判决,改判驳回和田某物流公司的诉讼请求。

一审法院支持了原告的诉讼请求,二审法院对新疆某投资公司和新疆某物流公司上诉意见不予采纳,维持了一审判决。

(二)争议的焦点及事实认定

一审法院归纳该案主要争议焦点为:一是该案系新疆某物流公司与新

鑫都公司合作开发钢材市场,还是共同出资成立新公司?二是该案法律关系应定性为因合作开发房地产因而引起的建设用地使用权转让合同纠纷,还是股东出资纠纷?

二审法院对一审法院审理查明的事实予以确认,但对部分争议焦点重新进行了归纳,即和田某物流公司与新鑫都公司签订的协议是否对新疆某物流公司具有约束力?

二审法院针对该案争议焦点认为:判断新疆某投资公司作出承诺的效力是否及于新疆某物流公司,需要探究双方的真实意思表示以及新鑫都公司是否知情等因素。新疆某物流公司出具授权委托书,载明由新疆某投资公司全权办理新疆某物流公司对外招商引资、谈判、洽谈、签订合作协议等工作。新疆某投资公司与新鑫都公司签订的案涉《出资协议书》并未超过授权委托中“签订合作协议”的授权范围,且新疆某投资公司作为新疆某物流公司的股东,具有相应的代理权限外观,新鑫都公司有理由相信新疆某投资公司具有代表新疆某物流公司签订框架协议的委托权限。新鑫都公司已按约定履行了出资义务,双方通过成立和田某物流公司来履行合作协议,新疆某物流公司为和田某物流公司的隐名股东,应当履行案涉土地的出资义务。

(三)案例评析

该案一审、二审法院判决均认定新疆某投资公司系接受新疆某物流公司的委托,代理新疆某物流公司与新鑫都公司签订案涉《出资协议书》,即对股东身份进行了穿透,并据此判决应由隐名股东来承担公司的出资义务。但一审法院在判决书主文中既认为新疆某投资公司是出资人,其后又认为新疆某物流公司是实际履行者,是委托人,但并未对这一认定进行展开说理,而是直接得出案涉《出资协议书》是新疆某投资公司基于与新疆某物流公司的委托授权合同关系,与新鑫都公司为案涉钢材综合交易市场开发之目的而形成的合意。正是一审法院忽视了新疆某投资公司与新疆某物流公司,即显名股东和隐名股东之间关于出资义务主体的认定问题,而对该案争议焦点的概括出现了偏差,使该案判决具有强行适用穿透式审判的意味。

二审法院在一审法院查清事实的基础上,遵循实质重于形式的原则,纠正了一审法院对争议焦点概括出现的偏差问题并予以部分变更,同时围绕该案应由隐名股东新疆某物流公司实际承担出资义务的结论进行了充分的说理。二审法院认为,民事主体在从事社会和经济活动中,应当遵循诚信原则。该案中虽然新疆某物流公司、新疆某投资公司以民事活动中没有明确具体的约定为由拒绝履行对案涉出资土地的变更登记义务,但综合各方在多个关联合同中的约定以及实际履行行为,和田某物流公司提供的证据形成的证据链条,认为其主张具有高度可能性,而新疆某物流公司、新疆某投资公司并未提交足够的证据证明其主张。因此,通过运用穿透式审判思维探究双方真实意思表示,认定新疆某投资公司与新疆某物流公司成立显名间接代理,新疆某物流公司作为和田某物流公司的隐名股东,应当履行股东对公司的出资义务,即新疆某投资公司出资案涉土地的承诺应当由新疆某物流公司履行。依据《公司法解释(三)》第 10 条规定,“出资人以房屋、土地使用权或者需要办理权属登记的知识产权等财产出资,已经交付公司使用但未办理权属变更手续,公司、其他股东或者公司债权人主张认定出资人未履行出资义务的,人民法院应当责令当事人在指定的合理期间内办理权属变更手续”。因此,和田某物流公司主张新疆某物流公司按照出资协议及公司章程的约定,履行变更作为出资的土地使用权登记,于法有据。

二审判决有效阻止了商事实践中个别商事主体为逃避债务,利用公司“独立法人”和“有限责任”,通过设立空壳子公司来出面交易并承担债务的不良操作,有助于净化交易环境,促进诚信交易市场的建立。

(四)法律建议

独立法人资格和股东有限责任是现代公司制度的基石,也是市场经济良性发展的重要保障。但为了保障公司的有效运行和债权人的合法权益,《公司法》规定,在某些情况下,公司和债权人可以穿透出资,直接要求公司背后的真实股东来承担出资和偿还债务的责任。《公司法》第 28 条规定了股东的出资义务:股东应当按期足额缴纳公司章程中规定的各自所认缴的出资额。股东以货币出资的,应当将货币出资足额存入有限责任公司在银行开设的账户;以非货币财产出资的,应当依法办理其财产权的转移手续。股东不按照前款规定缴纳出资的,除应当向公司足额缴纳外,还应当向已按期足额缴纳出资的股东承担违约责任。最高人民法院在《公司法解释(三)》第 13 条也规定:股东未履行或者未全面履行出资义务,公司或者其他股东请求其向公司依法全面履行出资义务的,人民法院应予支持。公司债权人请求未履行或者未全面履行出资义务的股东在未出资本息范围内对公司债务不能清偿的部分承担补充赔偿责任的,人民法院应予支持;未履行或者未全面履行出资义务的股东已经承担上述责任,其他债权人提出相同请求的,人民法院不予支持。股东在公司设立时未履行或者未全面履行出资义务,依照本条第 1 款或者第 2 款提起诉讼的原告,请求公司的发起人与被告股东承担连带责任的,人民法院应予支持;公司的发起人承担责任后,可以向被告股东追偿。股东在公司增资时未履行或者未全面履行出资义务,依照本条第 1 款或者第 2 款提起诉讼的原告,请求未尽《公司法》第 147 条第 1 款规定的义务而使出资未缴足的董事、高级管理人员承担相应责任的,人民法院应予支持;董事、高级管理人员承担责任后,可以向被告股东追偿。因此,公司发起人、股东、董事和高级管理人员均应重视公司出资问题。

1. 对公司发起人和股东的建议

第一,《公司法》修订后,不再强制要求股东在公司设立时或设立后一段时间内缴纳所有出资,而是授予股东在章程中自由约定出资期限的权利,那么股东之间签署章程成立公司后,股东即负有向公司出资的义务,因此建议股东担负责任按约履行。

第二,公司债权人与股东之间本无直接的合同关系,但《公司法》却赋予了债权人要求未履行出资义务的股东在未出资本息范围内对公司债务不能清偿部分承担补充赔偿责任的权利。即在作为债务人的公司不能全额履行债务时,若股东存在未履行出资义务的情况,债权人可穿透公司,直接要求该股东承担相应责任。因此,建议公司股东依法按约出资,避免在公司出现债务危机时被要求在未出资本息范围内对公司债务不能清偿的部分向公司债权人承担补充赔偿责任。

第三,如果股东未出资部分是公司设立时即确定的出资义务,那么设立时的其他股东也应当对此承担连带责任。这意味着债权人可以要求公司设立时的所有发起人股东在未履行出资义务股东未出资范围内承担赔偿责任。因此,公司发起人股东除自身按约履行出资义务外,还应关注并督促其他股东出资义务的履行,否则存在对外承担连带赔偿责任的法律风险。

2. 对公司董事和高管的建议

我国《公司法》第 147 条规定了董事、高管的忠实、勤勉义务。因此,如果公司股东未出资部分是在公司增资时确定的出资义务,而董事、高管未要求该股东及时出资即违反了忠实、勤勉义务的履行,则应承担相应责任。尽管事后可以向未出资股东追偿,但将花费大量的时间和精力。因此,建议公司董事和高管在公司增资事项完成后,及时督促股东对增资部分出资义务的履行,在充实公司资本的同时也避免自身责任的承担。

四、别除权纠纷案

在原告中国工商银行股份有限公司某分行(以下简称工行某分行)与被告嵊州市某房地产开发有限公司(以下简称嵊州公司)别除权纠纷案[1]中,法官对该纠纷作出了"明为信托、股权、物权诸多法律关系,实为融资"的裁判。

(一)基本案情

该案以别除权纠纷为案由。基本案情如下:2012 年 9 月 26 日,工行某分行作为反担保被保证人(乙方,抵押权人)与嵊州公司作为反担保保证人(甲方,抵押人)签订了《反担保抵押合同》一份,主要约定:鉴于乙方同意为鹰潭市某贸易有限公司(以下简称鹰潭贸易,债务人)向方正东亚信托有限责任公司(以下简称方正信托,债权人)申请方正东亚某股权投资项目单一

〔1〕 参见江西省抚州市中级人民法院(2019)赣 10 民终 360 号。

资金信托人民币20,000万元提供担保,为保障乙方承担担保责任(依据《信托收益权转让合同》)中约定的由乙方为债务人提供担保后对债务人享有的追偿权的实现,甲方愿为债务人所负债务向乙方提供反担保。依《信托收益权转让合同》中约定的由乙方为债务人提供担保的借款人民币20,000万元。抵押物为嵊州公司名下某楼盘项目的商铺。上述抵押物办理了抵押登记并取得了他项权证。《反担保抵押合同》约定:《反担保合同对应的主债权清单》作为本合同附件。在《反担保合同对应的主债权清单》中列明了信托委托人光大银行、信托受托人方正信托、信托权益回购方(担保人)工行某分行、借款人鹰潭贸易,以及主债权《增资扩股协议》《股权转让合同》《信托受益权转让合同》。2012年9月29日,西藏信托(委托人)与方正信托(受托人)签订了《方正东亚某股权投资项目单一资金信托合同》,合同项下委托人为唯一受益人,信托预期规模为人民币20,000万元整。信托的资金用于向鹰潭贸易进行增资,增资完成后,受托人持有占鹰潭贸易注册资金86.96%的股权。西藏信托向方正信托指定的账户转账20,000万元,确认方正东亚某股权投资项目单一资金信托成立。同日,西藏信托(转让方)与光大银行(受让方)签订《信托受益权转让合同》,就上述资金信托合同项下的信托受益权转让给光大银行。同日,光大银行向西藏信托账户转账20,000万元并办理完成信托受益权变更登记,光大银行成为案涉信托合同的新受益人。

2012年9月29日,方正信托与鹰潭贸易、邢某君、何某成签订《增资扩股协议》,将信托项下全部信托资金20,000万元作为新增注册资本投入鹰潭贸易(所得增资款项最终又流向了应某良和嵊州公司等应某良实控下的公司)。合同签订后,方正信托作为公司股东在工商登记管理部门办理了变更登记。同日,方正信托与嵊州公司和鹰潭贸易的实控人应某良签订了《股权转让合同》,将方正信托持有的鹰潭贸易的股权转让给应某良,且约定受让方须向出让方支付“行权费”,行权费的年费率平均为7.4%/年。

2012年9月29日,光大银行与工行某分行签订《信托受益权转让合同》,将资金信托合同项下的信托受益权转让给工行某分行,但工行某分行与光大银行未到方正信托办理信托受益权转让登记手续。后续,经过诉讼程序,工行某分行向光大银行履行了信托收益权的受让对价。

2016年2月2日,嵊州公司向一审法院申请破产重整,一审法院裁定受理了嵊州公司的申请并指定了管理人。随后,工行某分行以借贷法律关系向管理人申报债权,管理人以嵊州公司不应依据未生效的担保合同承担担保责任为由对工行某分行申报的债权不予确认。工行某分行遂向一审法院起诉请求确认工行某分行对嵊州公司享有债权并对嵊州公司所抵押的财产享有优先受偿权。

(二)争议的焦点及事实认定

一审法院将争议焦点归纳为:一是《反担保抵押合同》是否依法成立并生效?二是嵊州公司是否需要承担担保责任?

一审法院针对争议焦点认为:关于争议焦点一,《反担保抵押合同》是嵊州公司和工行某分行的真实意思表示,从合同的内容看并不违反法律、行政法规的效力性规定,只要后续符合《反担保抵押合同》约定的本担保即主债权,且本担保的保证人履行了担保责任,则嵊州公司就应当承担担保责任。关于争议焦点二,各主体之间的关联交易行为并未设定符合《反担保抵押合同》约定的主债权即本担保。因此,嵊州公司承担反担保责任的条件并未成就,无须承担担保责任。

二审法院对一审法院认定的事实予以认可,但将争议焦点归纳为:工行某分行是否对嵊州公司享有债权?

二审法院针对争议焦点认为:该案在2012年9月出现了涉及5个机构及个人之间签订的六份合同,该六份合同的签订行为本身都是双方真实意思表示,并无显失公平、欺诈、胁迫之情形。这六份合同涉及信托、股权、物权诸多法律关系,涉及多种交易模式,审理此类案件时应该树立穿透式审判思维,在准确揭示交易模式的基础上,探究当事人真实交易目的,根据真实的权利义务关系认定交易的性质与效力。那么该案的真实交易目的是什么?首先,从合同签订的角度看,应某良作为鹰潭贸易、嵊州公司的实际控制人,为获得20,000万元的资金,代表嵊州公司与工行某分行签订了《反担保抵押合同》。之后《增资扩股协议》《股权转让协议》等一系列合同签订及各机构之间的资金流向均趋于和围绕《反担保抵押合同》中的内容顺利进行,这种倒置情况的出现可以说明《反担保抵押合同》约定的内容才是本次交易的真实意图和目的。其次,从资金的流转来看,该案资金运行中的20,000万元人民币,从光大银行→西藏信托→方正信托→鹰潭贸易,鹰潭贸易又向方正信托转账汇款13笔,款项性质标注为"还款""利息"。最后,从相关协议实际反映的法律关系性质看,系"名股实债"。故方正信托与鹰潭贸易之间的关系,实质上是债权债务关系。鹰潭贸易以"名股实债"的方式向方正信托申请了20,000万元的信托资金并已实际履行了部分还款义务,鹰潭贸易系《反担保抵押合同》约定的债务人。工行某分行已依据《信托受益权转让合同》及《反担保抵押合同》的约定,向光大银行支付了信托受益转让的剩余价款及相应利息,履行了担保责任。故《反担保抵押合同》约定的本担保依法设立并实际履行。依据《反担保抵押合同》的约定,工行某分行对嵊州公司享有债权。

(三)案例评析

该案一审、二审判决出现了截然不同的结果。主要是针对当事人诉争的合同性质的认定有着不同的观点。一审法院认为,案涉《反担保抵押合同》后列明的主债权《增资扩股协议》《股权转让合同》《信托受益权转让合同》无一份合同设立本担保,反担保从属于本担保,以本担保的存在为前提,以本担保中保证人为主债务人承担担保责任为反担保责任成立的要件,因此不存在本担保的前提,反担保亦不成立。很明显,一审法院仅从案涉合同的名称和形式层面来分析判断各主体之间的法律关系,而未将包括《反担保抵押合同》在内的六份合同和相关法律文件联系起来进行分析,以证明签订这一系列合同的目的是完成同一笔交易,即嵊州公司的融资。

二审法院认为,合同的性质不能仅依据书面合同的名称以及形式内容进行判定,还应当结合当事人的缔约过程、缔约目的,从合同约定的具体权利义务关系出发,揭示当事人的真实意思表示,结合实际履行情况,依照法律规定予以综合判断,从而得出《反担保抵押合同》约定的内容才是本次交易的真实意图和目的,所有合同的签订均系为了解决嵊州公司的融资需求问题,以此作出"名为信托、股权、物权诸多法律关系,实为融资"的裁判。尽管二审法院看似存在"先定果后寻因"的技术操作,但在穿透的过程中,遵循了金融司法自身的运作逻辑,依现行法秩序对法律关系的效力进行判断,并展开了充分的说理。我们认为其论证结果是正当的。

值得商榷的是,信托、股权等诸多法律关系和融资法律关系的区别是什么,该案未予详细阐述。故二审法院的穿透式审判估计难以让双方当事人信服。对于法律外行,原被告意思在于融资,那么股权其实也是融资;若融资等于借钱,法律内行也不认同。比如票据是否融资,难道票据关系就应该穿透到借款?融资租赁合同是融资,本质也是借钱,不过是借钱买设备,目的明确,设备亦明确,为何法律还要设计融资租赁合同?保理合同更是,本质上也是借钱。是否存在不是为借钱的融资关系?是不是融资关系一并纳入借款合同?答案必然是否定的,作为公司最为基础的融资方式——股权融资,名正言顺,但二审法院一定认为不是股权,是融资,牵强之意非常明显。

(四)法律建议

1. 对信托受托人的建议

第一,忠于委托人的信托意愿。委托人基于对受托人的信任,将其财产权委托给受托人来管理、运用和处分,因此受托人系以自己的名义独立运作信托财产,有着较大的自主权,但受托人应始终坚持委托人之所以设立信托的意愿和要求,恪尽职守、诚实履约,谨慎有效地履行受托义务。如该案中信托资金名义上系以增资扩股方式进入股权投资,但实际上系作为债权资金用于企业的融资借款,受托人操作信托财产的过程应遵循委托人的原始意愿。

第二,围绕受益人的最大利益。受托人管理运用信托财产应始终围绕信托受益人的利益展开,运用自身的专业能力以达到信托收益最大化的目标。若作为信托贷款交与融资企业,则还款来源是否有明确保障,是否设置了担保措施;若作为股权投资款进入被投资企业,则退出方式是否进行了全面的安排,是否设置了股权回购、差额补足等增信措施等,以避免信托财产受损,并获取稳定的收益。

2. 对银行参与信托业务的建议

第一,注意信贷资产信托收益权转让业务的监管风险。银信合作的监管日趋严厉,尤其是以银行信贷资产作为底层资产的财产权信托,主要为信贷资产信托收益权转让业务存在的监管套利风险,涉嫌变相为银行提供规避监管要求的通道,因此属于监管部门的主要关注对象。为此,建议银行尽量避免或减少此类业务的开展。

第二,谨慎开展为信托产品项下的主债权提供担保业务。虽然从法律层面来说银行为信托产品项下的主债权提供担保并不违法,但根据《中国银监会关于有效防范企业债担保风险的意见》(银监发〔2007〕75 号)第 3 条第 2 款规定:"即日起要一律停止对以项目债为主的企业债进行担保,对其他用途的企业债券、公司债券、信托计划、保险公司收益计划、券商专项资产管理计划等其他融资性项目原则上不再出具银行担保;已经办理担保的,要采取逐步退出措施,及时追加必要的资产保全措施。"《中国银监会关于印发〈银行与信托公司业务合作指引〉的通知》(银监发〔2008〕83 号)第 26 条规定:"银行不得为银信理财合作涉及的信托产品及该信托产品项下财产运用对象等提供任何形式担保。"从以上两个规定可知,银行向信托产品项下主债权出具担保,有合规性风险。因此,建议银行谨慎开展此类担保业务。

五、股东资格确认纠纷案

在原告河北某农机有限公司(以下简称河北某农机公司)对被告南宫市某资产运营有限公司(以下简称南宫市某资产公司)、河北某股权投资基金管理有限公司(以下简称河北某基金管理公司)股东资格确认纠纷案[1]中,

---

〔1〕 参见河北省南宫市人民法院(2019)冀 0581 民初 1377 号;河北省邢台市中级人民法院(2019)冀 05 民终 3749 号。

法官虽运用了穿透式审判思维,但将此“穿透式审判”等同于“查清案件事实”,系对穿透意旨的误用。

(一)基本案情

该案以股东资格确认纠纷为案由。一审河北省南宫市人民法院曾受理了原告河北某农机公司破产重整一案。被告南宫市某资产公司请示南宫市人民政府,拟将对河北某农机公司的500万元债权实施“债转股”,南宫市人民政府回复同意了被告南宫市某资产公司的请示。随后,河北某农机公司管理人作出《河北某农机公司重整案重整计划草案之协商方案》,由公司原股东李某和李某贵无偿让渡各自所持有河北某农机公司合计96%的股权至重组方,让渡股权后河北某农机公司股权结构为:第三人河北犇达农机有限公司持有50%的股权,河北某基金管理公司持有39%的股权,南宫市某资产公司持有7%的股权,李某持有河北某农机公司4%的股权。方案作出后,被告河北某基金管理公司于2018年4月11日向河北某农机公司管理人作出回复函,同意上述重整草案。法院作出该破产重整案民事裁定,批准河北某农机公司重整计划草案,终止重整程序。

因重整投资方,即该案两被告未按重整方案之约定办理股权变更登记手续,原告遂将两被告诉至法院,请求确认二被告为其股东。

(二)争议的焦点及事实认定

一审、二审法院均未归纳该案争议焦点。一审法院综合该案查清的事实,认为《企业破产法》第92条第1款规定:“经人民法院裁定批准的重整计划,对债务人和全体债权人均有约束力。”被告南宫市某资产公司、河北某基金管理公司作为原告河北某农机公司的债权人,二被告均同意将其各自对原告的债权实施“债转股”,均认可法院裁定批准的重整计划草案,二被告作出的法律行为具有法律约束力,故支持了原告河北某农机公司的诉讼请求。

二审法院则认为,该案系法院批准河北某农机公司债转股重整计划草案后,执行期间债务人请求债转股的债权人为本公司股东的股东资格确认纠纷,法院审理此类案件必须注意通过穿透式审判思维探求真实法律关系,结合《企业破产法》《公司法》等法律及相关司法解释的规定予以综合分析认定。一审判决只认定《河北某农机公司重整案重整计划草案之协商方案》的部分事实内容,并未根据《河北某农机公司重整案重整计划草案》(以下简称《重整计划草案》)来查明该案各方当事人在重整计划中,尤其在债转股中的权利和义务情况;没有对破产重整案是否符合《企业破产法》的规定予以查明;没有对河北某农机公司一审中提交的《股东名册暨出资登记表》《公司章程》等证据的合法有效性、是否符合法院批准的《重整计划草案》内容作出认定;没有对《重整计划草案》所涉债转股内容的执行情况进行审理;仅根据南宫市人民政府作出的批准同意债转股的回复函和河北某基金管理公司附条件的回复函,作出该案一审判决,明显属于判决认定基本事实不清的情形。遂裁定撤销一审判决,发回重审。

(三)案例评析

一审法院尽管在未全面查清该案事实的基础上,直接依据我国《企业破产法》关于"经人民法院裁定批准的重整计划,对债务人和全体债权人均有约束力"的规定,判决南宫市某资产公司、河北某基金管理公司为河北某农机公司的股东,属于事实认定不清。但对被告河北某基金管理公司提出的依据《公司法解释(三)》第 21 条"当事人向人民法院起诉请求确认其股东资格的,应当以公司为被告,与案件争议股权有利害关系的人作为第三人参加诉讼"的规定,该案原告不具有诉讼主体资格的辩称,一审法院认为,该条并未规定公司不能作为原告提起股东资格确认纠纷之诉,对我国《公司法》及相关司法解释规定中关于股东资格确认纠纷之诉的诉讼主体资格问题进行了说明。

二审法院认为,审理此类案件必须注意通过穿透式审判思维探求真实法律关系,但其将"穿透式审判"与"查清案件事实"画了等号,在本质上是对穿透式审判的误读。"以事实为依据,以法律为准绳"本就是我国诉讼法中的一条基本原则,如果将穿透式审判简单地理解为"查清案件事实",则无须

《九民纪要》予以重申。

因此，司法实践中既要用好“穿透”这一事实发现的手段，又要纠正司法机关对穿透式审判理解的偏差，让这一裁判思维正确回归到金融司法的范畴，引导法官在案件审理过程中的价值判断，从而有助于提升判决说理的充分性、透彻性。

（四）法律建议

破产重整是现代破产制度中的一个重要组成部分，能挽救面临生产经营困境但仍存在“生还”希望的企业免于破产清算，从而获得继续存续与重生的机会。近年来，最高人民法院关于“重整制度集中体现了破产法的拯救功能，代表了现代破产法的发展趋势。各级人民法院要高度重视重整工作，妥善审理企业重整案件，通过市场化、法治化途径挽救困境企业，不断完善社会主义市场主体救助机制”的司法精神在审理企业破产案件和破产衍生诉讼案件中也得到了充分的运用。

因此，作为重整案件中的各方当事人，应重视破产重整制度，认清自身作为重整投资人或重整债务人在法院主持下所涉破产重整案件中的角色地位和权利义务，共同推动面临破产困境企业重获新生。

1. 对重整投资人的建议

进入破产重整的企业往往已经“濒危”，无法通过自身救赎，而需要政府部门、司法机关、破产管理人、重整投资人的协同救助。因此，重整投资人在这一程序中扮演着非常重要的角色，而其自身也能通过重整实施过程中的债务重组、资产置换、股权调整等重组行为，实现自身的利益。但收益与风险并存，需要重整投资人谨慎投资，并建议从以下角度辨识并规避投资风险。

第一，充分了解重整债务人的实际情况。建议重整投资人在投资前对破产重整企业进行充分的尽职调查，以全面了解重整企业的核心资产、债务规模、投资价值、潜在风险及对投资人的各项要求和条件，再根据自身的经济实力、经营能力和投资的价值，作出是否参与投资的决策，提前对投资过程中可能出现的变数作出合理的分析和判断，为下一步重整投资方案的制定提供思路。

第二,重视重整投资计划方案的制定和沟通。实务中投资人参与企业破产重整通常需要出具明确的投资计划方案并签署重整投资协议等一系列文件后方能参与重整程序。破产重整计划作为重整程序的核心,关系到重整程序成功与否,而且与重整投资人的利益息息相关。虽然法律上并没有明确重整计划获得批准后对重整投资人产生的效力,但该案一审法院就直接依据《企业破产法》第92条第1款的规定,对重整投资人作出了不利的判决。因此,建议重整投资人慎重对待重整投资计划方案的制定以及与其他参与方的沟通谈判,保障自身权益。

第三,合理设计重整投资协议条款。重整投资协议是重整过程中的重要一环,也是保护重整投资人权益的核心法律文件,因此在协议条款制定方面应当尤其严谨审慎,充分考虑自身投资成本和各种风险,合理设计各项权利义务,以通过合同文本的约定,从法律角度给予重整投资人充分全面的权益保护。

2. 对债转股重整案件中重整债务人或管理人的建议

在债转股重整案件中,并非债权人同意债转股方案,认可法院裁定批准的重整计划草案,就自然获得股东资格。司法实践对该类纠纷所涉股东身份的认定往往需要结合多个因素加以分析,予以判断,如股权让渡中重整债务人是否具有《民法典》意义上的股权转让合同中的出让方地位,案涉股权转让的发生原因是什么、股权权属变动公示情况,是否已经完成股权变更产生公示效力等。因此,建议重整债务人或管理人在积极推进债转股方案实施过程中,积极争取原公司债权人的协同配合,尽快办理股权转让和企业接管移交手续,以免因股东资格确认问题影响债转股方案的最终落实。

本章法条链接

一、《中华人民共和国民法典》(中华人民共和国主席令第45号,2020年5月28日发布)

第一百四十六条 行为人与相对人以虚假的意思表示实施的民事法律

行为无效。

以虚假的意思表示隐藏的民事法律行为的效力，依照有关法律规定处理。

第一百六十二条　代理人在代理权限内，以被代理人名义实施的民事法律行为，对被代理人发生效力。

第一百六十五条　委托代理授权采用书面形式的，授权委托书应当载明代理人的姓名或者名称、代理事项、权限和期限，并由被代理人签名或者盖章。

第三百八十六条　担保物权人在债务人不履行到期债务或者发生当事人约定的实现担保物权的情形，依法享有就担保财产优先受偿的权利，但是法律另有规定的除外。

第三百八十七条　债权人在借贷、买卖等民事活动中，为保障实现其债权，需要担保的，可以依照本法和其他法律的规定设立担保物权。

第三人为债务人向债权人提供担保的，可以要求债务人提供反担保。反担保适用本法和其他法律的规定。

第三百八十八条　设立担保物权，应当依照本法和其他法律的规定订立担保合同。担保合同包括抵押合同、质押合同和其他具有担保功能的合同。担保合同是主债权债务合同的从合同。主债权债务合同无效的，担保合同无效，但是法律另有规定的除外。

担保合同被确认无效后，债务人、担保人、债权人有过错的，应当根据其过错各自承担相应的民事责任。

第三百八十九条　担保物权的担保范围包括主债权及其利息、违约金、损害赔偿金、保管担保财产和实现担保物权的费用。当事人另有约定的，按照其约定。

第九百六十七条　合伙合同是两个以上合伙人为了共同的事业目的，订立的共享利益、共担风险的协议。

第九百六十八条　合伙人应当按照约定的出资方式、数额和缴付期限，履行出资义务。

二、《中华人民共和国合伙企业法》(中华人民共和国主席令第55号,2006年8月27日修订发布)

第二条 本法所称合伙企业,是指自然人、法人和其他组织依照本法在中国境内设立的普通合伙企业和有限合伙企业。

普通合伙企业由普通合伙人组成,合伙人对合伙企业债务承担无限连带责任。本法对普通合伙人承担责任的形式有特别规定的,从其规定。

有限合伙企业由普通合伙人和有限合伙人组成,普通合伙人对合伙企业债务承担无限连带责任,有限合伙人以其认缴的出资额为限对合伙企业债务承担责任。

第三十三条第一款 合伙企业的利润分配、亏损分担,按照合伙协议的约定办理;合伙协议未约定或者约定不明确的,由合伙人协商决定;协商不成的,由合伙人按照实缴出资比例分配、分担;无法确定出资比例的,由合伙人平均分配、分担。

三、《中华人民共和国公司法》(中华人民共和国主席令第15号,2018年10月26日修正发布)

第二十八条 股东应当按期足额缴纳公司章程中规定的各自所认缴的出资额。股东以货币出资的,应当将货币出资足额存入有限责任公司在银行开设的账户;以非货币财产出资的,应当依法办理其财产权的转移手续。

股东不按照前款规定缴纳出资的,除应当向公司足额缴纳外,还应当向已按期足额缴纳出资的股东承担违约责任。

第三十二条 有限责任公司应当置备股东名册,记载下列事项:

(一)股东的姓名或者名称及住所;

(二)股东的出资额;

(三)出资证明书编号。

记载于股东名册的股东,可以依股东名册主张行使股东权利。

公司应当将股东的姓名或者名称向公司登记机关登记;登记事项发生变更的,应当办理变更登记。未经登记或者变更登记的,不得对抗第三人。

第七十一条 有限责任公司的股东之间可以相互转让其全部或者部分

股权。

股东向股东以外的人转让股权,应当经其他股东过半数同意。股东应就其股权转让事项书面通知其他股东征求同意,其他股东自接到书面通知之日起满三十日未答复的,视为同意转让。其他股东半数以上不同意转让的,不同意的股东应当购买该转让的股权;不购买的,视为同意转让。

经股东同意转让的股权,在同等条件下,其他股东有优先购买权。两个以上股东主张行使优先购买权的,协商确定各自的购买比例;协商不成的,按照转让时各自的出资比例行使优先购买权。

公司章程对股权转让另有规定的,从其规定。

第一百四十七条　董事、监事、高级管理人员应当遵守法律、行政法规和公司章程,对公司负有忠实义务和勤勉义务。

董事、监事、高级管理人员不得利用职权收受贿赂或者其他非法收入,不得侵占公司的财产。

四、《中华人民共和国信托法》(中华人民共和国主席令第50号,2001年4月28日发布)

第二条　本法所称信托,是指委托人基于对受托人的信任,将其财产权委托给受托人,由受托人按委托人的意愿以自己的名义,为受益人的利益或者特定目的,进行管理或者处分的行为。

第二十五条　受托人应当遵守信托文件的规定,为受益人的最大利益处理信托事务。

受托人管理信托财产,必须恪尽职守,履行诚实、信用、谨慎、有效管理的义务。

第四十八条　受益人的信托受益权可以依法转让和继承,但信托文件有限制性规定的除外。

五、《中华人民共和国企业破产法》(中华人民共和国主席令第54号,2006年8月27日)

第七十条　债务人或者债权人可以依照本法规定,直接向人民法院申请对债务人进行重整。

债权人申请对债务人进行破产清算的，在人民法院受理破产申请后、宣告债务人破产前，债务人或者出资额占债务人注册资本十分之一以上的出资人，可以向人民法院申请重整。

第八十六条 各表决组均通过重整计划草案时，重整计划即为通过。

自重整计划通过之日起十日内，债务人或者管理人应当向人民法院提出批准重整计划的申请。人民法院经审查认为符合本法规定的，应当自收到申请之日起三十日内裁定批准，终止重整程序，并予以公告。

第九十二条第一款 经人民法院裁定批准的重整计划，对债务人和全体债权人均有约束力。

六、《最高人民法院关于适用〈中华人民共和国公司法〉若干问题的规定（三）》（法释〔2020〕18号，2020年12月29日修正发布）

第十条 出资人以房屋、土地使用权或者需要办理权属登记的知识产权等财产出资，已经交付公司使用但未办理权属变更手续，公司、其他股东或者公司债权人主张认定出资人未履行出资义务的，人民法院应当责令当事人在指定的合理期间内办理权属变更手续……

第十三条 股东未履行或者未全面履行出资义务，公司或者其他股东请求其向公司依法全面履行出资义务的，人民法院应予支持。

公司债权人请求未履行或者未全面履行出资义务的股东在未出资本息范围内对公司债务不能清偿的部分承担补充赔偿责任的，人民法院应予支持；未履行或者未全面履行出资义务的股东已经承担上述责任，其他债权人提出相同请求的，人民法院不予支持。

股东在公司设立时未履行或者未全面履行出资义务，依照本条第一款或者第二款提起诉讼的原告，请求公司的发起人与被告股东承担连带责任的，人民法院应予支持；公司的发起人承担责任后，可以向被告股东追偿。

股东在公司增资时未履行或者未全面履行出资义务，依照本条第一款或者第二款提起诉讼的原告，请求未尽公司法第一百四十七条第一款规定的义务而使出资未缴足的董事、高级管理人员承担相应责任的，人民法院应予支持；董事、高级管理人员承担责任后，可以向被告股东追偿。

第二十一条　当事人向人民法院起诉请求确认其股东资格的，应当以公司为被告，与案件争议股权有利害关系的人作为第三人参加诉讼。

七、《关于加强私募投资基金监管的若干规定》（中国证券监督管理委员会公告〔2020〕71号，2020年12月30日发布）

第八条　私募基金管理人不得直接或者间接将私募基金财产用于下列投资活动：

（一）借（存）贷、担保、明股实债等非私募基金投资活动，但是私募基金以股权投资为目的，按照合同约定为被投企业提供1年期限以内借款、担保除外；

（二）投向保理资产、融资租赁资产、典当资产等类信贷资产、股权或其收（受）益权；

（三）从事承担无限责任的投资；

（四）法律、行政法规和中国证监会禁止的其他投资活动。

私募基金有前款第（一）项规定行为的，借款或者担保到期日不得晚于股权投资退出日，且借款或者担保余额不得超过该私募基金实缴金额的20%；中国证监会另有规定的除外。

八、《关于有效防范企业债担保风险的意见》（银监发〔2007〕75号，2007年10月12日发布）

三、加强债券担保管理，健全或有负债风险问责制

……即日起要一律停止对以项目债为主的企业债进行担保，对其他用途的企业债券、公司债券、信托计划、保险公司收益计划、券商专项资产管理计划等其他融资性项目原则上不再出具银行担保；已经办理担保的，要采取逐步退出措施，及时追加必要的资产保全措施。

九、《关于印发〈银行与信托公司业务合作指引〉的通知》（银监发〔2008〕83号，2008年12月4日发布）

第二十六条　银行不得为银信理财合涉及的信托产品及该信托产品项下财产运用对象等提供任何形式担保。

第四章

票据纠纷穿透式审判实务

一、票据追索权纠纷案一

在原告广州立根小额再贷款股份有限公司（以下简称立根公司）与被告摩登大道时尚集团股份有限公司（以下简称摩登公司）票据追索权纠纷案[1]中，一审法院作出了"案涉票据系以背书之名行担保之实"的裁判，但二审法院认为一审法院以虚假意思表示将民事法律行为归于无效化系适用法律错误，且基于非真实交易关系和债权债务关系所产生的票据抗辩权驳回立根公司的上诉请求。

（一）基本案情

该案以票据追索权纠纷为案由。基本案情如下：2018 年 10 月 10 日，广州立嘉小额贷款有限公司（以下简称立嘉公司）向原告立根公司贷款，并将被告开具的出票日期为 2019 年 9 月 20 日的支票（票面金额 1000 万元）背书给原告，并出具声明书载明"上述支票现背书给立根公司作为《贷款合同》的还款"。其中，案涉支票收款人为立嘉公司，付款行广州银行某支行，出票人签章处盖有摩登公司财务专用章及时任摩登公司法定代表人林某飞的个人印章，该支票第一背书人盖有立嘉公司财务专用章及严某象个人印章，被背书人为立根公司；第二背书人签章为立根公司财务专用章及游某俊个人印章，被背书人为交行某支行委托收款。另查明，摩登公司 2018 年上半年年度报告显示立嘉公司与摩登公司为同一控股股东控制的企业。2019 年 9 月 20 日，原告立根公司持上述支票到广州银行某支行处提示付款；同月 23 日，广州银行某支行向立根公司出具《广州区域票据交换退票理由书》，退票事由为"账户已冻结和印不过"。由此原告立根公司将摩登公司列为被告向法院提出如下诉讼请求：（1）判令被告向原告支付被拒绝付款的票据金额 1000 万元；（2）判令被告向原告支付自 2019 年 9 月 20 日起至清偿日止，以 1000 万元为本金，按照中国人民银行规定的利率（同期同类贷款利率）计算的利

---

[1] 参见广东省广州市黄埔区人民法院（2019）粤 0112 民初 11736 号；广东省广州市中级人民法院（2020）粤 01 民终 12614 号。

息;(3)判令被告向原告支付因追索该款项产生的合理费用律师费125,000元等。

被告摩登公司辩称:(1)原告立根公司与立嘉公司恶意串通非法取得案涉支票,以"票据背书"之名,通过"债权人封存保管并在逾期时启封票据"的方式,行"违规担保"之实,故原告无权行使票据追索权。其理由在于,案涉支票出票目的是满足原告要求由上市公司为立嘉公司借款提供担保的要求,且案涉票据物保、保证担保未经过上市公司法定决议程序及信息披露程序,属于违规的"抽屉质押"及"抽屉担保"。(2)原告立根公司无论根据民法还是票据法均不享有任何票据权利,其理由在于:原告取得案涉支票是将上市公司开具的支票作为其贷款的违规担保物,故意规避上市公司关联交易的实体、程序要求,其取得行为违法;且原告明知并无真实交易,未尽义务审查上市公司是否进行信息披露,属于典型的无决议、无披露的违法关联交易。(3)原告立根公司重复主张2000万元债权,该案应当径行驳回其诉讼请求。综上,请求法院判决驳回原告的全部诉讼请求。一审法院认定提起该案诉讼属于重复起诉,由此判决驳回原告立根公司的全部诉讼请求。

后上诉人(原审原告)立根公司不服一审判决,将摩登公司诉至二审法院(广东省广州市中级人民法院)。二审法院认定一审判决事实清楚,适用法律虽然错误,但处理结果正确,由此驳回上诉,维持原判。

(二)争议的焦点及事实认定

一审法院将争议焦点归纳为:一是立根公司是否合法取得票据以及能否获得相应的票据权利;二是该案是否系重复起诉。

法院针对争议焦点一认为,立根公司系非法取得票据,不具有票据权利。主要是因为:第一,原告作为专门从事借贷业务的金融公司(其本身应有更高的审查能力和注意能力),并未对摩登公司与立嘉公司之间是否存在真实交易关系进行审查;第二,被告提供的证据证实案涉《贷款合同》存在以质押支票进行担保的情形;第三,被告提供的证人证言证实立根公司全程参与案涉支票的开具、背书、封包、置换全过程,理应知悉该担保属于越权担保。由此认定案涉票据系以背书为名通过“债权人封存保管并在逾期时启封票据”的方式行担保之实,无论是虚假的意思表示还是本身的票据担保行为均归于无效。据此立根公司不享有票据权利,摩登公司对案涉支票享有拒付权利。一审法院针对争议焦点二认为,立根公司已先行选择以原因债权行使权利(在该案起诉前,已以借款合同纠纷为由提起诉讼),故构成重复起诉。

二审法院对于对一审法院查明的事实予以确认,并重新归纳争议焦点,认为本案主要争议焦点为:一是该案是否构成重复起诉;二是该摩登公司是否应向立根公司支付支票金额款项、利息及本案律师费。

二审法院认为,关于争议焦点一,前案与该案的诉讼标的及诉讼请求并不相同,且立根公司亦举证其已申请中止前案审理以等待该案结果,因此并未构成重复起诉。一审法院认定该案构成重复起诉存在不当,二审法院予以纠正。

关于争议焦点二,二审法院综合证据认定立根公司明知摩登公司是为了对立嘉公司向立根公司的借款进行担保而签发涉案支票,摩登公司并非基于与立嘉公司之间的真实交易关系和债权债务关系而开具涉案支票,因此摩登公司对立嘉公司享有票据抗辩权利。由此依据《票据法》第 13 条驳回立根公司的上诉请求。值得注意的是,二审法院认定一审法院适用法律存在错误,即以虚假的意思表示实施的民事法律行为无效为由认定摩登公司对涉案支票享有拒付权利是错误的。总体而言,一审法院驳回立根公司的诉讼请求并无不当,二审法院予以维持。

(三)案例评析

在该案中,一审法院判决认定立根公司不享有票据权利,由此摩登公司对涉案支票享有拒付权利。换言之,案涉票据在形式上符合票据法规定,但由于票据签发不具有真实的交易关系,立根公司在取得票据时明知收款人立嘉公司无票据权利仍背书受让,根据票据法规定属于恶意取得,不得享有票据权利,故一审法院认为该出票行为无效。进一步来说,按照一审法院的裁判思路，假设立根公司为善意，即不知道让与人无处分权，那么其在背书后应享有票据权利。而二审法院虽未改变一审法院的处理结果，但认定一审法院法律适用错误，即以行为人与相对人以虚假的意思表示实施的民事法律行为无效为由认定摩登公司对涉案支票享有拒付权利系错误的，并指出摩登公司可以《票据法》第13条所规定的票据抗辩事由对抗立根公司。二审法院就法律依据的改变虽未影响实际结果，但仍具积极意义。

总体而言，该案判决在一定程度上对维护票据制度安全起到了较好的指引作用。但法院判决要求非善意的原告立根公司自担责任，却忘了在案涉事实中被告以及案外人立嘉公司同样不具有善意，或者说具有恶意，却不需要承担任何关于违规出票、接收票据以及背书转让票据的法律责任。故法院的判决仅仅是通过对一方权利的否定敲醒了违规票据的其中一方，而不是所有参与者，显然有违初衷。

笔者认为，该案判决说理尚有不妥之处，以下将针对一、二审法院判决理由作出评述：

1. 混淆票据关系与票据的原因关系，有悖法理。根据票据的无因性特征，票据关系的存在并不以原因关系的成立和有效为前提，票据关系与其原因关系各自相对独立。也就是说：立嘉公司背书转让票据的原因是替自身贷款作担保——票据是担保方式，属原因关系；而票据背书转让后形成票据关系，该票据关系独立于原因关系。一审法院在该案中的逻辑为：票据出票和背书转让均是为立嘉公司向原告的借款，故将借款关系的担保关系确定为票据原因关系；继而认为根据公司法之强制性规定，上市公司的对外担保行为因未获法定程序（股东大会决议、章程规定等）而无效；同时法院又认为担保法律关系不得作为票据原因关系，从而得出票据原因关系无效，票据关系虽形式上有效即具备形式要件，却因为实质要件不具备（因为恶意而意思表示不真实），持票人不享有票据权利。关于担保法律关系能否作为票据关系之原因关系，争议颇多，且该原因关系的有效与否，因票据无因性而不该影响票据权利。即使作为原告有审查收款人获取票据原因关系的义务，也只能作为监管机构对原告的监管要求，若有违反，则承担监管责任，断无直接得出票据权利无效的法律依据。但二审法院认定一审法院得出票据权利无效之论断系适用法律错误,并将该案争议焦点从"立根公司是否合法取得票据以及能否获得相应的票据权利"改为"摩登公司是否应向立根公司支付支票金额款项、利息及本案律师费",从而延伸至摩登公司并非基于真实交易关系和债权债务关系而开具涉案支票,由此认定摩登公司对立嘉公司享有票据抗辩权利。但针对一审法院的法律适用错误,二审法院说理过程过于简略,并未针对性地予以解释。

2. 将票据的出票行为和担保合同相混同。作为独立的法律行为,出票行为并非担保行为本身,更不能将其认定为具有从合同性质的担保合同。具体而言,虽然公司法规定公司对外担保需要履行一定程序(尤其是上市公司),否则会因公司法规定导致担保合同无效。但法律却没有规定公司签发支票需要履行什么程序、更不存在因未履行而导致出票行为无效的情况。进一步而言,如果背书是为担保,那也是作为收款人的立嘉公司为自己向立根公司的贷款提供担保,而并非出票人摩登公司向立根公司提供担保,故也无须摩登公司的股东大会或董事会同意。

3. 未关注票据担保的票据法理论,从而错失了否定票据权利的更合理理由。票据权利质押与票据质押分属于票据法和担保法,二者有着重大区别。按照法院的逻辑,如果案涉票据是一种担保物,则应该关注票据作为担保物的特殊性,即当票据是质押之标的并依权利质押的方式从事行为,其在性质上应符合合同成立的基本要件,即经过要约与承诺的缔约过程。如果案涉票据属于票据质押(属于单方民事法律行为),根据票据法,票据质押须表明质押之意思,即在形式上有"质押"字样,待主债权未实现时,质押权人方可取得票据权利。如果票据上没有"质押"字样,则票据背书转让,持票人即取得票据权利。该案中原告先行要求立嘉公司履行主债权的还款义务,即表明双方均非常清楚地将票据权利作为一种担保的权利,将票据作为担保物。那么,依照票据法要式性和文义性特征,持票人由于违反票据法关于票据质押的强制性规定,即持票人以票据质押的,未在背书人栏记载"质押"字样,故票据质押无效。同时,根据民法担保理论,作为权利质押的票据同样不得违反流质的规定。

4. 对原因债权和票据权利行使顺序的说理或理解欠妥当。导致这个情形主要是法院对票据质押以及票据质押合同的关系未厘清，当然也有对原因债权和票据权利行使的顺序存在误解。如果不涉及质押担保，单纯地将担保合同作为票据关系的原因关系，票据债权与原因债权履行的先后顺序历来也存在争议，我国法律未予明确规定，一般而言有三种可能：第一，票据债权成立后，原因债权即消灭，因而债权人只能行使票据债权，不能行使原因债权。第二，两种债权并存，即债权人可任意行使，待一种债权得以实现，另一种即消灭。第三，两种债权并存，债权人应先行使票据债权，如行使票据债权无效果，可再行使原因债权。现行理论和判例认为，票据权利产生，原因债权并不当然消灭；履行顺序上一般是先行使票据权利，若未实现，可再行使原因债权。因为票据权利的行使对象不仅包括直接前手即原因关系的债务人，还包括所有在票据上签章者。至于行使票据债权至何种程度方可行使原因债权，通说认为当持票人行使票据上的付款请求权被拒绝，持票人作成拒绝证书后即可行使原因债权。

5. 一审法院试图通过司法审判达到金融监管的功能，得出“案涉票据以背书为名行担保之实”的论断既无必要，又无法律依据予以充分佐证，最后使被告从中获利，结果实属意外。二审法院予以纠正一审法院的法律错误，认定立根公司明知摩登公司是为了对立嘉公司向立根公司的借款进行担保而签发涉案支票。摩登公司并非基于与立嘉公司之间的真实交易关系和债权债务关系而开具涉案支票，由此赋予摩登公司对立嘉公司的票据抗辩权利。值得注意的是，该案中立根公司不享有票据权利的实质原因在于立根公司对于立嘉公司非法取得票据权利完全知情却仍接受票据，由此票据关系中持票人的票据权利被否定。虽然票据行为具有无因性是一项基本原则，应予以强调的是，对无因性的强调旨在保护善意持票人，而非保护非法取得票据者。被告如果违反上市公司担保之规定，本来属于恶意票据行为的主要当事人，毕竟是被告签发了支票，立嘉公司又背书转让了票据。被告和立嘉公司为关联企业，若该案的票据行为有恶意，则其签发票据恶意明显，却最终无须承担任何法律责任。无论是金融监管还是司法判决，根据法律进行利益平衡在过程中均被重视，那么该案的被告经过判决游离在法律责任之外是不妥当的。更让人不能接受的是，根据该案，出票人会得出一个结论，比如："没事，先签发吧，作为担保好了，只要能够获得贷款，反正到时法院会判决持票人不享有票据权利的，出票人又不需要承担票据责任。借款人无论如何，反正都是需要还钱的。"这样的误解让人愕然。

（四）法律建议

票据，因其"无因追索"的法律特性，干净利落地解决了资金腾挪的时间和空间问题。票据制度之所以能与公司制度并驾齐驱成为资本主义制度的支柱，无外乎是其支付手段的便捷性与"信用证券化"的保障性之功。一旦付款人拒绝付款或承兑人拒绝承兑，票据权利人可再向偿还义务人行使追索权；正因为所有在票据上的背书人均对票据债务有担保责任，票据流通才更有保障。然而，在票据业务实践中，票据存在被法院认定为无效的风险进而无法实现票据权利使其不能够得以兑现，对于当事人来说是一种主要商业风险。为此有以下建议供当事人参考。

1. 票据的签发、取得和转让，遵循诚信原则、真实交易，切勿弄虚作假

当事人可建立双重保障，即票据关系与真实的交易关系及其债权债务关系，以切实保障合法权益。根据《票据法》第 10 条第 1 款规定，"票据的签发、取得和转让，应当遵循诚实信用的原则，具有真实的交易关系和债权债务关系"。真实的交易关系和债权债务关系对于持票人而言，更多的是与票据关系一同为实现权利提供双重保障。也就是说，即使在票据权利无法实现、被法院认定无效的情况下，当事人仍可以根据真实的交易关系及其债权债务关系主张权利。若是弄虚作假、无真实交易、未支付对价，在票据被法院认定无效的情况下，结果就是一重保障也没有，当事人面临既无法实现票据权利，也没办法实现真实交易。需要补充的是，《票据法》第 10 条第 1 款实则是否定票据无因性的条款，目前司法实践虽倾向于根据最高人民法院《关于审理票据纠纷案件若干问题的规定》第 14 条予以否定，也就是将《票

据法》第10条作为管理性法条加以运用,但鉴于目前《票据法》尚未修改,仍应对此多留一个心眼,为自己的合法权益加上双重保障。

2. 正视票据制度的功能,切勿陷入“恶意取得”的陷阱

所谓恶意取得,即明知或可得知让与人无让与权利而仍取得。需要注意的是,善意、恶意以取得票据时的主观状态为准,即以受让人在取得票据时为善意即可行使票据权利,以后是否得知让与人无处分权就在所不问了。该案中法院认定案涉票据虽在形式上符合票据法规定,属有效票据,但因立根公司明知该票据是以通谋虚假行为取得,属于以非法手段取得的情形,存在故意或重大过失的情形,故其票据权利被法院予以否定。追根溯源,票据在经济上的作用主要以支付手段与信用手段为主,而票据纠纷实务中,为逃避监管、违法融资、通谋虚假表示的现象层出不穷,恶意虚构交易关系等非法行为在一定程度上是对国家金融监管制度的践踏,法院通常情况下可能会否定非法转让票据行为的效力,即倾向于规制利用票据融资功能进行的违法交易行为。换言之,若不将票据制度用于“正途”,当事人面临被法院穿透票据原因关系的虚假通谋意思表示的风险,由此失去票据权利的保障,得不偿失。

3. 接收票据之人尤其是金融机构,应当谨慎审核直接前手取得票据的原因关系

作为金融机构,接收票据的理由主要是贴现。根据《票据法》第10条,“票据的签发、取得和转让,应当遵循诚实信用的原则,具有真实的交易关系和债权债务关系”。根据《商业汇票承兑、贴现与再贴现管理办法》第15条,“申请贴现的持票人取得贴现票据应依法合规,与出票人或前手之间具有真实交易关系和债权债务关系”。由此可见,接收票据之人(尤其是金融机构)有必要审查前手取得票据的原因关系,避开可能承担《商业汇票承兑、贴现与再贴现管理办法》第37条规定的“由银保监会及其派出机构根据不同情形依法采取暂停其票据业务等监管措施或者实施行政处罚;对直接负责的董事、高级管理人员和其他直接责任人员,依法追究相关责任”的法律风险。

与此同时,我国《票据法》第12条规定,“以欺诈、偷盗或者胁迫等手段

取得票据的,或者明知有前列情形,出于恶意取得票据的,不得享有票据权利。持票人因重大过失取得不符合本法规定的票据的,也不得享有票据权利”。第 13 条规定,“票据债务人不得以自己与出票人或者与持票人的前手之间的抗辩事由,对抗持票人。但是,持票人明知存在抗辩事由而取得票据的除外”。根据我国最高人民法院《关于审理票据纠纷案件若干问题的规定》第 14 条第 4 项,票据债务人对持票人提出“因重大过失取得票据的”抗辩理由的,人民法院应予支持。由此可见,持票人除应审查票据本身记载事项的形式要件真实、合法及有效性,还应对持票人的交易背景,对价支付的真实、合法、有效性展开充分调查,尤其应审查持票人与债务人的直接原因关系或是债权债务关系及持票人取得票据是否存在重大过失。针对持票人与债务人的直接原因关系或是债权债务关系,建议对一手的基础交易背景材料(如合同或履约证明等)进行谨慎审查;针对重大过失,建议具体审查前手的基础关系,若不真实且金融机构在办理贴现业务时也未参照中国人民银行的部门规章和行业规定进行具体审查,则有构成重大过失的法律风险存在。换言之,应谨慎进行票据原因关系的尽职调查,从而避开导致接收票据之人巨额损失的法律风险。

二、票据追索权纠纷案二

在上诉人(原审被告)恒丰银行股份有限公司南通分行(以下简称恒丰银行南通分行)与被上诉人(原审原告)宁波银行股份有限公司深圳分行(以下简称宁波银行深圳分行)合同纠纷案[1]中,法院主要审查的是转贴现(背书)票据关系的基础关系,即转贴现合同的效力认定问题,而非票据关系,将一起表面上与票据权利相关的纠纷穿透定性为合同纠纷。

(一)基本案情

该案以合同纠纷为案由。基本案情如下:2015 年 6 月 10 日,某泰丰公

---

〔1〕 参见最高人民法院(2018)最高法民终 243 号。

司向某果蔬科技有限公司开具6张承兑汇票,金额合计6亿元。恒丰银行南通分行通过贴现取得案涉汇票后,于次日向宁波银行深圳分行申请转贴现并签订《转贴现合同》,约定:如遇承兑人拒绝付款或承兑人无足额款项用于支付到期承兑汇票承兑金额,恒丰银行南通分行应负责垫付票款及利息。上述合同签订当日,宁波银行深圳分行将转贴现款585,816,666.66元支付给恒丰银行南通分行,恒丰银行南通分行将6张承兑汇票背书转让给宁波银行深圳分行。

2015年6月11日当日,宁波银行深圳分行又与民生银行广州分行签订《商业承兑汇票转贴现合同》,即将案涉汇票转贴现给民生银行广州分行,民生银行广州分行系案涉汇票的最后持票人。2015年12月7日,民生银行广州分行托收遭退票,《支付结算退票理由书》载明的退票理由为:付款人账户余额为零,无款支付。2016年3月15日,民生银行广州分行就上述《商业承兑汇票转贴现合同》起诉宁波银行深圳分行追索。该案审理期间,宁波银行深圳分行于2016年4月12日向民生银行广州分行支付两张承兑汇票项下的票面金额及迟收利息。后最高人民法院终审判决支持民生银行深圳分行诉请,宁波银行深圳分行履行相应义务。需要提及的是,案涉6亿元汇票涉嫌票据诈骗犯罪,已由公安机关立案侦查。后宁波银行深圳分行将恒丰银行南通分行列为被告向广东高级人民法院提起诉讼,请求判令:(1)恒丰银行南通分行偿还宁波银行深圳分行承兑汇票票款本金4亿元及迟收利息(迟收利息自汇票到期日起按日万分之五计至该款项全部清偿日止,暂计至2016年4月28日为2740万元);(2)恒丰银行南通分行支付宁波银行深圳分行为实现债权而支出的律师费等追偿费用及其所承担的相应费用损失350万元等。广东高级人民法院一审判决支持原告关于本金返还及迟收利息的诉讼请求,并判定恒丰银行南通分行向宁波银行深圳分行支付律师费120万元。

后上诉人(原审被告)恒丰银行南通分行不服一审判决,将宁波银行深圳分行诉至二审法院(最高人民法院)。上诉人认为:其一,该案涉及票据诈骗,案涉票据的出票人、收款人、付款行相关人员均已被追究刑事责任,票据中介相关人员已被刑拘,故该案应移送公安机关或中止审理。其二,案涉转贴现合同涉嫌刑事诈骗,即两家银行恶意串通对承兑汇票进行违法流转,配合出资行实施非法融资,属于"以合法形式掩盖非法目的"的行为,故不能依据合同法或票据法予以调整,应属无效。

被上诉人(原审原告)宁波银行深圳分行辩称,转贴现合同成立并生效,对双方均有约束力,即无论案涉汇票签发和背书转让过程中签章是否真实、是否已启动刑事诉讼程序均不影响案涉承兑汇票的真实性及背书转让的效力。同时,宁波银行深圳分行对案涉承兑汇票已履行形式审查义务,其主观上没有过错。恒丰银行南通分行违反转贴现合同约定的审核和查询案涉承兑汇票的义务,其主观过错明显,应负全部责任。综上,请求依法驳回恒丰银行南通分行的上诉请求。最高人民法院二审判决驳回上诉,维持原审判决。后恒丰银行南通分行申请再审,最高人民法院驳回其再审申请。

(二)争议的焦点及事实认定

一审法院将该案纠纷定性为票据追索权纠纷,后因宁波银行深圳分行选择根据转贴现合同向原审法院提出合同纠纷之诉,二审法院将该案案由确认为合同纠纷。

法院将争议焦点归纳为:一是该案是否应中止审理或者移送刑事侦查部门处理;二是一审法院未追加包头南郊农信社、南粤银行长沙分行、宝泰丰公司及游某某作为该案第三人参加诉讼是否错误;三是案涉转贴现合同是否有效;四是一审判决判令恒丰银行南通分行支付汇票金额4亿元及迟收利息、律师费是否正确。

争议焦点一系围绕二审上诉人上诉请求而总结。针对争议焦点一,二审法院认为该案不应中止审理或者移送刑事侦查部门处理。其主要理由在于,涉嫌票据诈骗刑事犯罪法律关系与转贴现合同法律关系的主体、权利义务、法律责任均不相同,不属于同一法律关系。即使恒丰银行南通支行具体承办人涉嫌票据诈骗犯罪,但该承办人对外以恒丰银行南通支行名义签订转贴现合同,故恒丰银行南通支行仍应对转贴现合同造成的后果承担相应民事责任。

针对争议焦点二,一审法院根据合同相对性原理,认为案涉转贴现合同约束主体应为签订合同的当事人,由此不予采纳恒丰银行南通分行就追加包头南郊农信社等主体作为该案第三人参加诉讼的诉讼主张。二审法院对一审法院的做法予以认可。

案件关键在于争议焦点三,一审法院认为案涉转贴现合同系双方当事人真实意思表示,合法有效。其主要理由在于,第一,宁波银行深圳分行作为转贴现银行不负有对案涉承兑汇票票据的签发、取得和转让是否具有真实的交易关系和债权债务关系进行审查的义务。第二,宁波银行深圳分行的款项交付时间未违反合同约定,不存在“倒打款”的重大违规行为。二审法院对一审法院的事实认定予以认可,即认可转贴现合同系双方真实意思表示,不存在双方通谋虚假意思表示导致合同无效情形,并补充以下理由:第一,恒丰银行南通分行自认双方均为票据受害人,且未提供证据证明其与宁波银行深圳分行在签订转贴现合同时存在通谋虚假表示。第二,《支付结算办法》和《支付结算会计核算手续》均不属于法律、行政法规,即使转贴现合同违反上述相关条款,也不因此无效。第三,恒丰银行南通分行未提供证据证明签订案涉转贴现合同时,双方均知道系以票据转贴现合同形式实质为配合民生银行广州分行借款给游某某,即转贴现合同不存在“以合法形式掩盖非法目的”的情形。此外,针对“倒打款”问题,即便存在“倒打款”行为,亦属于银行业监管范畴,不能以此否认转贴现合同效力。

针对争议焦点四,二审法院认为一审判决判令恒丰银行南通分行支付汇票金额4亿元及迟收利息、律师费正确。换言之,在案涉转贴现合同有效前提下,宁波银行深圳分行有权根据合同约定向恒丰银行南通支行主张权利。恒丰银行南通分行也因此承担败诉风险。

(三)案例评析

该案的判决严格地遵守票据法关于票据行为独立性的原理。一审、二审的判决结果要求恒丰银行南通分行承担败诉责任,均体现票据关系与票据基础关系相互分离的裁判思路，即票据债权人不必说明其取得票据之原因，更不必证明其原因关系之有效，严守票据的无因性，肯定转贴现银行充当融资通道应承担票据责任的裁判思路，同时也给从事票据业务的银行应有更高的整体性风险防控意识敲响警钟。该案的裁判思路有以下两个亮点可予以借鉴。

1. 该案主要审查转贴现(背书)票据关系的基础关系——转贴现合同的效力认定问题，而非票据关系。法院说理充分，并未滥用穿透，而是严格区分金融监管和金融审判

该案二审法院认为，即便存在"倒打款"行为，亦属于银行业监管范畴，不能以此否认转贴现合同效力。该说理恰好说明当公权力介入金融市场的交易关系之时，应慎用"穿透式思维"且受到限制，尤其是仅涉及金融机构的商事交易安排。作为两个相对独立的体系，在强监管背景下金融监管的变动性与司法裁判的稳定性之间存在矛盾；该案法院着重以金融商事审判的视角审理金融交易行为，将金融监管与合同效力明显区分，实质上遵循《九民纪要》提及的"审判实务中要准确把握外观主义的适用边界，避免泛化和滥用"，值得借鉴。

2. 该案法院亦未认可通谋虚假表示，即转贴现银行不具有审查真实交易背景的义务

《九民纪要》提出，"人民法院在审理票据纠纷案件时，应当注意区分票据的种类和功能，正确理解票据行为无因性的立法目的，在维护票据流通性功能的同时，依法认定票据行为的效力，依法确认当事人之间的权利义务关系以及保护合法持票人的权益，防范和化解票据融资市场风险，维护票据市场的交易安全"。这段话是对票据纠纷案件审理原则的规定。由此可见，如对符合票据形式要件的票据关系穿透，将危及票据的流通性，由此动摇票据的无因性立法目的，故应强调票据行为的无因性，以保障票据市场的交易安全。此外，关于法律责任，法院在明确当事人之间成立转贴现合同法律关系的基础上进行责任认定，即应按照该协议的约定来承担相应的法律责任，该案法院判决合乎逻辑。

该案理应以票据权利纠纷为案由。恒丰银行和宁波银行之间既存在票据关系,又存在原因关系,是直接前后手之间的关系。虽然恒丰银行以贴现合同无效为抗辩,表面上看是合同纠纷。但实则根据《票据法》第 13 条第 2 款之规定“票据债务人可以对不履行约定义务的与自己有直接债权债务关系的持票人,进行抗辩”,被告以贴现合同无效抗辩其票据责任,仍然属于票据纠纷。就票据债权与原因债权的行使顺序而言,当两种债权并存之时,债权人应先行使票据债权,如行使票据债权无效果,可再行使原因债权。

(四)法律建议

票据尤其是汇票,虽然其最原始功能是充当支付手段,但由于汇票的签发、汇款过程存在一定时间差,汇票可通过票据贴现的形式实现融资授信的功能。银行经营贴现业务的目的就在于向企业提供资金以发挥票据的融资功能,贴现行也可通过向另一金融机构进行转贴现的方式在金融机构之间融通资金。近年来,票据贴现、转贴现频繁暴雷,尤其牵扯到票据诈骗,银行在票据贴现、转贴现的链条上似乎也是一个“受害者”,最后平白无故承受巨额损失。以下将针对银行等金融机构提出相关法律建议以避开风险。

1. 增强风险防控意识,谨慎从事贴现、转贴现业务

需要注意的是,票据业务专业技术性极强,其诸多规则相较于一般的民事法律规范有特殊性。银行充当融资通道而在汇票上背书的,应承担票据责任,即在票据上背书的人均成为票据债务人,需对后手承担票据责任。在当事人之间采取转贴现的情形下,应当遵守转贴现的业务规则和法律规则,不能因其本质上为融资行为,就一概以其属于同业间的借款法律关系去界定当事人的法律关系和认定法律责任。也就是说,银行就算明知采取“倒打款”过桥模式办理贴现业务、在票据上签章,也应当对其所承担的商业风险有所预判,而不能仅以提供过桥通道而否定其应当承担的票据责任。

因此,鉴于票据的流通性导致其扑朔迷离的权利义务关系,银行应从具体票据业务本身出发,严格且慎重审查、把控票据业务风险,尤其是在针对商业承兑汇票进行贴现、转贴现业务时,应多留一个心眼,即在办理相关转

贴现业务之前先行向付款行对出票人、承兑人是否有足额存款进行确认，以防该案中“付款人账户余额为零，无款支付”的不测。

2. 重视票据行为的无因性，厘清票据诈骗与民事责任的界限

在实务中，往往存在票据诈骗犯为提高票据信用，以向银行申请票据贴现、转贴现方式使参与票据贴现、转贴现业务的银行均成为其票据诈骗的资金通道，为不踩雷不去为票据诈骗“助力”，就不用说了。若银行试图在诉讼中以刑事诈骗为由使转贴现合同归于无效，从而逃避承担责任，那么实不应该。该案中恒丰银行南通支行以涉嫌票据诈骗为由要求法院中止审理或移送刑事侦查部门进行处理，而法院则认为转贴现合同与票据诈骗不属于同一法律关系，由此认定其承办人在职权范围下签订的转贴现合同理应承担相应民事责任。由此可见，以提供融资通道为目的的转贴现合同，法院一般不会因为其涉嫌票据诈骗而将其绝对归于无效，对于转贴现合同的效力更多是基于《民法典》第 143 条予以评判。

因此，银行应对票据的无因性特征予以清晰认知。法院大多在票据类案件中皆会采取谨慎穿透的司法态度，防止某些长期从事通道业务的银行因此而有恃无恐，通过提供大批量的通道业务以攫取巨额利润，而出现纠纷后则拿出涉嫌票据诈骗或仅从事通道业务的理由来进行抗辩，拒绝承担转贴现合同的约定责任。这不仅违背了诚实信用原则，而且变相将通道业务予以正当化，是不可取之策。

三、票据回购纠纷案

在原告浙江稠州商业银行股份有限公司（以下简称稠州银行）与被告中国民生银行股份有限公司福州分行（以下简称民生福州分行）票据回购纠纷案[1]中，法院作出了“名为银行承兑汇票转贴现合同，而实为资金融通合同”的裁判。

---

〔1〕 参见福建省高级人民法院（2019）闽民初 57 号。

(一)基本案情

该案以合同纠纷为案由。基本案情如下:2016 年 1 月 13 日,甲方稠州银行(买入方)、乙方民生福州分行(卖出方)签订《银行承兑汇票转贴现合同》,约定稠州银行对民生福州分行提交的 65 份银行承兑汇票,票面金额合计 993,500,000 元办理转贴现。其中,转贴现利率为年利率 3.06%,按 360 天/年计算,并附有银行承兑汇票清单。同日,稠州银行在未收到合同项下票据的情况下,依约向民生福州分行支付贴现款 981,012,310 元。当天,民生福州分行向重庆银行西安分行转账支付 980,889,881.74 元。但是民生福州分行未依约向稠州银行实际交付票据,且一直未交付。经核查,民生福州分行办理转贴现业务的 65 份银行承兑汇票系伪造,由此稠州银行将民生福州分行诉至法院并提出如下诉讼请求:(1)判令解除双方签订的《银行承兑汇票转贴现合同》;(2)判令民生福州分行返还稠州银行购票本金 981,012,310 元(人民币,下同);(3)判令民生福州分行支付利息 85,971,013.78 元(以购票本金为基数,按年利率 3.06%计算利息,自 2016 年 1 月 13 日起算至实际清偿之日,暂算至 2018 年 11 月 20 日);(4)判令民生福州分行支付稠州银行律师费损失 300,000 元等。稠州银行在答辩期内增加一项诉讼请求:判令民生福州分行支付违约金 49,590 万元。

被告民生福州分行辩称:(1)该案系名为票据转贴现合同,而实为资金通道合同法律关系,由此稠州银行基于《银行承兑汇票转贴现合同》提出的主张不能成立。其理由在于,转贴现合同仅为外在的表面行为,其内部的隐藏行为是资金通道行为(稠州银行系明知),即双方仅发生清单交易,事实上没有按照合同约定交付票据或是审核票据的意愿或行为,且在此情况下进行相关款项拨付,不符合票据转贴现合同法律关系的实质要件,更不符合票据转贴现的监管政策规范。(2)稠州银行并没有发生实际损失,其诉讼请求应当予以驳回。其理由在于,案涉资金是案外人天津银行上海分行于当天先行划至稠州银行账户,且通过民生福州分行及案外人重庆银行西安分行,于次日已划转回天津银行上海分行账户,双方同为资金划转通道环节,且稠州银行截至案发并未向天津银行上海分行支付任何赔偿款项。综上所述，基于稠州银行对该案法律关系的错误认识及对该案基本事实的片面割裂而请求法院判决驳回原告稠州银行的全部诉讼请求。一审法院判决民生银行福州分行应在本判决生效之日起10日内向稠州银行返还122,428.26元，并驳回稠州银行其他诉讼请求。

(二)争议的焦点及事实认定

法院将争议焦点归纳为：一是双方当事人之间法律关系的性质；二是民生福州分行应否向稠州银行偿还购票本金及支付利息、违约金及赔偿律师费损失；三是关于该案应否中止审理的问题。

针对争议焦点一，法院提出双方形成名为银行承兑汇票转贴现合同，而实为资金融通合同的法律关系，并将该案定性为无名合同，案由确认为合同纠纷。其主要理由在于，票据转贴现要求银行承兑汇票应当转让背书，且由卖出方将票据实际交付买入方，而该案中双方当事人并未按照合同约定进行票据交付、审核及签章背书，即民生福州分行未实际占有及交付讼争票据，稠州银行未收到讼争票据即将资金划转给民生福州分行，民生福州分行又在短时间内再将资金转给案外人重庆银行西安分行，由此可见双方签订的转贴现合同仅是外在表面行为，并非当事人的真实意思表示，其内部隐藏的行为是银行间资金融通行为。

针对争议焦点二，即民生福州分行是否应承担向稠州银行偿还购票本金及支付利息、违约金及赔偿律师费损失的问题，法院认为基于公平原则考量，民生福州分行应向稠州银行返还其收益122,428.26元。其主要理由在于，民生福州分行及稠州银行在由张某某、吕某某等人策划的以票据为形式的挪用资金犯罪、诈骗犯罪过程中起到资金通道作用。民生福州分行收取稠州银行讼争票据项下资金981,012,310元，但又迅速将其中资金980,889,881.74元汇给重庆银行西安分行，除转贴现收益122,428.26元外，民生福州分行并未实际占有和使用票据项下款项，故予以驳回稠州银行要求民生福州分行支付购票本金、利息及违约金的诉讼请求。

针对争议焦点三，即该案应否中止审理的问题，法院认为该案无须中止审理。理由在于上海市高级人民法院已对张某某、吕某某等人犯非国家工作人员受贿罪、诈骗罪作出(2018)沪刑终80号刑事裁定书，故该案不存在需要中止诉讼的情形。

(三)案例评析

由于该案不涉及票据背书行为，完全是利用转贴现合同将案涉资金来回倒腾，故法院将该案定性为“名为银行承兑汇票转贴现合同，而实为资金融通合同的法律关系”是合乎逻辑的。法院审判思路如下：票据“清单交易”中所涉及的转贴现协议并非交易双方的真实意思表示，形式上亦不符合正常的票据转贴现业务流程，其真实意思为资金融通行为，从而对双方之间的法律关系按照资金融通行为(无名合同)进行认定。上述法院采用穿透式审判思维，即深入调查票据“清单交易”的整个流程，并对案涉各金融机构的真实意思表示、票据交付与否、资金划转顺序、资金占用情况以及双方收益对比进行全面查明，从而在此基础上作出“名为……实为……”的法律定性，在一定程度上也是监管制度的收紧与司法审判政策转向导致的结果。

关于穿透式审判的逻辑，法院思路清晰，识破票据交易的迷雾，认清其融资的本质。

与此同时，《九民纪要》就转贴现协议也明确金融机构之间办理票据转贴现业务签订相关合同而无背书票据行为的，仅产生合同法律关系，即转贴现行仅能依照转贴现合同关系向申请人主张承担责任。由此可见，该案法院采取穿透式视角，正确理解适用《九民纪要》以此进行评判说理，配合金融领域的穿透式监管，符合《九民纪要》精神。

该案的重要问题在于，穿透之后的融资合同是否有效的问题。案涉融资行为是一起刑事犯罪，故其行为无效，原告不享有合同权利，乃是基本逻辑。原被告之间进行的交易合同是否有效，因为行为本身违法犯罪，相关工作人员被刑事处罚。那么，该所谓票据转贴现行为无论穿透之后本质是什么，其行为均因不符合有效要件而归于无效。故原被告之间的合同无效。

需要注意的是,法院作出的判决结果并不合乎逻辑,换言之,则是变相承认通道行为的合法化。也就是说,一审法院基于公平原则考量,判决民生福州分行应向稠州银行返还其收益 122,438.26 元,实则是不合理的。若真从公平原则出发,那么参与此次通道交易的过桥行皆是帮凶或者说是从犯,若仅需要交付当时的获益,那么过桥行所承担的责任是明显偏轻的,并未承担相应的过错责任。这实际上是在纵容过桥行为。进一步说,通道行参与此交易链条的目的是获取利益,由此层层抽取过桥费,实质上是加重实体经济的融资成本,不符合金融监管的目标与要求,鉴于司法审判的稳定性与参考性考量,通道行在其收益范围外理应对此风险承担部分过错责任、分摊相应损失。这样有利于惩罚违法违纪行为并防范通道行为带来的票据风险。

此外,关于中止审理的问题,法院以相关工作人员刑事案件已审结为由认定该案无须中止审理。退一步讲,就算案涉工作人员涉嫌受贿等犯罪立案侦查尚未结束,根据《九民纪要》就票据清单交易、封包交易案件中的民刑交叉问题的规定,该事实并不影响相关当事人民事责任的承担,法院仍应继续审理。

(四)法律建议

在司法审判实践中,俗称为票据清单交易、封包交易的以票据贴现为手段的多链条融资模式引发了大量票据追索权纠纷案件,案涉金额动辄几亿元。由此可见,对于"清单交易"和"封包交易"开展的票据融资活动,交易各方对票据缺乏真实的基础法律关系心知肚明,但出于赚取过桥费收入考量,参与银行将此项业务当作银行之间的信用拆借,即以票据的名义进行包装,变相经营同业拆借业务,在目前看来已经成为审判实践面临的一个较为复杂的问题。为此,以下针对银行票据风险防控进行提示。

1. 票据转让应以票据背书转让为唯一合法方式。我国《票据法》明确规定,票据转让必须背书,背书需要具有连续性。票据贴现、转贴现必须遵守背书的形式要求。基于商事外观主义,当事人内心真实意思表示的洞察应在商事领域受到严格限制。在票据融资交易中,如果每一步的贴现与转贴现均满足签章连续、背书交付等法定要件，就应按照票据关系进行处理。需要注意的是，若票据由于背书不连续而被承兑行拒付，转贴现行便只能按照转贴现合同关系来主张责任；进一步而言，案涉纠纷若不存在票据交付、背书环节，则容易被法院穿透式审判为资金通道合同法律关系，由此极易蒙受损失。

故银行在开展转贴现业务时应谨慎为上，重视票据背书连续的重要性。该案中双方当事人未按照转贴现合同进行票据交付、审核、背书，即不具有票据权利实现的形式要件，法院由此适用穿透式审判，即将案涉合同定性为资金融通合同的法律关系，案涉银行则承担了“窟窿”以及漫长诉讼的损失结果。这是部分银行未充分认识到通道业务风险的结果。

2. 严禁违反票据业务监管规定，严禁资金空转，坚持交易背景真实性要求。票据贴现业务为持牌业务，非银行等法定金融机构不得从事票据贴现业务。该案中所涉当事方虽为银行，是合法的票据贴现业务机构。但是票据贴现必须审查贴现申请人的票据来源具有合法性，持票人必须具有真实交易关系的凭证。转贴现的当事人之间必须具有真实转让票据的意思，而非将票据作为名义，实际行融资的便利。风险与损失是果，违规违法是因。部分银行虚构真实交易关系和债权债务关系，发展票据业务以当作其变相同业拆借的工具，经过多轮背书或转贴现以逐级抬高票据资信，从而完成资金套取，由此引发的不良后果则是放大货币乘数、引发票据风险，影响金融安全。对于银行而言，近年来票据业务风险事件集中爆发，票据业务不规范导致的“暴雷”威力巨大。

追溯票据风险案件的源头，除票据中介外，银行的内部风控管理问题同样至关重要。中国银行业监督管理委员会办公厅《关于票据业务风险提示的通知》要求各机构全面加强票据业务风险管理，其中强调，各金融机构不得办理无真实贸易背景的票据业务，已办理承兑、贴现的各种凭证原件要注明银行信息等，防止虚假交易及发票重复使用。为防止票据风险案件突发，银行应高度重视票据业务风险，不得办理无真实贸易背景的票据业务，避免虚假交易或资金空转；同时，银行也应当完善绩效考核，合理确定业务规模和发展速度,按照业务实质来建立完善的绩效考核机制,以此确保资金有效服务于实体经济,而不是给实体经济的经营加重本不应存在的负担。银行应当防止将票据业务作为调节经营指标和业绩收入的工具,造成银行资金空转。

本章法条链接

一、《中华人民共和国票据法》(中华人民共和国主席令第22号,2004年8月28日修正发布)

第四条 票据出票人制作票据,应当按照法定条件在票据上签章,并按照所记载的事项承担票据责任。

持票人行使票据权利,应当按照法定程序在票据上签章,并出示票据。

其他票据债务人在票据上签章的,按照票据所记载的事项承担票据责任。

本法所称票据权利,是指持票人向票据债务人请求支付票据金额的权利,包括付款请求权和追索权。

本法所称票据责任,是指票据债务人向持票人支付票据金额的义务。

第十条第一款 票据的签发、取得和转让,应当遵循诚实信用的原则,具有真实的交易关系和债权债务关系。

第十二条 以欺诈、偷盗或者胁迫等手段取得票据的,或者明知有前列情形,出于恶意取得票据的,不得享有票据权利。

持票人因重大过失取得不符合本法规定的票据的,也不得享有票据权利。

第十三条 票据债务人不得以自己与出票人或者与持票人的前手之间的抗辩事由,对抗持票人。但是,持票人明知存在抗辩事由而取得票据的除外。

票据债务人可以对不履行约定义务的与自己有直接债权债务关系的持票人,进行抗辩。

本法所称抗辩,是指票据债务人根据本法规定对票据债权人拒绝履行义务的行为。

第十四条 票据上的记载事项应当真实，不得伪造、变造。伪造、变造票据上的签章和其他记载事项的，应当承担法律责任。

票据上有伪造、变造的签章的，不影响票据上其他真实签章的效力。

票据上其他记载事项被变造的，在变造之前签章的人，对原记载事项负责；在变造之后签章的人，对变造之后的记载事项负责；不能辨别是在票据被变造之前或者之后签章的，视同在变造之前签章。

第三十一条 以背书转让的汇票，背书应当连续。持票人以背书的连续，证明其汇票权利；非经背书转让，而以其他合法方式取得汇票的，依法举证，证明其汇票权利。

前款所称背书连续，是指在票据转让中，转让汇票的背书人与受让汇票的被背书人在汇票上的签章依次前后衔接。

第三十二条 以背书转让的汇票，后手应当对其直接前手背书的真实性负责。

后手是指在票据签章人之后签章的其他票据债务人。

第五十七条 付款人及其代理付款人付款时，应当审查汇票背书的连续，并审查提示付款人的合法身份证明或者有效证件。

付款人及其代理付款人以恶意或者有重大过失付款的，应当自行承担责任。

二、《中华人民共和国民法典》(中华人民共和国主席令第45号，2020年5月28日发布)

第四百二十五条 为担保债务的履行，债务人或者第三人将其动产出质给债权人占有的，债务人不履行到期债务或者发生当事人约定的实现质权的情形，债权人有权就该动产优先受偿。

前款规定的债务人或者第三人为出质人，债权人为质权人，交付的动产为质押财产。

第四百二十八条 质权人在债务履行期限届满前，与出质人约定债务人不履行到期债务时质押财产归债权人所有的，只能依法就质押财产优先受偿。

第四百四十条　债务人或者第三人有权处分的下列权利可以出质：

（一）汇票、本票、支票；

（二）债券、存款单；

（三）仓单、提单；

（四）可以转让的基金份额、股权；

（五）可以转让的注册商标专用权、专利权、著作权等知识产权中的财产权；

（六）现有的以及将有的应收账款；

（七）法律、行政法规规定可以出质的其他财产权利。

第四百四十一条　以汇票、本票、支票、债券、存款单、仓单、提单出质的，质权自权利凭证交付质权人时设立；没有权利凭证的，质权自办理出质登记时设立。法律另有规定的，依照其规定。

第四百四十二条　汇票、本票、支票、债券、存款单、仓单、提单的兑现日期或者提货日期先于主债权到期的，质权人可以兑现或者提货，并与出质人协议将兑现的价款或者提取的货物提前清偿债务或者提存。

第四百四十五条　以应收账款出质的，质权自办理出质登记时设立。

应收账款出质后，不得转让，但是出质人与质权人协商同意的除外。出质人转让应收账款所得的价款，应当向质权人提前清偿债务或者提存。

第四百四十六条　权利质权除适用本节规定外，适用本章第一节的有关规定。

三、《最高人民法院关于审理票据纠纷案件若干问题的规定》（法释〔2020〕18号，2020年12月29日修正发布）

第九条　票据债务人依照票据法第十三条的规定，对与其有直接债权债务关系的持票人提出抗辩，人民法院合并审理票据关系和基础关系的，持票人应当提供相应的证据证明已经履行了约定义务。

第十四条　票据债务人依照票据法第十二条、第十三条的规定，对持票人提出下列抗辩的，人民法院应予支持：

（一）与票据债务人有直接债权债务关系并且不履行约定义务的；

（二）以欺诈、偷盗或者胁迫等非法手段取得票据，或者明知有前列情形，出于恶意取得票据的；

（三）明知票据债务人与出票人或者与持票人的前手之间存在抗辩事由而取得票据的；

（四）因重大过失取得票据的；

（五）其他依法不得享有票据权利的。

第五十一条 依照票据法第五十七条第二款的规定，贷款人恶意或者有重大过失从事票据质押贷款的，人民法院应当认定质押行为无效。

第六十六条 依照票据法第十四条、第一百零二条、第一百零三条的规定，伪造、变造票据者除应当依法承担刑事、行政责任外，给他人造成损失的，还应当承担民事赔偿责任。被伪造签章者不承担票据责任。

第六十八条 付款人或者代理付款人未能识别出伪造、变造的票据或者身份证件而错误付款，属于票据法第五十七条规定的“重大过失”，给持票人造成损失的，应当依法承担民事责任。付款人或者代理付款人承担责任后有权向伪造者、变造者依法追偿。

第六十九条 付款人及其代理付款人有下列情形之一的，应当自行承担责任：

（一）未依照票据法第五十七条的规定对提示付款人的合法身份证明或者有效证件以及汇票背书的连续性履行审查义务而错误付款的；

（二）公示催告期间对公示催告的票据付款的；

（三）收到人民法院的止付通知后付款的；

（四）其他以恶意或者重大过失付款的。

持票人有过错的，也应当承担相应的民事责任。

四、《商业汇票承兑、贴现与再贴现管理办法》（中国人民银行、中国银行保险监督管理委员会令〔2022〕第4号，2022年11月11日发布）

第十五条 申请贴现的持票人取得贴现票据应依法合规，与出票人或前手之间具有真实交易关系和债权债务关系，因税收、继承、赠与依法无偿取得票据的除外。

第十六条　持票人申请贴现，须提交贴现申请、持票人背书的未到期商业汇票以及能够反映真实交易关系和债权债务关系的材料。

第十九条　转贴现业务按照人民银行和银保监会票据交易有关规定执行。

五、《最高人民法院关于适用〈中华人民共和国民法典〉有关担保制度的解释》（法释〔2020〕28号，2020年12月31日发布）

第五十八条　以汇票出质，当事人以背书记载“质押”字样并在汇票上签章，汇票已经交付质权人的，人民法院应当认定质权自汇票交付质权人时设立。

第六十一条　以现有的应收账款出质，应收账款债务人向质权人确认应收账款的真实性后，又以应收账款不存在或者已经消灭为由主张不承担责任的，人民法院不予支持。

以现有的应收账款出质，应收账款债务人未确认应收账款的真实性，质权人以应收账款债务人为被告，请求就应收账款优先受偿，能够举证证明办理出质登记时应收账款真实存在的，人民法院应予支持；质权人不能举证证明办理出质登记时应收账款真实存在，仅以已经办理出质登记为由，请求就应收账款优先受偿的，人民法院不予支持。

以现有的应收账款出质，应收账款债务人已经向应收账款债权人履行了债务，质权人请求应收账款债务人履行债务的，人民法院不予支持，但是应收账款债务人接到质权人要求向其履行的通知后，仍然向应收账款债权人履行的除外。

以基础设施和公用事业项目收益权、提供服务或者劳务产生的债权以及其他将有的应收账款出质，当事人为应收账款设立特定账户，发生法定或者约定的质权实现事由时，质权人请求就该特定账户内的款项优先受偿的，人民法院应予支持；特定账户内的款项不足以清偿债务或者未设立特定账户，质权人请求折价或者拍卖、变卖项目收益权等将有的应收账款，并以所得的价款优先受偿的，人民法院依法予以支持。

六、《全国法院民商事审判工作会议纪要》(法〔2019〕254号,2019年11月8日发布)

会议认为,人民法院在审理票据纠纷案件时,应当注意区分票据的种类和功能,正确理解票据行为无因性的立法目的,在维护票据流通性功能的同时,依法认定票据行为的效力,依法确认当事人之间的权利义务关系以及保护合法持票人的权益,防范和化解票据融资市场风险,维护票据市场的交易安全。

100.【合谋伪造贴现申请材料的后果】贴现行的负责人或者有权从事该业务的工作人员与贴现申请人合谋,伪造贴现申请人与其前手之间具有真实的商品交易关系的合同、增值税专用发票等材料申请贴现,贴现行主张其享有票据权利的,人民法院不予支持。对贴现行因支付资金而产生的损失,按照基础关系处理。

101.【民间贴现行为的效力】票据贴现属于国家特许经营业务,合法持票人向不具有法定贴现资质的当事人进行"贴现"的,该行为应当认定无效,贴现款和票据应当相互返还。当事人不能返还票据的,原合法持票人可以拒绝返还贴现款。人民法院在民商事案件审理过程中,发现不具有法定资质的当事人以"贴现"为业的,因该行为涉嫌犯罪,应当将有关材料移送公安机关。民商事案件的审理必须以相关刑事案件的审理结果为依据的,应当中止诉讼,待刑事案件审结后,再恢复案件的审理。案件的基本事实无须以相关刑事案件的审理结果为依据的,人民法院应当继续审理。

根据票据行为无因性原理,在合法持票人向不具有贴现资质的主体进行"贴现",该"贴现"人给付贴现款后直接将票据交付其后手,其后手支付对价并记载自己为被背书人后,又基于真实的交易关系和债权债务关系将票据进行背书转让的情形下,应当认定最后持票人为合法持票人。

102.【转贴现协议】转贴现是通过票据贴现持有票据的商业银行为了融通资金,在票据到期日之前将票据权利转让给其他商业银行,由转贴现行在收取一定的利息后,将转贴现款支付给持票人的票据转让行为。转贴现行提示付款被拒付后,依据转贴现协议的约定,请求未在票据上背书的转贴现申请人按照合同法律关系返还转贴现款并赔偿损失的，案由应当确定为合同纠纷。转贴现合同法律关系有效成立的，对于原告的诉讼请求，人民法院依法予以支持。当事人虚构转贴现事实，或者当事人之间不存在真实的转贴现合同法律关系的，人民法院应当向当事人释明按照真实交易关系提出诉讼请求，并按照真实交易关系和当事人约定本意依法确定当事人的责任。

103.【票据清单交易、封包交易案件中的票据权利】审判实践中，以票据贴现为手段的多链条融资模式引发的案件应当引起重视。这种交易俗称票据清单交易、封包交易，是指商业银行之间就案涉票据订立转贴现或者回购协议，附以票据清单，或者将票据封包作为质押，双方约定按照票据清单中列明的基本信息进行票据转贴现或者回购，但往往并不进行票据交付和背书。实务中，双方还往往再订立一份代保管协议，约定由原票据持有人代对方继续持有票据，从而实现合法、合规的形式要求。

出资银行仅以参与交易的单个或者部分银行为被告提起诉讼行使票据追索权，被告能够举证证明票据交易存在诸如不符合正常转贴现交易顺序的倒打款、未进行背书转让、票据未实际交付等相关证据，并据此主张相关金融机构之间并无转贴现的真实意思表示，抗辩出资银行不享有票据权利的，人民法院依法予以支持。

出资银行在取得商业承兑汇票后又将票据转贴现给其他商业银行，持票人向其前手主张票据权利的，人民法院依法予以支持。

104.【票据清单交易、封包交易案件的处理原则】在村镇银行、农信社等作为直贴行，农信社、农商行、城商行、股份制银行等多家金融机构共同开展以商业承兑汇票为基础的票据清单交易、封包交易引发的纠纷案件中，在商业承兑汇票的出票人等实际用资人不能归还票款的情况下，为实现纠纷的一次性解决，出资银行以实际用资人和参与交易的其他金融机构为共同被告，请求实际用资人归还本息、参与交易的其他金融机构承担与其过错相适应的赔偿责任的，人民法院依法予以支持。

出资银行仅以整个交易链条的部分当事人为被告提起诉讼的，人民法院应当向其释明，其应当申请追加参与交易的其他当事人作为共同被告。

出资银行拒绝追加实际用资人为被告的,人民法院应当驳回其诉讼请求;出资银行拒绝追加参与交易的其他金融机构为被告的,人民法院在确定其他金融机构的过错责任范围时,应当将未参加诉讼的当事人应当承担的相应份额作为考量因素,相应减轻本案当事人的责任。在确定参与交易的其他金融机构的过错责任范围时,可以参照其收取的"通道费""过桥费"等费用的比例以及案件的其他情况综合加以确定。

105.【票据清单交易、封包交易案件中的民刑交叉问题】人民法院在案件审理过程中,如果发现公安机关已经就实际用资人、直贴行、出资银行的工作人员涉嫌骗取票据承兑罪、伪造印章罪等立案侦查,一方当事人根据《最高人民法院关于在审理经济纠纷案件中涉及经济犯罪嫌疑若干问题的规定》第 11 条的规定申请将案件移送公安机关的,因该节事实对于查明出资银行是否为正当持票人,以及参与交易的其他金融机构的抗辩理由能否成立存在重要关联,人民法院应当将有关材料移送公安机关。民商事案件的审理必须以相关刑事案件的审理结果为依据的,应当中止诉讼,待刑事案件审结后,再恢复案件的审理。案件的基本事实无须以相关刑事案件的审理结果为依据的,人民法院应当继续案件的审理。

参与交易的其他商业银行以公安机关已经对其工作人员涉嫌受贿、伪造印章等犯罪立案侦查为由请求将案件移送公安机关的,因该节事实并不影响相关当事人民事责任的承担,人民法院应当根据《最高人民法院关于在审理经济纠纷案件中涉及经济犯罪嫌疑若干问题的规定》第 10 条的规定继续审理。

第五章

买卖合同纠纷穿透式审判实务

根据《民法典》第 595 条规定，“买卖合同是出卖人转移标的物的所有权于买受人，买受人支付价款的合同”。但是，司法实务中到底如何判断买卖合同关系，通过本章可以发现买卖合同的穿透与被穿透。选取的案例，部分是“名为……，实为买卖合同”，就是从其他表面的合同穿透到买卖合同；部分是：“名为买卖合同，实为……”，即从买卖合同穿透到其他合同关系。也就是说，根据《民法典》规定的买卖合同，如何判断，仍然要从当事人的真实意思出发。不是当事人以买卖合同的形式完成交易，其就是买卖合同；反之，也不是当事人拼命想掩盖买卖合同的真相，就真的可以不被法院识别出买卖合同的实质。

一、二手车买卖合同纠纷案一

在上诉人熊某（原审原告）对上诉人覃某（原审被告）买卖合同纠纷上诉案[1]中，法官作出“名为债权转让关系，实为买卖抵押车辆关系”的裁判。

（一）基本案情

该案以买卖合同为案由。基本案情如下：被告覃某从事二手车买卖交易，原告熊某因需要购买二手车通过熟人介绍添加覃某联系方式。2021 年 3 月 4 日，覃某在朋友圈发布丰田锐志车辆的卖车信息，注明“原始抵押金融，手续齐全不过户处理”，并附有车辆图片。熊某看到该信息后拟购买该车，并通过微信向覃某支付 2000 元定金。该小型汽车车辆登记所有人为周某某，车辆于 2017 年 11 月 14 日办理抵押登记，抵押权人为凯捷融资租赁有限公司。2021 年 3 月 11 日，熊某（乙方）与覃某（甲方）签订《车辆质押债权（转让）协议》，即甲方将所享有的债务人周某某名下的丰田锐志小车以 97,000 元的价格转让给乙方，同时将该债权项下的抵押（或质押）权及转押权、使用权、所有权一并转让给乙方。合同签订后，熊某将转让款 97,000 元（含定金 2000 元）如数支付给覃某，覃某将上述车辆连同车辆钥匙、行驶证

---

〔1〕 参见湖南省邵阳市中级人民法院（2022）湘 05 民终 1605 号。

交付给熊某。2021 年 7 月 28 日,熊某发现该车辆被开走,在其停车位置上放置《租赁车辆暂时收回告知书》,告知案外人周某某因其未按与租赁有限公司签订的回租合同足额支付租金,故暂时收回租赁车辆。后经熊某、覃某了解,该车系抵押权人凯捷融资租赁有限公司开走并留置。后经熊某追讨未果,因而成讼。

原告认为,其与覃某签订的《车辆质押债权(转让)协议》约定的是车辆质押债权转让,车辆合法性的举证责任应在负有履行义务的被告覃某。被告覃某既不是车辆所有权人也不是合法债权人,对案涉车辆和债权无处分权,且隐瞒案涉车辆质押未到期及真正的质押权人是融资租赁公司事实,导致原告错判购买风险、追逃无果造成损失。故以覃某为被告向法院提起诉讼,请求判令:(1)依法解除双方于 2021 年 3 月 11 日签订的《车辆质押债权(转让)协议》;(2)覃某返还熊某车辆转让款项 97,000 元。

被告答辩称:(1)该案属于买卖合同关系,而非债权债务关系。(2)该案覃某以 88,000 元购买车辆后取得物权并有处分权,再转卖给熊某符合法律规定,合同不应被解除。(3)覃某在出售车辆前已告知车辆系抵押车,暂时不能正常办理过户,并在协议中明确提示车辆有被登记车主赎回的可能,足以证明覃某充分披露了车辆权利瑕疵,尽到了告知义务。(4)熊某主张案涉车辆存在不良性质,应提供证据证明。现车辆在熊某的控制下丢失不具有归责于覃某的责任。综上,请求依法驳回原告诉讼请求。一审法院驳回原告熊某的全部诉讼请求,二审法院针对熊某的购车款损失承担问题予以改判,即覃某对熊某的购车款损失应承担主要责任,即酌情承担 58,200 元(购车款损失的 60%)。

(二)争议的焦点及事实认定

该案的事实认定在于判断《车辆质押债权(转让)协议》的法律性质,双方当事人争议焦点为熊某的购车款损失如何承担的问题。

事实认定部分,一审法院认为,案涉协议虽名为《车辆质押债权(转让)协议书》,但其实质更符合买卖合同特征。主要是因为:第一,双方不存在债权债务关系,缺乏转动产质权的前提条件,即主债权的存在;第二,覃某将车辆交付熊某,实质上是对价与物的所有权、使用权的交换,更符合买卖合同的特征。

二审法院对一审法院的事实认定部分予以认可,并提出案涉法律关系为"名为债权转让关系,实为买卖抵押车辆关系",并在一审法院的基础上予以进一步说理。即结合协议签订过程、约定内容、各当事人所付价款差额及支付价款后即获得车辆等情形,可以认定双方当事人签订协议的真实目的是欲利用上述协议规避买卖抵押车辆的风险。

就该案的争议焦点而言,一审法院针对争议焦点认为:熊某要求覃某返还车辆转让款的主张,无事实和法律依据,不予支持。其判定理由的关键在于,案涉车辆流转过程中覃某如实向熊某告知案涉车辆已被抵押,且已尽权利瑕疵的披露义务,由此熊某以相对低价获得案涉车辆的合同目的已达成,故不支持原告解除合同并要求被告返还车辆转让款的主张。二审法院在其基础上分析双方当事人的过错,认为覃某虽充分披露案涉车辆瑕疵,但对车辆来源及买卖合同缔约起到关键作用,应对熊某购车款损失承担主要责任。

（三）案例评析

二审法院对熊某对购车损失自负全部责任的判决予以纠正,即判定覃某应酌情对熊某购车款损失承担60%的主要责任。以司法裁判形式让买卖双方皆承担责任,有利于打击目前在二手车买卖市场出现的以签订抵押合同代替买卖合同的"债权车"陷阱,在一定程度上有助于二手车流通市场规范有序、健康发展,并避免双方当事人因车辆权属风险而造成的不必要风险。

一审、二审法院均认定案涉法律关系为"名为债权转让关系,实为买卖关系",说理过程由浅入深。具体而言,一审法院仅仅简单对比买卖合同与动产质押定义,认定案涉协议本身不存在主债权,且对价与物的所有权、使用权交换符合买卖合同的特征,由此直接认定案涉法律关系应为买卖关系。而二审法院在认可上述说理过程的前提下,从双方当事人签订协议的真实目的(规避买卖抵押车辆的风险)入手,进一步穿透式否定案涉协议债权转让关系。但在说理过程中存在些许不尽如人意之处,二审法院的说理过程仅轻描淡写谈及规避风险,并未具体阐明双方签订案涉协议的真实目的,更没有针对双方当事人的核心诉求进行针对性剖析;在论证案涉协议应予以解除之时,二审法院通过使用"或……或……"表述模糊解除合同的依据,导致判决说理过程不够充分。

值得肯定的是,二审法院从法律效果上否定一审法院就被告不予返还车辆转让款的主张。通过穿透双方当事人签订协议真实目的,二审法院基于公共利益因素考量,认为"此种抵押车辆交易已渐成产业链,不仅损害了依法对车辆办理抵押登记的真正抵押权人的合法权利,而且扰乱了市场秩序,不利于交易安全与稳定,亦在很大程度上消耗浪费了社会资源,故应予规制"。后根据各当事人的过错程度、获利情况、买受人使用车辆时间长短及车辆现状等因素综合确定双方应当承担的责任份额大小。换言之,当纠纷影响他人利益乃至社会公共利益时,法院运用穿透式审判思维查明当事人的真实意思、探求真实法律关系,符合穿透式审判思维。

(四)法律建议

随着我国汽车工业及金融市场的快速发展,逐渐衍生出二手车产业链。而目前二手车市场交易中面临"债权车"的爆雷风险,"债权车"来源复杂,且有权利负担,存在无法登记过户之风险。但由于其交易价格远低于市场价,仍有不少消费者选择以债权转让的名义购买"债权车",最终当消费者占有使用车辆的合同目的无法实现之时,往往真实意思被穿透,使双方皆蒙受损失。以下将对消费者及售卖二手车的正规车商提出建议,以避免不必要的车辆权属纠纷。

1. 对消费者的建议

第一,不购买来源不明、证件不齐的二手车。在二手车市场中,往往该类二手车存在权利瑕疵,无法完成过户登记,消费者有面临钱财两失之风险。与此同时,司法裁判中法院多偏向于买卖双方均承担责任,即买方在大多数情况明知出卖方并非车辆权属登记所有人，且该车辆并不能办理登记过户手续仍从非正规渠道购买二手车，也应承担一定的过错责任。在该案中，虽二审法院纠正了一审法院驳回原告全部诉讼请求的裁判，但鉴于原告明知车辆存在设立抵押债权、不能正常办理过户、有可能被车主要求赎回或实现抵押权情形，仍贪图便宜甘愿自冒风险购买，酌情要求原告对其购车款损失自负40%责任，同样属于钱财两失了。

第二，一分价钱一分货。消费者如要购买二手车，应通过合法且正规渠道进行购买，切勿轻信熟人介绍等不正规渠道妄图用远低于市场价格的金钱换取可能存在爆雷风险的"债权车"，并与卖家签订规避买卖抵押车辆风险的债权转让协议。鉴于公共利益考量，司法裁判已不约而同地形成穿透式审判思维，即认定"名为债权转让，实为买卖"。需要注意的是，鉴于买方明知车辆存在抵押且卖方并非二手车的所有权人，当卖方实际交付车辆之时便履行完义务，从这个角度来看，若车辆被他人开走，其实不能说明合同目的未实现，那么买方起诉要求解除已经履行完毕的合同，实则也是一种破坏交易秩序的情形。

第三，谨慎查清车辆证件、权属。消费者在与车辆权属登记人签订买卖合同的同时，应谨慎检查二手车证件是否齐全，去车管所查询车辆权属有无权利负担，在查明车辆的权属后方能购买，并及时到相关部门办理车辆过户登记手续。需要提示的是，若二手车价格低于市场价的一半，消费者更应当警惕是否存在套路车的诈骗情形，毕竟天下没有免费的午餐。

2. 对车商的建议

一是不收购车辆来源渠道不透明、债权手续不齐全的二手车。鉴于"债权车"可能在短时间内一车多次转手，车商很难清晰辨认二手车的初始来源，转手车况不明的二手车，对车商自身的信誉有影响，且容易存在较大的安全隐患。换言之，从车源入手可以较大程度规避不必要的风险。

二是出售有所有权或者处置权车辆。车商不能违背法律强制性规定，尤其是《二手车流通管理办法》第13条规定，"出售、拍卖无所有权或者处置权车辆的，应承担相应的法律责任"。在该案中，被告虽对车辆权利瑕疵进行充分披露,但由于其对车辆来源及买卖合同的缔约起到关键作用,仍对原告购车款损失承担60%的主要责任。其理由便是,在此交易过程之中,双方当事人以债权转让为名、行车辆买卖之实,且卖方并没有案涉车辆的所有权或处置权,实则是违反二手车流通管理规定的行为,违背诚信交易的义务。车商应避免不诚信交易常态化趋势蔓延。

二、二手车买卖合同纠纷案二

在上诉人王跃某(原审被告)与被上诉人某物流有限责任公司(原审原告)、原审被告王某买卖合同纠纷案[1]中,法官作出“名为租赁,实为买卖”的裁判。

(一)基本案情

该案以买卖合同纠纷为案由。基本案情如下:2016年1月7日,某物流公司(出租方)与文某某(转租方)、王跃某(承租方)、王某(担保方)签订《车辆租赁协议》,约定以下事项:第一,鉴于廖某某(后转给文某某)在某物流公司办理的汽车金融租赁,贷款金额为388,392元,截至2015年12月31日累计欠款254,009元,现经三方同意,将此车作价178,000元,在文某某缴纳38,000元租赁款后,将原租赁车辆按140,000元转租给王跃某,租赁期限为14个月(2016年1月8日至2017年3月8日),租赁金从2016年2月8日开始缴纳,每月1万元,共计租金总额14万元。第二,出租方应在收到承租方租金后,将所租用车辆于15日内过户给承租方。逾期按1000元违约金计算,直到过户完为止。第三,担保人就承租方履行本合同及附件的义务负连带担保责任,担保期限从保证人签字之日算起至本合同有效期满后2年。第四,除不可抗力外,任何一方违反合同的规定致使合同不能全部履行的,除赔偿相应经济损失外,还应向另一方支付合同及附件未履行部分租用金额总数20%的违约金。签订协议后,某物流公司将案涉车辆交付给王跃某,王

---

〔1〕 参见湖南省益阳市中级人民法院(2020)湘09民终1978号。

跃某将该车交给其儿子王某使用。王跃某分别于 2016 年 3 月、2016 年 7 月、2016 年 9 月支付某物流公司租金 10,000 元、29,620 元、20,000 元,共计 59,620 元。尚欠租金 80,380 元,故某物流公司诉至法院。原审原告某物流公司认为,案涉协议具有买卖性质,租金付清后即将车辆转到王跃某名下,如未履行合同应支付租金 20% 的违约金,并由王某承担担保责任。王跃某租车后支付 59,620 元,余欠款项经某物流公司多次催要无果,故将王跃某与王某列为共同被告提起诉讼:请求判令两被告共同清偿原告货款 80,380 元,违约金 16,076 元,合计 96,456 元。

王跃某辩称,当事人未就标的物价格作出约定,且标的物实际价格不等于租金。由于双方未对货款作出价款约定,不存在给付违约金依据。原告应出示买卖标的物所有权证据才能主张权利。且原告与王跃某就款项交付问题进行延展,合同期限变更,王某并未担保变更后的合同。综上,请求依法驳回原告的诉讼请求。一审法院支持原告某物流公司的诉讼请求,即被告王跃某支付原告某物流公司货款 80,380 元及违约金 16,076 元,共计 96,456 元。二审法院驳回上诉人王跃某(原审被告)的上诉请求,认为一审判决认定事实清楚,适用法律正确,应予维持。

(二)争议的焦点及事实认定

一审法院并未归纳案件争议焦点,二审法院将争议焦点归纳为以下三点:一是一审判决认定王跃某与某物流公司之间的买卖合同有效和适用法律是否正确;二是王跃某是否应支付违约金;三是王某在该案中是否应承担连带责任。

一审法院就案涉协议的定性问题根据协议条款内容作出认定,即认为案涉《车辆租赁协议》名为租赁,实为买卖,典型的以租代卖,系在租金付清以前保留所有权的买卖合同。由此认定王跃某应全面履行自己的义务并按合同约定支付逾期付款违约金。

二审法院针对争议焦点认为:关于争议焦点一,一审判决认定王跃某与某物流公司之间的买卖合同有效且适用法律正确,即对一审认定的案涉协议“名为租赁、实为买卖”定性予以认可。关于争议焦点二，王跃某因未按约定支付构成违约，应按合同约定支付逾期付款违约金。关于争议焦点三，王某作为担保方在案涉协议上签名，且在担保期限内，应承担连带责任。

（三）案例评析

该案案情简单，法院归纳的争议焦点相对清晰，针对典型的以租代卖问题，一审、二审均将该案的法律关系直接定性为保留所有权分期付款买卖关系，即名为租赁、实为买卖，且判决结果对于合同违约方以相对人在缔约时对标的物没有所有权或处分权为由主张合同无效、不履行合同义务表示否定。除非具有法律规定的无效情形，一般不轻易否定合同效力，在一定程度上是对鼓励交易原则的遵循与贯彻。

虽然该案合同效力被法官予以肯定，但一审、二审法院均未对否认租赁、肯定买卖的理由予以说明，说理部分逻辑较混乱。首先，无论是出租方还是买卖方转移案涉标的物的所有权，前提为具有案涉标的物的所有权。该案案情表述为原告并不能出示案涉标的物所有权的证据，也就是说案涉标的物的所有权始终为案外人所有，出租方（或是买卖方）实际上不享有案涉标的物的所有权。如此法院又怎么能得出“名为租赁、实为买卖”的论断呢？就该案而言，将“出租方转移标的物所有权于承租方，而承租方支付价款”的合同定性为买卖合同，从而适用《民法典》第595条，实则有些偏颇。需要说明的是，法院根据当事人意思表示作出规范意义上的评价值得认可，但一定将其穿透至合同性质（买卖合同）是否有必要，有待商榷。法院结合案涉租赁协议内容“将案涉车辆按……元租给王跃某，同时约定在收到承租方租金后将所租用车辆于15日内过户给承租方”，即认定案涉合同系在租金付清以前保留所有权的买卖合同。上述论断实则穿透“过深”。既然法院在未论证清楚合同属于“名为租赁、实为买卖”的情况下，为何不能仅承认合同效力，将其作为“无名合同”从而充分尊重当事人的意思表示予以处理呢？

因此，针对该案法律定性，法院说理过程过于简略了，应清晰指明在没有所有权的情况下，买卖关系何以有效、租赁关系何以无效，如此才算论述得当了。结合司法实务,该类案件从名称到实质模式选择,容易和融资租赁、借贷和保留所有权分期付款买卖关系相互混淆,在案件说理中虽然在大多数情况下无须一一对比核实,但应对所认定的合同性质予以核实与说明,由此法院说理路径才更富有逻辑性。

(四)法律建议

借助于所有权的强势效力,商事交易实践中不断出现以所有权为担保工具的交易形式,在分期付款买卖合同中,出卖人一方往往在合同中约定所有权保留条款,即买受人未付清货款前,合同的标的物所有权归出卖人所有。"以租代卖"模式一旦发生争议,部分选择该种购车模式的消费者往往陷入进退两难困境。

1. 对买受人的建议

第一,慎重考虑约定所有权保留条款的买卖合同。结合该案,买受人王跃某以案涉车辆作出标的物实际价格不等于租金、双方对于货款未作约定为由企图混淆是非,主张原告应提交案涉车辆所有权证明,由此认定案涉协议不应为买卖合同。但该辩解实则是无力且没有法律依据的。从表面看,所有权保留条款买卖合同约定下买受人可使用案涉车辆,且可分期付款,利于买受人。但实际上所有权保留制度是为保障卖方利益而设定,一旦买方违约,未能按期付款,卖方可能约定取回标的物的同时,不予退还买方已经支付的部分款项,这对于选择分期付款的买方而言无疑是重大损失。虽然这种约定可能因利益失衡被法院认定无效,但通过诉讼解决,成本仍然是巨大的。

第二,如决定签订所有权保留条款,应重视买方的履约能力。该案未涉及出卖方一物二卖甚至多卖的情形,但在实务中出现因约定所有权保留条款的合同、在标的物所有权转移之前,卖方出现一物多卖情形,尤其是登记会产生公示对抗效力的标的物,出卖方收到买方款项后,又再将标的物售卖给第三人并办理过户登记,由此买方可能会面临钱财两空的局面。

第三,注意合同格式条款中是否存在霸王条款。也就是说,在选择所有权保留买卖合同形式购买之时,应当注意合同格式条款中是否有明显增加买方义务而减轻卖方责任的霸王条款,以免日后产生不必要的纠纷。

2. 对出卖人的建议

当买受人未及时足额履行付款的合同义务之时,出卖人应当按照实际情况来维护自身合法权益。若合同标的物已被出卖人拖回或处于出卖人可取回状态,出卖人采用取回标的物的方式更为妥当,因为买受人出现违约时,绝大部分是财务危机的情况,及时取回标的物可以最大限度降低出卖人的损失。若合同标的物去向不明,出卖人取回标的物可能性小,主张取回标的物没有实际意义,建议要求买受人一次性支付剩余货款。

在一般情况下,不建议出卖人采取解除合同返还标的物的方式,一方面考虑到鼓励交易原则,另一方面则考虑到双方返还的法律后果,标的物经过买受人使用后会折旧,其剩余价值可能不足以弥补出卖人的损失。

三、厂房买卖合同纠纷案

在上诉人邵某春(原审原告、反诉被告)、上诉人蒋某(原审被告、反诉原告)与原审第三人赵某建材厂买卖合同纠纷案[1]中,法官作出“名为股权转让,实为买卖合同”的裁判。

(一)基本案情

该案以买卖合同纠纷为案由。基本案情如下:赵某建材厂于2016年12月1日注册成立,类型为非公司私营企业。经营范围包括石子加工、销售。2019年1月21日,邵某春和蒋某签订《磕石厂股权转让协议》,协议约定内容如下:(1)邵某春自愿以380万元价格将赵某建材厂所持有的100%股权(磕石厂由邵某春经营)转让给蒋某,包括一切机械设备及铲车和厂房及场地上的一切料子;(2)自合同签订日起,之前一切债权债务由邵某春负责,与蒋某无任何关系。协议签订后原经营者邵某春与赵某建材厂无任何关系。

[1] 参见安徽省蚌埠市中级人民法院(2021)皖03民终956号。

协议签订后,赵某的妻子蒋某和赵某分3次将135万元汇入邵某春账户,余款245万元一直未付。2019年5月5日,某县生态环境分局对赵某建材厂进行行政处罚事先(听证)告知,即认定该厂建设项目配套的环境保护设施未经验收,擅自开工生产,要求其立即停止违法行为,并处以20万元罚款。后蒋某停止生产,双方因此发生诉讼并诉至法院。

原告邵某春认为,该案属买卖合同关系,根据协议内容邵某春已将合同所涉标的物悉数交付给蒋某;蒋某支付135万合同对价系已履行部分合同义务,仍有245万元未支付。经原告催要,蒋某一直拖欠不予支付,因而将蒋某列为被告提起诉讼:请求法院依法判决被告蒋某按照合同约定支付245万元及自起诉之日起,按照同期银行贷款利率计算利息。

被告蒋某辩称:(1)磕石厂由邵某春和赵某共同投资生产,邵某春不享有完全所有权及处分权,且该厂一直未经环评批准。邵某春隐瞒事实真相,致使蒋某产生重大误解;(2)邵某春隐瞒拖欠土地租金、建房款、原材料款事实,导致该合同签订后被要账的人堵门,无法正常生产;(3)某县生态环境分局下发行政处罚告知书,以未经验收、擅自开工生产为由罚款20万元,并责令赵某建材厂立即停止违法行为;(4)该案属股权纠纷案由。综上,请求依法驳回原告邵某春的诉讼请求。

被告蒋某提起反诉称,邵某春隐瞒转让的磕石厂有赵某投资款50万元、铲车是贷款按揭购买尚欠40余万元按揭款、土地是租赁以及欠材料款事实,特别是邵某春隐瞒厂房未经环境保护部门的批准建设无法生产的重大事实,导致蒋某产生重大误解。为此诉请撤销原被告于2019年1月21日签订的磕石厂股权转让协议,并要求邵某春向蒋某返还磕石厂股权转让款135万元。

反诉被告邵某春辩称:(1)该案属买卖合同关系;(2)《磕石厂股权转让协议》合法、有效,邵某春对所涉标的物有处分权,且双方已经履行,不存在履行不能;(3)蒋某从事建材生意多年,明知合同所涉标的物价格,且赵某对蒋某与邵某春之间的转让行为是明知的,蒋某不存在重大误解。综上,请求依法驳回反诉诉请。

原审第三人某县赵某建材厂辩称,因邵某春对某县赵某建材厂冠名权(经营权)、碎石机证、土地租赁使用权、电力设备、原有厂房等没有处分权,邵某春在未征得第三人明确同意的情况下,无权出卖某县赵某建材厂。

一审法院判定原告(反诉被告)邵某春与被告(反诉原告)蒋某于2019年1月19日签订的《磕石厂股权转让协议》有效,并驳回原告(反诉被告)邵某春与被告(反诉原告)蒋某的其他诉讼请求。二审法院则撤销原审判决,对原告邵某春上诉请求予以支持,即蒋某给付邵某春资产转让款245万元及该款项的利息损失,并驳回蒋某的反诉请求。

(二)争议的焦点及事实认定

法院将该案的争议焦点归纳为:一是《磕石厂股权转让协议》是否有效,二是案涉协议是否应当继续履行。

一审法院针对该案争议认为,《磕石厂股权转让协议》名为股权转让,实际符合买卖合同的法律特征。其原因在于,赵某建材厂系个人独资企业、不具有法人资格,由此认定转让行为不符合股权转让的法律特征。针对上述争议焦点认为:关于争议焦点一,案涉协议有效。主要是因为:第一,该案符合买卖合同法律特征,邵某春即使在缔约时无标的物所有权或处分权,案涉协议也应具有法律效力。第二,案涉协议达不到重大误解与欺诈标准,不属于法定的撤销合同情形。关于争议焦点二,案涉协议存在无权转让、履行不能的可能性,由此不予支持邵某春要求蒋某支付245万元及相关利息。

二审法院对一审法院认定事实予以确认,且对一审法院案涉协议的定性予以认可,即案涉协议名为股权转让,实为买卖合同,应确认为有效合同,并清晰界定了买卖合同范围"包括一切机械设备及铲车(两台)和厂房及场地上一切料子"。但二审法院认为原审法院就案涉协议认定履行不能显然有误,即邵某春与蒋某应当全面履行合同义务,主要是因为:第一,案涉协议在对承担环保配套建设义务没有特别约定的情况下,不得当然为转让方设定加重义务。第二,蒋某已实际占有控制且已实施生产经营案涉资产,不存在履行不能情形。第三,蒋某因未约定环保事项对其生产经营成本可能产生的影响属于正常的商业投资风险,应自行承担风险。由此认定蒋某应给付邵某春资产转让款 245 万元及该款项的利息损失。

(三)案例评析

市场经济在某种意义上可以说是合同经济,在各商事主体之间的经济往来中,合同的重要性不言而喻。二审法院从实质意义上推翻一审法院判决结果,判定蒋某应自行承担正常的商事投资风险,在一定程度上是对商事裁判中合同自由原则的遵循。换言之,在不违反法律、行政法规的强制性或禁止性规定下,法院应尊重交易双方的契约自由,并尽量维护交易转让行为的有效性和合法性,与此同时,交易双方也应承担相应的商业风险。

一审、二审法院就该案案由定性准确,即认为案涉协议名为股权转让,实为买卖合同,合法有效,即否定合同为股权转让。就说理过程而言,一审法院认定"名为……实为……",说理过程较为具体:首先界定股权转让纠纷的定义系股东之间、股东与非股东之间进行股权转让而发生的纠纷;其次认定某县赵某建材厂由于系个人独资企业、不具有法人资格,由此认为该转让行为不符合股权转让的法律特征。其争议过程并不涉及变更登记问题,更进一步说根本没有"股权"存在,其论证过程更偏向于法院否定虚假的"股权转让",由此肯定有关机器设备的买卖合同关系的正当性。法院如此"穿透"双方当事人的真实意思表示,是符合法理逻辑的。

但其说理过程的缺陷在于:其一,法院否定股权转让定性的过程应具体论证法人资格与股权转让之间的联系,并清晰点明该"股权转让"的虚假性,即穿透过程应清晰明了;其二,法院在未明确论证案涉协议符合买卖合同的法律特征情况下,直接根据协议内容适用《最高人民法院关于审理买卖合同案件适用法律问题的解释》第 3 条认定案涉协议具有法律效力。拨开"名为……实为……"这说理之下的迷雾,不难发现法院意图迅速为其裁判寻找恰当的法律规范依据。但在其法律定性之前,应当对当事人的意思作出规范意义上的评价。

一审、二审法院就案涉协议是否存在履行不能问题看法不一。一审法院将协议的有效性与协议能否实际履行进行区分,从邵某春不能证实其对合同约定标的物具有所有权或处分权片面认定协议存在不能履行可能,存在逻辑漏洞。而二审法院结合补充证据,认为蒋某已实际占有控制合同约定标的物且已实施生产经营,且邵某春在租赁期间转让投资财产且经出租人追认,不存在无权处分他人财产情形,亦未违反法律禁止性规定,由此认定不存在履行不能情形,填补一审法院就何为"履行不能"认定的逻辑漏洞。

(四)法律建议

市场经济是动态的过程,始终处于运行状态。市场运行以市场主体的交易获得为基本内容,无数的交易活动构成完整的市场,而签订合同则是现代商事活动中的关键一环。而随着买卖合同订立及履行方式的多样化,同时伴随潜在的法律诉讼风险。很多合同纠纷源于合同订立时埋下的隐患,这本是可以避免的法律风险。因此应在合同订立之前就尽可能避开合同订立不规范的潜在风险,对关键合同条款进行严格把关及调查,避免在商事诉讼中处于被动地位。以下针对性提出两点法律建议,以期从源头上避免不必要的法律风险。

第一,在合同缔约过程中应履行商事主体在交易中的注意义务。所谓不知法不免责,任何一方当事人在市场中从事商事交易都应当具备尽职调查和风险甄别能力。换言之,处于市场交易之中,各商事主体均有责任和义务严格审查合同主体及其履约能力,尽职调查、获取与交易有关的必要信息,由此履行商事主体在交易中的注意义务,以期切实降低交易风险。若商事主体没有履行该等注意义务,应自行承担相应法律后果。

譬如,在该案中,双方约定转让财产并没有附加"厂房须经环保部门批准或验收"的条件,在没有特别约定的情况下,法院则认为不能当然为转让方设定加重义务,要求转让方来额外承担环保配套建设义务。可见,蒋某在对该企业主营业务须具备国家环保标准方可生产经营应有充分认知的前提下,在与邵某春签订该厂转让协议的合同缔约过程中,有必要对该厂是否经过环保部门批准或验收事项进行充分考量与协商。这是商事主体在交易中需要履行的注意义务,因未约定环保事项对其生产经营成本可能产生的影响,容易被法院认定属于正常的商业投资风险让其自行承担。

第二,在交易过程中应避免将资产转让与股权转让混同。需要注意的是,该案中赵某建材厂系个人独资企业,不具有法人资格,而蒋某却认为其转让行为属于股权转让,显然是对合同标的物存在认识偏差。由于赵某建材厂的企业性质并非股份制企业,双方就不存在的"100%股权"予以约定显然不产生法律效力,属于虚假的股份转让。对合同性质的误解或误认免不了到最后被法院穿透。实际上该案当事人所犯的错误可为市场主体所借鉴,类似于"个人独资企业不具有法人资格、无法转让股权"的法律常识,当事人应予以知晓,不然就会犯"低级错误"而造成转让无效、被法院穿透的法律风险。

在商事司法实践中,更为常见的混同情况一般有两类:一类是交易双方目的为转让资产,但签订股权转让协议;另一类是交易双方目的为转让股权,在股权转让协议中同时约定转让资产等相关内容。合同名称"股权转让协议"以及合同内容中有关"整体转让"等模棱两可的模糊表述可能引发双方当事人就法律性质的判定争议。而司法实践往往会针对合同内容所规定的当事人真实意思外在表现予以穿透,穿透结果可能并非如双方当事人所愿。为避免不必要的法律纠纷,如交易标的当中包括股权转让,又包括资产转让,最好是将股权转让与资产转让的合同分开予以签订,合同转让主体分别是股东和公司。需要强调的是,若公司章程要求公司转让资产需要经股东会决议,应由股东会进行表决通过后方可转让。

四、商品房买卖合同纠纷案一

在上诉人孙某臣(原审原告)与被上诉人叶某云(原审原告)、孙某(原审第三人)买卖合同纠纷上诉案[1]中,法官作出了"名为买卖、实为赠与"的裁判。

---

〔1〕 参见四川省成都市中级人民法院(2021)川01民终8286号。

(一)基本案情

该案以房屋买卖合同纠纷为案由。基本案情如下:孙某臣与叶某云原系夫妻关系,于1989年6月28日登记结婚,孙某系二人之女。2003年3月19日,叶某云与案外人签订《商品房买卖合同》,约定叶某云购买位于成某区(以下简称案涉房屋)一套,总价为485,616元。之后该房屋登记于叶某云名下,叶某云认可该房屋为夫妻共同财产。2017年8月25日,叶某云向成都市锦江区人民法院起诉要求离婚,后该院于2017年10月19日判决不准离婚。2017年9月8日,叶某云与孙某签订《某市存量房买卖合同》,约定由叶某云将案涉房屋出售给孙某,总价为135,000元。案涉房屋于2017年9月13日登记在孙某名下。2018年5月18日,叶某云再次起诉离婚,诉讼中孙某臣向法院提交《男方建议的财产分配方案》第3条写明"天某街营业房赠与女儿孙某"。经法院调解,于2018年10月12日达成调解协议,叶某云与孙某臣自愿离婚,二人在调解笔录中同意夫妻共同财产自行协商处理。后因案涉房屋所有权引发纠纷,原告认为,该案没有证据证明孙某臣同意无偿赠与,孙某并未经合法赠与登记获得案涉房屋,相反是用弄虚作假、逃避国家税收、谎称"单独所有"的违法手段获得的,且财产分配方案已因三方意见不同而撤回;同时质疑被告孙某提供的录音不具有完整性,不能以此证明孙某臣同意将案涉房屋赠与孙某。因此将孙某列为被告、将叶某云列为原审第三人提起诉讼:(1)确认叶某云与孙某2017年9月8日签订的房屋买卖合同无效;(2)孙某返还位于成某区房屋,并依法重新登记在孙某臣与叶某云名下。

被告孙某、原审第三人叶某云辩称,案涉房屋实际是孙某臣要求赠与孙某的,因过户时得知赠与费用最高,买卖费用最低,故选择以买卖形式过户,但实际上是赠与,也没有支付购房款。现孙某臣之所以想要争夺房产,是由于其结识新女友后反悔了,由此认为孙某臣陈述的并非事实。综上,请求依法驳回原告的诉讼请求。一审法院支持原告孙某臣关于确认案涉《某市存量房买卖合同》无效的诉讼请求,并驳回原告其他诉讼请求。二审法院驳回上诉人孙某臣的上诉请求,并依法维持一审法院的判决结果。

(二)争议的焦点及事实认定

法院将争议焦点归纳为:(1)案涉《某市存量房买卖合同》的效力应当如何认定;(2)孙某是否应将案涉房屋予以返还并重新登记在叶某云、孙某臣名下。

一审法院并未系统归纳争议焦点,而是基于案涉合同的效力以及案涉房屋系叶某云与孙某臣赠与孙某说法能否成立展开评议。针对案涉合同效力,一审法院认为,叶某云与孙某实际并无买卖案涉房屋的真实意思表示,而仅辩称案涉房屋系赠与。由此依据《民法总则》(已失效)第146条"行为人与相对人以虚假的意思表示实施的民事法律行为无效。以虚假的意思表示隐藏的民事法律行为的效力,依照有关法律规定处理",确认案涉合同无效。针对案涉房屋系叶某云与孙某臣赠与孙某说法能否成立,一审法院认为孙某所举证据能够证明叶某云与孙某臣已将案涉房屋赠与孙某,且已过户至孙某名下。故因证据不足不予支持原告第二项诉讼请求。

二审审理查明事实与一审法院查明事实一致,并系统归纳争议焦点。针对争议焦点一,二审法院提出双方系基于名为买卖、实为赠与之意图而签订《某市存量房买卖合同》,即叶某云与孙某之间均无买卖的意思表示,而系为规避赠与过户时应缴纳的相应费用而选择买卖的方式,以达到少缴纳费用而实现过户的目的,案涉协议并非双方真实存在买卖合同关系的意思表示。针对争议焦点二,二审法院认同一审法院认定的赠与事实,并认为,基于虚假买卖意思表示而签订的案涉协议无效,但案涉协议无效并不导致三方达成并已实际履行的赠与关系的效力。现因房屋已登记过户至孙某名下,赠与行为已实际完成,故孙某臣主张返还、变更登记已缺乏事实依据。

(三)案例评析

一审、二审法院的判决均体现区分考察虚假表示和隐匿行为的裁判思路,即虽然虚假表示无效,但是只要隐匿行为符合有效要求,就发生法律效力。签署买卖合同即为虚假表示,而赠与则是隐匿行为。在司法实务中,以房屋买卖方式过户可有效减少应纳税额,那么鉴于买卖合同系表面虚假的房屋买卖合意之下隐藏赠与的真实意思表示,故而对买卖合同的效力依照赠与合同的相关法律规范进行认定是符合裁判逻辑的。

二审法院认定案涉合同"名为买卖、实为赠与",其审查核心和处理纠纷的逻辑起点是探究双方当事人的真实意思表示:是买卖,还是赠与。根据审理过程中查明的事实,二审法院认定双方就案涉房屋的处理均无买卖的意思表示,而系为规避赠与过户时应缴纳的相应费用而选择买卖。就论证买卖关系而言,二审法院除针对双方的真实意思表示予以探究之外,还应根据案涉协议具体内容予以充分论证,而非仅听信双方当事人的一面之词就作出"名为买卖、实为赠与"的论断。

针对赠与合同,二审法院的说理逻辑并不完整、充分。一般而言,主张赠与合同关系的一方应就赠与原因作出合理解释,而二审法院仅凭借一份录音资料就认证孙某臣认可案涉房屋系孙某的,即认为孙某臣在录音中未就案涉房屋过户登记在孙某名下提出异议,反而提出房屋租金应分成三份,以认定孙某臣认可赠与的事实。基于个案的特殊性,结合赠与事实的证据,该赠与事实是否具有高度盖然性,仍有待商榷。就关于孙某臣赠与意思表示存在的可能性,应从其行为动机、行为过程以及行为结果三阶段进行论证分析,以充分证实孙某臣是否存在赠与的意思表示。

(四)法律建议

在司法实践中,不少长辈在处理名下房产时,通常会选择以买卖形式以实现房产赠与的目的,从节省税费或简化手续的目的来看,很多人都会认为此种形式是赠与房产的"最佳"选择方案。但由于"名为买卖、实为赠与"的房屋过户背后涉及法律风险较多,房屋买卖合同的虚假意思极容易被法院"穿透",问题就归于案涉协议赠与事实的真实意思表示如何证实了。一般情况下,双方意思表示真实、不违反法律的强制性规定且不侵害第三人的合法利益，双方当事人的约定是受到法律保护的，但在司法实践中仍有很多人依据房屋买卖合同办理房屋过户后被法院认定为无效的情形，该如何避开合同归于无效的法律风险呢？

第一，按照当事人真实意愿办理相应过户手续。在分配家庭财产等经济活动中，要注意采取合法合规方式，避免以买卖之名行赠与之实或通过借名买房转售购房指标等名实不符的行为。换言之，如果通过赠与方式实现房屋过户，应当签订赠与合同，并配合完成过户；如果确实通过房屋买卖形式实现过户，则需要签订书面房屋买卖合同的同时，及时履行合同义务，买受人支付价款，出卖人完成过户。总而言之，应尽量通过签订真实的书面协议或无利害关系的见证人见证等方式以明确当事人的真实意思表示，不为节省一点税费“铤而走险”，由此避免产生不必要的诉讼纠纷。

第二，是赠与，不是买卖。当事人在事实意义上无法通过“名为买卖、实为赠与”形式达到合法避税目的。在司法实务中，往往很多当事人抱有侥幸心理，认为最坏的结果就是买卖合同归于无效，由此进入“名为买卖、实为赠与”的结果。换言之，一旦出现纠纷，虚假意思买卖合同往往被法院认定为无效，但法院一般而言还是会认定案涉合同为赠与合同关系。需要注意的是，由此引发的法律后果是赠与人不但无法要求受赠人支付房款或返还房屋所有权，其所应补交的税款仍需补交。

且在司法实务中同时也存在法院认定“名为买卖、实为赠与”合同无效的结果。尤其是当事人无法证实真实意思表示是赠与，又或是出卖人无权单独处分房产所有权的行为可能危及第三人的合法权益。若意图将房产赠与他人就先得保证自己对房产拥有完整的所有权，否则极有可能案涉合同被法院认定为无效。小疏忽或小便宜导致合同无效，最终房产过户的结果也被撤销，显然不是当事人所希望的。

五、商品房买卖合同纠纷案二

在上诉人彦海公司因与被上诉人汤某、刘某龙、马某太、王某刚商品房买卖合同纠纷案[1]中,彦海公司答辩称“名为买卖合同,实为借贷关系”,未被法院采纳。该案为最高人民法院发布的第72号指导案例,直接触及以物抵债问题,对各级人民法院审理此类案件进行规范,起到正本清源作用。

(一)基本案情

该案以买卖合同纠纷为案由。基本案情如下:汤某、刘某龙、马某太、王某刚与彦海公司于2013年先后签订多份借款合同,通过实际出借并接受他人债权转让,取得对彦海公司合计2.6亿元借款的债权。为担保该借款合同履行,4人与彦海公司分别签订多份商品房预售合同,并向当地房屋产权交易管理中心办理备案登记。该债权陆续到期后,因彦海公司未偿还借款本息,双方经对账,确认彦海公司尚欠4人借款本息361,398,017.78元。双方随后重新签订商品房买卖合同,约定彦海公司将其名下房屋出售给4人,上述欠款本息转为已付购房款,剩余购房款38,601,982.22元,待办理完毕全部标的物产权转移登记后一次性支付给彦海公司。汤龙等4人提交与彦海公司对账表显示,双方之间的借款利息系分别按照月利率3%和4%、逾期利率10%计算,并计算复利。

原告汤某、刘某龙、马某太、王某刚认为,根据双方合同约定,彦海公司应于2014年9月30日向4人交付符合合同约定的房屋,但彦海公司拒不履行房屋交付义务,故请求判令:(1)彦海公司向汤某、刘某龙、马某太、王某支付违约金6000万元;(2)彦海公司承担汤某、刘某龙、马某太、王某主张权利过程中的损失费用416,300元;(3)彦海公司承担该案的全部诉讼费用。

被告彦海公司辩称,汤某、刘某龙、马某太、王某4人与彦海公司没有购买和出售房屋的意思表示,双方之间房屋买卖合同名为买卖实为借贷,该商品房买卖合同系为借贷合同担保,该约定违反当时的《担保法》第40条、《物权法》第186条的规定无效。双方签订的商品房买卖合同存在显失公平、乘人之危的情况。4人要求的违约金及损失费用亦无事实依据。综上,请求依

[1] 参见最高人民法院(2015)民一终字第180号。

法驳回原告诉讼请求。一审法院支持彦海公司向汤某、刘某龙、马某太、王某4人支付违约金9,275,057.23元、律师费416,300元,但驳回原告其他诉讼请求;二审法院针对原告4人的违约金、律师费损失承担问题予以改判,驳回原告4人全部诉讼请求。

(二)争议的焦点及事实认定

法院将争议焦点归纳为:(1)案涉《商品房买卖合同》和《预售商品房补充协议》的法律效力;(2)彦海公司是否应当向汤某、刘某龙、马某太、王某支付违约金9,275,057.23元及律师费416,300元。

一审法院针对争议焦点认为:第一,案涉协议约定内容不违反法律、法规的强制性规定,属合法有效;双方当事人之间系商品房买卖法律关系,即双方借贷关系通过协商一致予以解除,基于借贷关系而发生的债权债务因设立新的商品房买卖合同法律关系而归于消灭。第二,彦海公司迟延交付房屋的行为已构成违约,应当承担违约责任,即向汤某、刘某龙、马某太、王某支付违约金9,275,057.23元、律师费416,300元。

由于新证据的补充,二审法院就案涉协议的真实性予以核实,均无异议后进行说理。二审法院查明的案件事实与一审法院查明的案件事实一致。针对争议焦点一认为,案涉《商品房买卖合同》和《预售商品房补充协议》合法有效。其判定的主要理由在于,民事交易活动中当事人意思表示的变化,除为法律特别规定所禁止外,均应予以准许。该案双方当事人经协商一致终止借款合同关系,建立商品房买卖合同关系,并非为双方之间的借款合同履行提供担保,而是借款合同到期彦海公司难以清偿债务时,通过将彦海公司所有的商品房出售给汤某等4位债权人的方式,实现双方权利义务平衡的一种交易安排。该交易安排并未违反法律、行政法规的强制性规定。

针对争议焦点二,二审法院纠正一审法院判令彦海公司承担支付违约金及律师费的违约责任错误。即认为双方之间借款利息的计算方法已超出法律规定的民间借贷利率保护上限。故对双方当事人包含高额利息的欠款数额,依法不能予以确认。由于法律保护的借款利率明显低于当事人对账确认的借款利率,故应当认为汤某等 4 人作为购房人,尚未足额支付合同约定的购房款,彦海公司未按照约定时间交付房屋,不应视为违约。由此撤销一审民事判决,驳回汤某等 4 人的诉讼请求。

（三）案例评析

该案以指导性案例的形式确定,借款合同双方当事人经协商一致,终止借款合同关系,建立商品房买卖合同关系,将借款本金及利息转化为已付购房款并已对账清算的,该商品房买卖合同成立。同时,最高人民法院对于双方基础关系中的借款数额及利息计算标准予以核查,认定双方约定的利息超过法律规定的民间借贷利率保护上限,由此对双方确认的本息总额中的非法部分不予确认。

"名为买卖、实为借贷"的主张实际由该案当事人彦海公司提出,仅涉及私法层面的合同定性问题,法院并未主观进行擅自"穿透",也就是说一审、二审法院就该合同定性问题均严守纠纷相对性解决的原理,其论证过程逻辑严密且有理有据。针对当事人提出的"名为买卖、实为借贷"主张,法院从商品房买卖合同签订的时间点前后进行分段论述,认为在商品房买卖合同签订前,双方确实存在借款合同关系,后为履行借款合同,双方又签订商品房预售合同,将借款合同关系转变为商品房买卖合同关系,由此最终确认当事人之间存在房屋买卖法律关系,而并非担保借款合同的履行。这对于未来司法实践的参考意义十分重大。

需要强调的是,最高人民法院在审理该案过程中并没有随意突破合同约定,否定当事人的合同自由,以司法审判的方式重新确认当事人之间的权利义务关系,以此擅自宣告合同的有效性或无效性。而是在该案判决过程中最大限度贯彻民法中的合同自由原则,并在法律定性中充分尊重当事人的真实意思表示。即"尽管案涉购房款的支付源于当事人之间曾经存在的借款合同关系,但尊重当事人嗣后形成的变更法律关系性质的一致意思表示,是贯彻合同自由原则的题中应有之义"。换言之,该案的重要判决思路在于,尊重当事人的意思表示,根据当事人之间的基础法律关系、约定内容、限定条件等协议内容探寻当事人的真实意思。

(四)法律建议

在现实中,存在不少借款人无法以现金形式按期偿还贷款的现象。债务人为偿还债务,以他种给付替代原定给付,使债权人的债权得以实现的法律行为,就是“以物抵债”。以物抵债协议的性质问题是近年来广泛存在于司法实践中的重大难题,其法律风险更是贯穿于接收、持有、处置全过程。以下将根据以物抵债的主要法律风险向意欲签订以物抵债协议的当事人提出三点法律建议。

第一,注意以物抵债协议签订的时间点,避免以物抵债因涉嫌流押、流质条款而不发生法律效力。在起草以物抵债协议时,切记应厘清其与流质协议的关系。《九民纪要》对以物抵债合同效力进行进一步确认和细分,分为债务清偿期届满后的以物抵债、清偿期届满前的以物抵债两类。针对清偿期届满后的以物抵债,除恶意损害第三人合法权益和虚假诉讼情形,法院倾向于承认该类合同的有效性。而针对清偿期届满前的以物抵债,当事人须警惕的是,《民法典》对于涉嫌流押、流质条款的效力未予认可。主要原因在于,实践中抵押物价值远高于债务人债务,如该类流押、流质条款有效,以较大价值的资产偿还较少债务,则抵押人、出质人利益无法得到保障。

第二,以物抵债合同签订后应及时转移资产权属,完成抵债物的公示手续。虽然流押、流质条件的有效性被否认,但债权人可依法就该资产优先受偿。需要说明的是,所谓优先受偿也并非必然,须按照抵押物、质押物的清偿顺序,符合优先受偿条件才能优先受偿。具体而言,是以动产是否交付、不动产是否办理过户登记手续作为判断条件的。如签订的是清偿期届满前以物抵债的合同,为保证优先受偿权的顺利实现,应遵循物权法定原则,即动产完成交付手续、不动产办理过户登记手续。所谓“物债二分”,合同签订后若不及时办理所有权转移手续则意味未取得该资产的所有权,存在很大的法律风险。因此,为保障债权顺利实现,债权人应及时督促债务人办理相关手续以避免以物抵债协议无法履行,从而导致债权迟延实现或其他不利后果发生。

第三，注意在重新签署相关协议时明确意思表示的转化，在合同中明确且充分体现当事人的意思表示，同时保证合同内容不违反法律强制性规定。该案中当事人同时签订借款合同和房屋买卖合同。其中，民间借贷是基础法律关系，该债务以房屋让与担保为从属法律关系，在借款合同到期无法偿还后，双方协商变更法律关系，将借贷法律关系变更为房屋买卖法律关系，是双方真实意思表示，并不违反相关规定，但需要重新签订相关协议明确意思表示的转化，并重新签订商品房买卖合同，以此履行房屋买卖合同相关义务。司法实践中愈发倾向于从合同内容以及相关证据去探求、尊重当事人意思表示的真实性，以充分贯彻合同自由原则。为此，当事人更应重视在签订相关协议时保持相当的谨慎，确保合同内容反映自己的内心真意。

与此同时，当事人也不能心存侥幸，将违法高息合法化。在重新签订相关协议之时，人民法院也会结合借款合同等证据予以审查，防止当事人将超出法律规定保护限额的高额利息转化为已付购房款。该案中双方当事人之间的借款利息的计算方法就已超出法律规定的民间借贷利率保护上限。对于双方当事人包含高额利息的欠款数额，法院依法未予以确认。

本章法条链接

一、《中华人民共和国民法典》(中华人民共和国主席令第45号，2020年5月28日发布)

第一百零二条 非法人组织是不具有法人资格，但是能够依法以自己的名义从事民事活动的组织。

非法人组织包括个人独资企业、合伙企业、不具有法人资格的专业服务机构等。

第一百四十三条 具备下列条件的民事法律行为有效：

(一)行为人具有相应的民事行为能力；

(二)意思表示真实；

(三)不违反法律、行政法规的强制性规定，不违背公序良俗。

第一百四十六条　行为人与相对人以虚假的意思表示实施的民事法律行为无效。

以虚假的意思表示隐藏的民事法律行为的效力，依照有关法律规定处理。

第一百四十七条　基于重大误解实施的民事法律行为，行为人有权请求人民法院或者仲裁机构予以撤销。

第四百零一条　抵押权人在债务履行期限届满前，与抵押人约定债务人不履行到期债务时抵押财产归债权人所有的，只能依法就抵押财产优先受偿。

第四百二十八条　质权人在债务履行期限届满前，与出质人约定债务人不履行到期债务时质押财产归债权人所有的，只能依法就质押财产优先受偿。

第五百零九条第一、二款　当事人应当按照约定全面履行自己的义务。

当事人应当遵循诚信原则，根据合同的性质、目的和交易习惯履行通知、协助、保密等义务。

第五百九十五条　买卖合同是出卖人转移标的物的所有权于买受人，买受人支付价款的合同。

第六百三十四条　分期付款的买受人未支付到期价款的数额达到全部价款的五分之一，经催告后在合理期限内仍未支付到期价款的，出卖人可以请求买受人支付全部价款或者解除合同。

出卖人解除合同的，可以向买受人请求支付该标的物的使用费。

第六百四十二条　当事人约定出卖人保留合同标的物的所有权，在标的物所有权转移前，买受人有下列情形之一，造成出卖人损害的，除当事人另有约定外，出卖人有权取回标的物：

（一）未按照约定支付价款，经催告后在合理期限内仍未支付；

（二）未按照约定完成特定条件；

（三）将标的物出卖、出质或者作出其他不当处分。

出卖人可以与买受人协商取回标的物；协商不成的，可以参照适用担保物权的实现程序。

二、《最高人民法院关于审理民间借贷案件适用法律若干问题的规定》(法释〔2020〕17号,2020年12月29日修正发布)

第二十三条 当事人以订立买卖合同作为民间借贷合同的担保,借款到期后借款人不能还款,出借人请求履行买卖合同的,人民法院应当按照民间借贷法律关系审理。当事人根据法庭审理情况变更诉讼请求的,人民法院应当准许。

按照民间借贷法律关系审理作出的判决生效后,借款人不履行生效判决确定的金钱债务,出借人可以申请拍卖买卖合同标的物,以偿还债务。就拍卖所得的价款与应偿还借款本息之间的差额,借款人或者出借人有权主张返还或者补偿。

第二十五条 出借人请求借款人按照合同约定利率支付利息的,人民法院应予支持,但是双方约定的利率超过合同成立时一年期贷款市场报价利率四倍的除外。

前款所称"一年期贷款市场报价利率",是指中国人民银行授权全国银行间同业拆借中心自2019年8月20日起每月发布的一年期贷款市场报价利率。

三、《最高人民法院关于适用〈中华人民共和国民法典〉有关担保制度的解释》(法释〔2020〕28号,2020年12月31日发布)

第一条 因抵押、质押、留置、保证等担保发生的纠纷,适用本解释。所有权保留买卖、融资租赁、保理等涉及担保功能发生的纠纷,适用本解释的有关规定。

第四十三条 当事人约定禁止或者限制转让抵押财产但是未将约定登记,抵押人违反约定转让抵押财产,抵押权人请求确认转让合同无效的,人民法院不予支持;抵押财产已经交付或者登记,抵押权人请求确认转让不发生物权效力的,人民法院不予支持,但是抵押权人有证据证明受让人知道的除外;抵押权人请求抵押人承担违约责任的,人民法院依法予以支持。

当事人约定禁止或者限制转让抵押财产且已经将约定登记,抵押人违反约定转让抵押财产，抵押权人请求确认转让合同无效的，人民法院不予支持；抵押财产已经交付或者登记，抵押权人主张转让不发生物权效力的，人民法院应予支持，但是因受让人代替债务人清偿债务导致抵押权消灭的除外。

四、《二手车流通管理办法》（中华人民共和国商务部令 2017 年第 3 号，2017 年 9 月 14 日修订发布）

第八条 二手车交易市场经营者、二手车经销企业和经纪机构应当具备企业法人条件，并依法到工商行政管理部门办理登记。

第十二条第一款 二手车卖方应当拥有车辆的所有权或者处置权。二手车交易市场经营者和二手车经营主体应当确认卖方的身份证明，车辆的号牌、《机动车登记证书》、《机动车行驶证》，有效的机动车安全技术检验合格标志、车辆保险单、交纳税费凭证等。

第十三条 出售、拍卖无所有权或者处置权车辆的，应承担相应的法律责任。

第十四条 二手车卖方应当向买方提供车辆的使用、修理、事故、检验以及是否办理抵押登记、交纳税费、报废期等真实情况和信息。买方购买的车辆如因卖方隐瞒和欺诈不能办理转移登记，卖方应当无条件接受退车，并退还购车款等费用。

第十八条 委托二手车经纪机构购买二手车时，双方应当按以下要求进行：

（一）委托人向二手车经纪机构提供合法身份证明；

（二）二手车经纪机构依据委托人要求选择车辆，并及时向其通报市场信息；

（三）二手车经纪机构接受委托购买时，双方签订合同；

（四）二手车经纪机构根据委托人要求代为办理车辆鉴定评估，鉴定评估所发生的费用由委托人承担。

第十九条 二手车交易完成后，卖方应当及时向买方交付车辆、号牌及车辆法定证明、凭证。车辆法定证明、凭证主要包括：

(一)《机动车登记证书》;

(二)《机动车行驶证》;

(三)有效的机动车安全技术检验合格标志;

(四)车辆购置税完税证明;

(五)养路费缴付凭证;

(六)车船使用税缴付凭证;

(七)车辆保险单。

第二十条 下列车辆禁止经销、买卖、拍卖和经纪:

(一)已报废或者达到国家强制报废标准的车辆;

(二)在抵押期间或者未经海关批准交易的海关监管车辆;

(三)在人民法院、人民检察院、行政执法部门依法查封、扣押期间的车辆;

(四)通过盗窃、抢劫、诈骗等违法犯罪手段获得的车辆;

(五)发动机号码、车辆识别代号或者车架号码与登记号码不相符,或者有凿改迹象的车辆;

(六)走私、非法拼(组)装的车辆;

(七)不具有第十九条所列证明、凭证的车辆;

(八)在本行政辖区以外的公安机关交通管理部门注册登记的车辆;

(九)国家法律、行政法规禁止经营的车辆。

二手车交易市场经营者和二手车经营主体发现车辆具有(四)、(五)、(六)情形之一的,应当及时报告公安机关、工商行政管理部门等执法机关。

对交易违法车辆的,二手车交易市场经营者和二手车经营主体应当承担连带赔偿责任和其他相应的法律责任。

第六章

其他纠纷穿透式审判实务

穿透式审判思维主要是从金融的穿透式监管理念演变而来,故大量穿透式审判思维在金融合同纠纷中适用,在其他纠纷案件中也存在不少穿透式审判的情形。前面几章主要从买卖、股权、票据等不同角度分析了商事纠纷的穿透式审判,但商事交易灵活复杂,很多纠纷难以明确归类,故本章将非典型性商事纠纷的穿透式审判全部归为“其他”。在学术意义上未必妥当,但从实务角度看仍然有借鉴参考意义。

一、公司关联交易损害责任纠纷案

在杨某荣诉被告陈某华、阜阳某置业投资有限公司(以下简称阜阳某置业投资公司)房屋买卖合同纠纷案[1]中,法官作出了“名为房屋买卖合同,实为股权转让”的裁判。且认为该案中公司股东存在用公司资产支付股权转让款,直接导致公司财产减损,属于股东滥用权利,损害公司及公司债权人利益的行为。

(一)基本案情

该案以房屋买卖合同纠纷为案由。2013 年 10 月 3 日,杨某荣、案外人倪某、蔡某钱(乙方)与陈某华(甲方)签订股份财产分割协议书,主要内容为:陈某华为泗阳某置业公司股东,拥有公司 60%股份,其中杨某荣与案外人倪某、蔡某钱(倪某、蔡某钱委托杨某荣以其个人名义出面诉讼)参股陈某华投资占有 1/3 的股份(3 人实际共占有公司 20%的股份),现双方自愿协商一致,陈某华愿意将杨某荣与案外人倪某、蔡某钱 1/3 的股份用泗阳某置业公司名下位于泗阳国际汽配城 1 号楼分割归杨某荣与案外人倪某、蔡某钱所有。分割后泗阳某置业公司今后的债权债务均与杨某荣及案外人倪某、蔡某钱无关。2013 年 12 月 1 日,陈某华(甲方)与杨某荣(乙方)签订股份财产分割协议书的补充协议,对案涉房屋的过户、款项支付等作了补充约定。2017 年 5 月 24 日和 2017 年 6 月 25 日,杨某荣(乙方)、泗阳某置业公司(甲

[1] 参见江苏省宿迁市中级人民法院(2020)苏 13 民终 1424 号。

方)、陈某华、阜阳某置业投资公司(丙方)签订股份房产回购协议书,主要因上述房产一直未过户给杨某荣,现由泗阳某置业公司回购房产,并对回购方式、款项支付等作出了约定,陈某华、阜阳某置业投资公司自愿为泗阳某置业公司的回购房款、逾期利息的支付承担连带保证责任。后因泗阳某置业公司逾期未支付房款,原告杨某荣遂将泗阳某置业公司、陈某华、阜阳某置业投资公司诉至法院,要求泗阳某置业公司支付购房款,并由陈某华、阜阳某置业投资公司承担连带保证责任。

(二)争议的焦点及事实认定

该案一审判决认为,债权人有权要求债务人按照合同的约定或者依照法律的规定履行义务。该案中杨某荣与陈某华签订的股份财产分割协议系双方对杨某荣退出投资的结算协议,相关协议并未违反法律及行政法规的强制性规定,应为有效协议;泗阳某置业公司与杨某荣签订股份房产回购协议,系双方真实意思表示,并未违反法律及行政法规的强制性规定,应为有效,泗阳某置业公司应按照该协议履行自己的给付义务。故对杨某荣要求泗阳某置业公司支付案涉房屋款项的请求予以支持。但因阜阳某置业投资公司为该案案涉债务提供担保未经过股东会或董事会决议,杨某荣亦未举证证明其在签订担保合同时对该担保是否经过公司股东会或董事会决议进行审查,故对杨某荣要求阜阳某置业投资公司承担保证责任的请求不予支持。陈某华、泗阳某置业公司不服一审判决,提起上诉。

二审法院归纳该案争议焦点为:(1)案涉法律关系的性质如何确定;(2)2017 年 6 月 25 日《股份房产回购协议书》的效力如何认定,两上诉人是否应当按照该协议约定向被上诉人支付转让款。

二审法院针对争议焦点认为:

关于第一个争议焦点,二审法院认为,该案并非买卖合同纠纷,而应系股权转让纠纷。该案形式上虽表现为房屋回购、支付购房款,但商事纠纷应通过穿透式审判思维,查明当事人之间的真实意思,探究真实法律关系。该案中杨某荣及案外人倪某、蔡某钱多次与陈某华、泗阳某置业公司签订以股权、股份转让为主要内容的协议，且在协议中确认杨某荣及案外人倪某、蔡某钱享有泗阳某置业公司股权、股份，因此该案实质上并非房屋买卖合同法律关系，而系股权转让纠纷。杨某荣及案外人倪某、蔡某钱合计持有泗阳某置业公司20%的股份实际上转到陈某华名下，而陈某华利用泗阳某置业公司法定代表人的优势地位，擅自签订了所谓的泗阳某置业公司股份回购协议，用泗阳某置业公司的独立财产支付原本应由其个人给付的股权转让款。

关于第二个争议焦点，二审法院认为，2017年6月25日《股份房产回购协议书》关于以泗阳某置业公司资产支付股权转让款的约定无效，协议的其他内容仍然有效。首先，法院认为该案并不符合我国《公司法》第74条关于公司回购股权的法定情形，虽然系股份回购协议，实际上即便泗阳某置业公司支付了回款款项，但股份并未回归公司，仍然是在陈某华个人名下，该回购协议实质上变相为股东用公司财产支付股权受让价款。其次，公司作为独立的法人主体，不仅拥有民事主体资格，而且拥有独立的财产权。公司所有的资产归公司所有，任何一名股东、高管、董事都不对公司财产享有所有权，故股东无权处分公司财产。协议约定用公司资产支付股权转让款，属于股东非法转移公司财产，会直接导致公司财产减损，属于股东滥用权利，损害公司及公司债权人利益的行为，违反了公司人格独立和公司资本维持不变原则，违反了法律的强制性规定，该约定应属无效。

（三）案例评析

该案虽以买卖合同为案由，但并非民事主体之间正常的房屋买卖，而是控股人对公司房产的处置，当事人以及案外人之间的合同错综复杂，混合了股权代持、股权转让、股权回购等法律关系。

该案法院对陈某华与原告之间的股权代持关系，虽未明确，但关系穿透合理合法，厘清了显名股东、隐名股东和公司之间的法律关系。公司人格独立是公司法的基本原则。我国《公司法》第3条第1款规定，公司是企业法人，有独立的法人财产，享有法人财产权。公司以其全部财产对公司的债务承担责任。该案中陈某华与原告之间实质上存在股权代持的关系，属于显名股东与隐名股东之间的普通法律关系,不涉及与公司之间的法律关系。陈某华作为代持人,若从代持转为实际股东,公司股东登记事项不会发生任何变化,对公司更是毫无影响。陈某华理应以自己财产购买替原告代持的股份,但其却利用处于公司法定代表人的有利位置,用公司房产支付自己的股权转让款。法院穿透之后直接明确陈某华无权处置公司房产,认定以泗阳某置业公司资产支付股权转让款的约定无效。

该案中法院对股权回购的说理和判定亦很合理。当事人之间的协议虽有"股权回购"的字眼,但无回购的事实。法院穿透协议的文字障碍,直接得出所谓回购真实意思是代陈某华支付股权转让款,而非《公司法》定义的股权回购。且实际上股权仍然在陈某华手上,对泗阳某置业公司来说,股东未有变化,公司注册资本未有变化,无须减资,亦无支付回购款的义务。

总结起来,该案的穿透式审理,是将穿透式金融监管的逻辑用到了商事审判中,其本质是法院根据当事人提供的证据,发现原被告的真实意思,依据法律对合同的性质规定作出正确的判断。这样的穿透式思维有利于法院公正审理,尤其是可以防止公司法定代表人、实际控制人、控股股东利用身份侵吞公司财产。

该案属于股东欲使用公司资金以偿还自身债务而构成"人格混同"的情形,但一审法院仅从案涉合同的有效性角度进行审查,认为合同依法有效,并据此支持了原告的诉求;而二审法院则通过穿透式审判思维,查明当事人之间的真实意思,探究出真实法律关系,从而查清案涉股权的真实股东和付款义务人,揭开了"公司面纱",避免了股东欲通过其法定代表人的有利地位,滥用私权,损害公司及公司债权人利益行为的发生。

(四)法律建议

正确适用"公司人格否认"制度,能有效避免公司股东利用其优势地位过度控制公司而损害公司和公司债权人利益的行为。实践中公司债权人、投资人要合理运用该制度,通过公司人格否认之诉来保护自身的权益不受侵害,同时作为司法裁判者角色的法院也应审慎把握适用该制度的范围和尺度，既要防止滥用，又要避免该用而不用。

1. 对公司法定代表人、实际控制人、控股股东的建议

建议在公司经营中，法定代表人、实际控制人、控股股东应充分尊重公司的独立人格，严格区分公司财产和个人财产之间的关系。公司人格独立意味着公司独立于股东，以自己的名义、财产从事民事活动和承担民事责任。我国《公司法》通过规范股东的出资与清算程序、禁止抽逃出资与滥用股东权利等保护公司财产的独立与完整，据此公司得以其全部财产对其债务承担责任。相对于“公司人格独立”的概念是“公司人格否认”，即否认公司独立人格，由滥用公司法人独立地位和股东有限责任的股东对公司债务承担连带责任。我国《公司法》第 20 条规定：公司股东应当遵守法律、行政法规和公司章程，依法行使股东权利，不得滥用股东权利损害公司或者其他股东的利益；不得滥用公司法人独立地位和股东有限责任损害公司债权人的利益。公司股东滥用公司法人独立地位和股东有限责任，逃避债务，严重损害公司债权人利益的，应当对公司债务承担连带责任。而“公司人格混同”是适用“公司人格否认”制度的主要情形之一，《九民纪要》对是否构成人格混同的考虑因素作了更细化规定，认为认定公司人格与股东人格是否存在混同，最根本的判断标准是公司是否具有独立意思和独立财产，最主要表现为公司的财产与股东的财产混同在一起无法区分，同时应综合考虑多种因素加以判断，如股东无偿使用公司资金或者财产，不作财务记载；或让公司的资金供关联公司无偿使用，不作财务记载；股东用公司的资金偿还股东自身债务，不作财务记载；公司账簿与股东账簿不分，致使公司财产与股东财产无法区分；股东自身收益与公司盈利不加区分，致使双方利益不清；等等。

该案虽为民事纠纷，陈某华最后承担的主要是民事责任。而实务中大量法定代表人、实际控制人等，甚至是公司的高管，侵占公司财产的事情常有发生，不仅要承担民事侵权责任，严重的还要承担刑事责任。

2. 对公司债权人和投资人的建议

第一，与目标公司进行交易前，应尽量查清公司是否存在人格混同，尤

其是财产混同的情况。财产混同的表现形式主要包括股东与公司的银行账户存在往来,股东个人账户有公司款项进出,公司资产用于股东个人生活消费或用于归还个人债务等。

第二,交易过程中随时掌握目标公司财务情况,避免争议发生时承担举证不能的不利后果。公司人格否认纠纷属于侵权责任纠纷,根据我国《民事诉讼法》及司法解释的相关规定,原告应对侵权主体、侵权行为、侵权结果与因果关系等构成要件承担举证责任。因此,债权人应随时留意并尽量争取获得公司的内部资料特别是财务资料,如通过对公司审计报告进行全面、细致的审查,核实公司股东是否与公司财产存在混同的问题。

第三,一旦涉诉,尽管人员混同、业务混同和办公场所混同仅作为公司人格混同的补强证据,但也应重视这几方面证据的采集。如股东与公司的法定代表人、董监高是否相互兼任,员工是否大量重合,人员混同程度是否导致公司独立意志丧失;股东与公司经营业务、交易方式、客户人群、价格确定等方面是否存在高度相似,导致公司丧失经营自主权;股东与公司是否共用同一办公场所(包括工商登记住所和实际办公场所等)。

3. 对一人公司股东的建议

该案的案涉公司虽然非一人公司,不过实务中一人有限公司的财产更容易和股东财产混同,其后果包括刺破公司面纱,股东从有限责任转而承担无限连带责任。根据我国《公司法》第 63 条的规定,一人有限责任公司的股东不能证明公司财产独立于股东自己的财产的,应当对公司债务承担连带责任。也就是说,在债权人主张财产混同的一人公司人格否认之诉中实行举证责任倒置,由一人公司的股东举证证明个人财产与公司财产之间不存在混同。因此,一人公司的股东在公司日常经营管理过程中应谨慎注意个人与公司之间的财产界限,保持不与公司账户款项的进出产生关联,不将公司名下财产占为己有,等等。

二、股东出资纠纷案

在上诉人余某锋(原审原告)对被上诉人(原审被告)华夏某公司、某互娱公司等股权转让纠纷上诉案[1]中,法官作出了“名为股权转让,实为逃避出资义务,合同因意思表示瑕疵而无效”的裁判。

(一)基本案情

该案以股权转让合同纠纷为案由。基本案情如下:2019 年 1 月 4 日,某互娱公司召开股东会,出席股东为华夏某公司及新增股东余某锋、葛某伯,会议同意华夏某公司将占公司注册资本 100%的 6000 万元出资额(认缴时间 2018 年 5 月 18 日,实缴时间 2060 年 1 月 1 日,实缴出资 0 元)中的 5400 万元转让给葛某伯、600 万元转让给余某锋。股权变更后,余某锋、葛某伯分别占股权比例 10%、90%,在 2038 年 12 月 31 日前缴足。同日,余某锋与华夏某公司、葛某伯签订《股东转让出资合同书》《公司章程》,其中原股东华夏某公司并未实际出资,双方约定转让金额为 0 元,且说明公司债权债务已核算清楚,无隐瞒,转让方承担转让前的债权债务,受让方承担转让后的债权债务。2019 年 1 月 7 日,某互娱公司变更了股东、企业类型、法定代表人等工商登记信息。余某锋认为,其在股权转让过程中系受到华夏某公司的隐瞒和欺骗才完成的股权转让行为,并称其仅是公司的客服人员,只是按公司领导的指示签一些文件,在这个过程中,公司领导并未告知公司经营、财务等相关问题,其对公司情况根本不了解。目前已经被公司债权人起诉要求承担有关股东出资义务的责任,遂将该公司及其股东列为共同被告提起诉讼:(1)撤销余某锋、华夏某公司于 2019 年 1 月 4 日签订的《股东转让出资合同书》;(2)华夏某公司、某互娱公司和葛某伯协助余某锋到有关部门办理股东撤销(变更)登记手续;(3)由华夏某公司承担该案的诉讼费。

(二)争议的焦点及事实认定

一审法院经审理后认为:余某锋以欺诈为由主张撤销案涉股权转让协议,则余某锋应举证证明,华夏某公司实施了欺诈行为、余某锋因欺诈行为

---

〔1〕 参见广东省广州市中级人民法院(2021)粤 01 民终 4002 号。

违背自己真实意愿与欺诈者订立合同。而根据余某锋在该案中提供的证据,并不能证明华夏某公司在案涉股权转让过程中实施了故意隐瞒真实情况或故意告知虚假信息的欺诈行为。退一步讲,即便华夏某公司未明确告知余某锋公司的财务情况,按合同约定,余某锋无须对转让前的公司债务承担责任,余某锋在相关诉讼案件中也未被判处对公司债务承担责任,因此余某锋的合法权益并未受到实际损害。且余某锋作为完全民事行为能力人,对其行为具备认知和甄别能力,理应预判到其签名行为会产生一定后果,签名人需要对签名产生的后果负责,而余某锋在签订合同过程中未尽到应有的审慎注意义务,以致违背其真实意愿签署了股权转让协议,该结果并不是基于华夏某公司的欺诈行为产生,现余某锋以华夏某公司欺诈为由主张撤销股权转让合同,证据不足,应承担举证不能的法律后果,故对余某锋的诉讼请求不予支持,并依法予以驳回。

二审法院对一审判决查明的事实予以确认,归纳该案的争议焦点为:余某锋主张撤销《股东转让出资合同书》是否成立。对该争议焦点,二审法院认为:首先,该案证据的审核认定应当从各证据与案件事实的关联程度、各证据之间的联系等方面进行综合审查判断。其次,该案应以透过现象看本质的穿透式审判来分析案涉《股东转让出资合同书》的签订。华夏某公司在持股100%的某互娱公司已经陷入经营异常的情况下,故意隐瞒公司债务等情况,利用员工缺乏足够的商事风险判断能力,授意涉世未深、社会经验不足的员工签订《股东转让出资合同书》,拟转嫁出资义务,存在损害债权人利益之嫌,具有明显的恶意。在就某互娱公司已经被生效判决确定的债务无法清偿的情况下,余某锋已经被债权人起诉要求承担有关股东出资义务责任,故该合同的签订,对余某锋而言明显有失公平。因此,余某锋在法定除斥期间内以受到公司欺诈且合同内容并非自己真实意思为由主张撤销该《股东转让出资合同书》,具有事实依据,也符合法律规定,因此对上诉人的上诉请求予以支持。

(三)案例评析

该案系典型的"股东以转让股权为名,恶意逃避出资义务、转嫁经营风险从而损害公司及债权人利益”的案件，但更为典型的是股东利用公司员工处于相对弱势的身份，在违背员工真实意思的情况下完成一系列股权转让。二审法院通过穿透式审判方式，在原告负举证责任的情况下，从违背常识等角度出发另辟蹊径，揭示出股权转让方的明显恶意和受让方的显失公平，根据法律赋予上诉人以法定的合同撤销权，最终合理保护了公司和受让人的权益，同时较好地体现了对债权人利益的保护和对未出资股东的惩罚之间的平衡。

我国实行注册资本认缴制，股东在负有实缴出资义务的同时享有“期限利益”，但同时存在股东出资期限利益的例外情形。我国《企业破产法》第35条、最高人民法院《关于适用〈中华人民共和国公司法〉若干问题的规定（二）》第22条、《九民纪要》第6条均对股东出资义务加速到期作了明确规定。尽管我国现有法律法规并不禁止尚未实缴出资的股东在出资期限届满前转让股权，但对该股东在转让股权后是否仍需要承担出资义务的问题，则需要根据不同的情况进行不同的判断。倘若原股东转让的是出资期限届满的瑕疵股权，则原股东存在瑕疵履行的违约行为，原股东仍需要继续承担出资义务。此观点得到了各法院的一致认可。其中，被评选为2020年度全国法院十大商事案例之一的许某勤、常州市通舜机械制造有限公司加工合同纠纷案，二审法院的观点可概括为：股东关于出资的约定本质上是股东与公司之间的契约，对于认缴出资期限的确认无异于对公司负有的附期限的合同义务。股东在出资期限届至之前将股权一转了之，仅仅是让渡了自己的合同权利，履行出资的合同义务并不会当然随着股权的转让而转移。当股东出资责任加速到期之时，没有切实履行出资的原股东依然不能免除其出资义务，应就未尽足额出资的部分对公司债务承担连带责任。

该案一审法院认为，股权转让合同有效，理由是原告作为完全民事行为能力人有识别风险的能力，这种判断并非无理。某互娱公司从2018年12月起就已陷入经营异常的情形：停止履行对外多项付款义务，包括租金、合作公司的分成款项等，后又主动搬离了经营场所。某互娱公司虽陷入财务危机，但我国没有法律禁止这种情况下的股权转让。若有受让人，愿意救某互娱公司于水火,让该公司在能人的领导下起死回生,在市场中也是常有的事情。那么,这种情况下法院也不能说该合同是恶意转让股权。

该案最难能可贵的是二审法院从受让人的实际身份、资产能力出发,考察股权转让的交易习惯,从常理进行判断,最终穿透协议、穿透股权登记的公示效力,转而认为上诉人(原告)受让股权非出于真实意思,且该受让股权承受的风险和法定义务显失公平。二审法院穿透现象,认识到原股东华夏某公司转让股权明显出于恶意逃避出资义务,欲转嫁经营风险给不具有出资能力的公司员工,该转让股权的行为将直接损害到公司和债权人的利益。故二审判决最终支持上诉人撤销案涉《股东转让出资合同书》并要求原股东华夏某公司协助办理变更股东登记回转事宜,则将股东出资加速到期的责任又重新归还给了原股东,体现了司法的公平正义,努力让人民群众在司法案件中感受到公平正义。

(四)法律建议

股权转让是商事活动中频繁发生的民事行为。但股权转让行为引起的纠纷在司法实践中亦屡见不鲜。恶意转让行为很容易被法院穿透审判,最终由转让方承担不利后果。为更好地规范市场交易秩序,体现诚信交易精神,建议股权交易双方在我国法律框架允许范围内依法转让股权,避免浪费司法资源,增加交易成本。

1. 对股权转让方的建议

第一,避免认缴过高的注册资本并合理设置实缴出资期限。我国《公司法》虽规定了注册资本认缴制,但股东认缴出资的承诺在公司成立后即转变为不可撤销的契约。因此,若股东将公司注册资本认缴过高而超出了自身的资金实力,则可能发生违约风险。实缴出资期限过长而在期限届满前又不缴纳出资,则易引起公司交易相对方的不信任而影响交易的促成;若设置了过短的实缴出资期限,则在届期无法缴纳的情形下又易构成违约,即使通过股东会决议延长出资期限,也依然存在根据《九民纪要》第 6 条规定的"债权人以公司不能清偿到期债务为由,请求未届出资期限的股东在未出资范围内对公司不能清偿的债务承担补充赔偿责任的,人民法院不予支持”的“例外情形”,即在公司债务产生后,公司股东(大)会决议或以其他方式延长股东出资期限的,未届出资期限的股东在未出资范围内仍应对公司不能清偿的债务承担补充赔偿责任。

第二,如实告知股权受让方公司经营情况和财务情况。公司的实际状况直接影响到交易双方的股权买卖意向和价格,因此原股东应尽到如实告知义务,真实反映公司财务状况,明确约定交易价格、双方权利义务,特别是交易前后的公司债务承担问题,在双方真实意思表示一致的前提下签订转让协议,以避免日后纠纷的产生。

第三,及时更新公司股东名册并及时办理股权变更登记。在股权交易完成、交易文件签订、明确约定公司债权债务承担方式后,应及时办理工商变更登记,以公示方式退出公司经营避免继续承担股东责任。

第四,以恶意转让的方式转嫁或逃避责任,最终将承担法律责任。人无信而不立,企业亦如此。2022 年 3 月 29 日中共中央办公厅、国务院办公厅印发的《关于推进社会信用体系建设高质量发展促进形成新发展格局的意见》提出,“完善的社会信用体系是供需有效衔接的重要保障,是资源优化配置的坚实基础,是良好营商环境的重要组成部分,对促进国民经济循环高效畅通、构建新发展格局具有重要意义”。企业在发展中更是要爱惜自己的信用,该案中华夏某公司利用自己优势,对员工余某锋以欺诈手段使其面临 600 万元的巨额债务,严重违背了《民法典》保护的社会主义核心价值观,违背了诚实守信的基本原则。党的二十大报告提出,要“严格公正司法”“努力让人民群众在每一个司法案件中感受到公平正义”。在未来的司法审判中,法院用穿透式审判还原事实真相将变得越来越普遍。

2. 对股权受让方的建议

第一,对目标公司展开充分尽职调查。交易双方达成初步意向后,及时委托律师事务所、会计师事务所和评估机构对目标公司的法律风险、财务和资产状况等进行充分调查,以获取尽可能反映公司真实情况的资料并形成尽职调查报告供决策参考。同时,要求出让股东、公司实控人等出具书面承诺,承诺已全面告知目标公司的真实情况,不存在任何隐瞒和欺诈情形,并同意对承诺内容承担相应的责任。

第二,重视交易文件的设计和理解,避免陷入股权交易的陷阱。股权交易实务中经常会遇到目标公司不配合股权意向受让方开展尽职调查的情形,有时表面同意,私下却想方设法掩盖公司的真实情况,以期顺利完成交易后将公司业已存在的经营风险转嫁给股权受让方,甚至是公司债权人。因此,受让方应重视股权转让协议等交易文件起草、谈判与最终的定稿,充分注意其中可能隐藏的法律风险,尽力维护己方的合法权益。在无法完成充分调查的情况下,建议要求出让股东、公司实控人等出具诚信告知承诺函等书面承诺文件,承诺其已履行全面告知目标公司真实情况的义务,不存在任何隐瞒和欺诈情形,并同意对所承诺内容承担相应的责任。

第三,及时更新公司股东名册并办理股权变更登记。与股权出让方同理,受让方在完成股权交割后即开始享有股东权利并承担相应的股东责任。因此,建议及时更新公司股东名册并办理股权变更登记,依法获取股东身份。

3. 对因无公司等企业法律知识陷入争议的员工的建议

该案的上诉人余某锋历经二审虽最终获得了公平正义,但其间经历的困难和精神压力肯定难以言说,因为自己的无知无端陷入纷争,面临被债权人要求承担600万元高额的注册资本缴纳义务,无异于人生的重大劫难。作为普通员工(该公司客服)的余某锋原本可以避免如此灾难。故对众多普通人提出建议:

第一,不轻易签字。签字,在法律上意味着确认文字所载的真实意思,并同意按照字面含义承担所有法律责任。除非签字人行为能力欠缺,该签字才可能无效。但我国存在很多随便签字的人,“是他让我签的,我就签了”“我不知道是什么意思,他没告诉呀”等的说辞对自己非常不负责任。该案中一审法院对签字确认的认可,对原告需要举证证明自己蒙受欺骗,是有一定道理的。造成这个局面,原告是要负主要责任的。故强调,不要在未明白真实意思的情况下随便签字。

第二,不轻易受公司、单位等强势者的摆布。华夏某公司利用自己与余某锋存在劳动合同关系,坚信余某锋迫于压力会答应签字,才敢于完成一系列虚假的股权转让以恶意逃避出资。其行为显然可恶,但劳动者要敢于说不。党的二十大报告提出,“引导全体人民做社会主义法治的忠实崇尚者、自觉遵守者、坚定的捍卫者”。公民应该相信法律,自觉维护自身权益,而不是随便放弃权利。实务中因为工作,被用人单位以各种方式忽悠的不少,比如受聘的外卖员被登记为个体工商户,用人单位以此逃避劳动法律关系的监管,逃避责任。个体工商户的登记,需要一系列手续,外卖员要么随意签字了,要么迫于压力不敢抗争。真诚建议每一个人都成为自己权利的捍卫者。

三、让与担保合同纠纷案

在上诉人郭某鑫(原审被告)对被上诉人汝州市某房地产开发有限公司(原审原告,以下简称汝州市某房地产公司)合同纠纷上诉案[1]中,法官作出了“名为转让,实为担保”的裁判。

(一)基本案情

该案以合同纠纷为案由。基本案情如下:郭某鑫借用第三人凯达公司(挂靠单位)的资质,以凯达公司的名义承建汝州市某房地产公司开发的汝州市某小区项目工程。2016 年 6 月 2 日,汝州市某房地产公司和郭某鑫签订协议书,确认郭某鑫垫付的工程款为 2570.4875 万元,汝州市某房地产公司同意按月息 2%支付自 2014 年 6 月 1 日至 2016 年 5 月 31 日 24 个月的利息 1233.6 万元,并承诺 3 个月内全部结清。2016 年 9 月 5 日,汝州市某房地产公司作为丙方与郭某鑫(甲方)、凯达公司(乙方)签订了《财产转让协议书》,主要内容为:汝州市某房地产公司在某小区工程项目中共计欠郭某鑫工程款 2570.4875 万元,汝州市某房地产公司自愿将某小区项目工程转让给

[1] 参见河南省平顶山市中级人民法院(2020)豫 04 民终 2731 号。

郭某鑫,转让范围包括项目中的全部建筑物(现状)、项目范围内的国有土地使用权以及全套项目设计、建设、审批等全部无形资产,凯达公司同意并承诺不加干涉。转让后,在上述工程项目中,汝州市某房地产公司名义上欠凯达公司实际上欠郭某鑫的工程款全部结清。2016 年 9 月,郭某鑫持案外人林州某工程公司编制的《建筑工程决算书》(显示工程造价为 25,864,866.96 元)要求汝州市某房地产公司支付拖欠的工程款。2018 年下半年,郭某鑫又提供了加盖有林州某工程公司造价员专用章的《建筑工程决算书》(内容与原决算书内容一致)。2019 年汝州市某房地产公司将《财产转让协议书》所涉财产转让给了第三方,准备向郭某鑫结清全部工程款,后发现案涉《建筑工程决算书》系郭某鑫伪造,实际工程造价远没有《建筑工程决算书》显示的这么高。为此,汝州市某房地产公司诉至法院,认为在《财产转让协议书》签订过程中,受到了郭某鑫严重欺诈,内容也显失公平,应当依法撤销。

郭某鑫辩称,《财产转让协议书》系各方真实意思并签字盖章确认,内容真实有效,且各方有履行协议的行为。一审判决认定,协议未实际履行、土地价值未明确,属于事实认定错误。撤销权因超过法定期限已经灭失。综上所述,请求依法驳回原告的诉讼请求。

一审法院判决支持了原告的诉请,判决撤销案涉《财产转让协议书》。二审法院经审理查明的事实除与一审认定的基本事实相一致外,另查明:原被告双方签订案涉《财产转让协议书》时,双方口头协商,如果汝州市某房地产公司将所欠工程款及损失全部结清,《财产转让协议书》作废。二审法院判决认为,汝州市某房地产公司主张郭某鑫、第三人凯达公司在与汝州市某房地产公司签订案涉《财产转让协议书》时存在欺诈行为,且内容显失公平,因此要求撤销案涉《财产转让协议书》,依据不足,不予支持。

(二)争议的焦点及事实认定

一审法院将争议焦点归纳为:《财产转让协议书》是否是各方真实的意思表示、是否公平合理、汝州市某房地产公司是否具有撤销权。

一审法院针对争议焦点认为:第一,郭某鑫提供的《建筑工程决算书》是汝州市某房地产公司与郭某鑫、凯达公司签订案涉《财产转让协议书》的基础，而因《建筑工程决算书》系郭某鑫伪造，则足以认定《财产转让协议书》对汝州市某房地产公司显失公平；第二，根据当时适用的《合同法》第 55 条规定，具有撤销权的当事人自知道或者应当知道撤销事由之日起 1 年内没有行使撤销权，撤销权消灭。该案中汝州市某房地产公司发现 2018 年 12 月 5 日的《建筑工程决算书》系伪造，遂于 2019 年 10 月 14 日向原审法院起诉，未超过 1 年的期间。

二审法院将争议焦点归纳为：案涉《财产转让协议书》是否应予以撤销；如存在法定撤销情形，汝州市某房地产公司的撤销权是否消灭。

针对争议焦点，一审、二审法院认为，通过该案查清的事实可以分析确认，郭某鑫与汝州市某房地产公司之间存在债权债务关系，双方签订案涉《财产转让协议书》，真实意思表示并非转移财产所有权、土地使用权，而是为双方之间的债权债务提供相应担保，以实现支付所欠工程款的最终合同目的。所以，案涉合同的性质并非形式上的财产转让，而实质上为债权债务提供担保。针对案涉《财产转让协议书》的性质、签订的目的，各方当事人的真实意思表示已经达成一致：名为转让，实为担保，故并不存在上述法律规定的可撤销的情形。故对汝州市某房地产公司的撤销主张不予支持。针对争议焦点二，因案涉《财产转让协议书》不存在法定撤销情形，汝州市某房地产公司不享有撤销权，因此二审法院对撤销权是否消灭未予评判。

（三）案例评析

该案原告的诉讼请求是撤销《财产转让协议书》。法院根据双方提供的证据，穿透所谓财产转让的现象，最终认为合同性质为担保；又从原告是否享有法定撤销权角度，最终判决驳回原告的诉讼请求，二审法院维持原判。该判决从法理上总体合理。

该案对合同性质的认定是否有意义，虽不是重点，但也让人深思。郭某鑫对工程款项进行了造假，让原告认为《财产转让协议书》约定的转让财产与郭某鑫应该得到的工程款项严重不符，故提出撤销请求。即原告自己也认为转让协议是有效的,只是显失公平才提出撤销权。法院从原告的撤销权是否得到支持角度展开审理,是否使用穿透式审判思维,并非必要。相反,从担保角度看,因为用于担保的财产价值可以大于担保的债务,故不存在是否公平的问题。如果主债务人无法履行债务,则债权人有权且仅能在担保范围内对担保财产行使权利。换言之,该案《财产转让协议书》中的财产,若有多于工程款的部分,仍然归该案的原告。在该案之后,原告需要确认工程款,以明确自己需要支付的款项。

对于担保合同的效力,《九民纪要》第 66 条规定,当事人订立的具有担保功能的合同,不存在法定无效情形的,应当认定有效。虽然合同约定的权利义务关系不属于物权法规定的典型担保类型,但是其担保功能应予肯定。第 71 条规定,债务人或者第三人与债权人订立合同,约定将财产形式上转让至债权人名下,债务人到期清偿债务,债权人将该财产返还给债务人或第三人,债务人到期没有清偿债务,债权人可以对财产拍卖、变卖、折价偿还债权的,人民法院应当认定合同有效。合同如果约定债务人到期没有清偿债务,财产归债权人所有的,人民法院应当认定该部分约定无效,但不影响合同其他部分的效力。上述两条是关于“非典型性担保”和“让与担保”的规定。《民法典》第 388 条在此基础上进一步规定“……担保合同包括抵押合同、质押合同和其他具有担保功能的合同……”,其中,“其他具有担保功能的合同”主要包括让与担保、所有权保留、融资租赁以及保理等合同,明确了让与担保合同不会因为违反物权法定原则而被认定无效。所谓让与担保,是指债务人或第三人为担保债务的履行,将担保物的所有权移转给担保权人,债务清偿后,担保物应返还给债务人或第三人;债务不获清偿时,担保权人得就该担保物优先受偿的一种担保形式。[1]

该案系典型的让与担保合同纠纷。二审法院根据该案已查明的事实以及当事人的起诉请求及陈述,案涉《财产转让协议书》签订的背景及真实目的,通过穿透式审判方式,认定郭某鑫与汝州市某房地产公司之间存在支付

[1] 参见程啸、高圣平、谢鸿飞:《最高人民法院新担保司法解释理解与适用》,法律出版社 2021 年版,第 428 页。

工程款的债权债务关系,为担保债务的履行,由债务人汝州市某房地产公司将其开发的汝州市某小区项目工程转让给债权人郭某鑫的形式进行担保。债权人与债务人之间并无项目工程买卖而转移财产所有权、土地使用权的合意,双方的真实意思表示系为双方之间的债权债务提供担保,以实现支付所欠工程款的最终合同目的,当且仅当债务人不履行到期债务时,债权人有权就案涉工程处置后所得价款受偿。因此,案涉《财产转让协议书》系双方工程承包之主合同之的从合同。且郭某鑫与汝州市某房地产公司签订案涉《财产转让协议书》时,双方曾口头协商一致,如果汝州市某房地产公司将所欠工程款及损失全部结清,《财产转让协议书》作废。可见,案涉《财产转让协议书》系以工程款支付法律关系之产生为前提,伴随着债务人债务的清偿而消灭,这为让与担保既有法律特征的有机组成部分,而一审判决未进行甄别,仅依据债务人诉请直接判决撤销《财产转让协议书》,属于适用法律错误,且处理结果未体现对案涉双方当事人合法权益的平等保护,因此,二审法院予以纠正。

(四)法律建议

近年来,基于融资的需要,所有权的债权化(担保化)愈加明显,如以房屋买卖方式为债权债务提供担保,以股权转让方式为债权债务提供担保等,在充分发挥担保物价值、促进交易的形成方面发挥了重要的作用,但由此引发的纠纷也越发增多,因此值得债权人和债务人注意。

1. 对债权人的建议

第一,在担保合同设计过程中明确约定"让与担保"条款。《民法典》及其司法解释出台前,因让与担保并未被我国相关法律法规明确,一般不会直接写入合同条款。如今,《九民纪要》《民法典》和相关司法解释均已明确认可了其效力,因此将让与担保条款写入合同,只要不违反法律规定,基本就会得到法院支持。如协议约定清偿返还、溢价回购等条款,此类让与担保性质条款要求债务人在一定期限后溢价回购,若债务人不履行回购义务,则债权人可就标的财产经折价、拍卖、变卖后优先受偿等。

第二,尽量办理过户、变更登记,完成财产变动的公示。优先受偿权对于债权人而言至关重要,这也是设定让与担保的重要作用。从我们上述分析可见,如果股权、不动产进行了转让过户,债权人在债务履行期届满后行使优先受偿权基本都会得到法院的支持,但如果未办理转让过户登记,债权人行使优先受偿权很可能存在不确定性。因此,实践中双方当事人不能仅签订表面的财产转让合同,还应当将财产实际转移至债权人名下,使担保具有物权的公示效力。具体而言,如财产是不动产或特殊动产,则应当办理变更登记手续,如财产是股权,则应当办理股权转让变更登记,如财产是一般动产,则应当完成交付。

第三,避免签订流抵、流质条款的让与担保合同。若合同约定债务人在债务履行期届满后未能清偿债务,则担保财产归债权人所有的条款即为流抵、流质条款。在让与担保司法实践中,合同约定了明确的所有权归属条款,法院一般认定其因构成流抵押、流质条款而无效,但若合同中包含清算条款,则认可其担保效力。

2. 对债务人的建议

第一,充分利用新型担保方式,突破传统担保方式的局限性。随着经济社会的发展,保证、抵押、质押等传统典型担保已不能完全适应融资的需求。因此,利用让与担保、所有权保留等非典型性新型担保方式作为传统典型担保方式的补充,进一步扩大担保方式的范围。

第二,重视合同条款的设计。如明确约定若债务人到期清偿主债务,债权人应当返还财产;若债务人到期清偿主债务,债权人应配合债务人办理股权回转登记手续;等等。防止债权人利用实际控制担保物的优势地位,将担保物转让给第三人等作不利于债务人的处分。

四、运输合同纠纷案

在上诉人上海某供应链管理有限公司(原审原告,以下简称某供应链公司)对被上诉人北京某高新科技股份有限公司、北京某物联网科技有限公司、广东某物联网科技有限公司(三公司系关联企业均为原审被告,以下简称某科技集团公司),以及上海某物流有限公司(原审被告,以下简称某物流公司)、李某、范某荣运输合同纠纷上诉案[1]中,法官作出了"名为运输,实为借贷"的裁判。

(一)基本案情

该案以运输合同纠纷为案由。基本案情如下:2020 年 5 月 1 日,某供应链公司与某科技集团公司签订《货物运输服务合同》,约定:某供应链公司为某科技集团公司提供货物运输服务,某供应链公司收取货物运输服务费用,包括货物运输及相应增值服务费用。运费价格按照《运费价格表》,如果某科技集团公司未按照合同约定的时间支付相应费用,某供应链公司有权以对方未付费用为基准,按照每日 1‰的标准收取违约金。某科技集团公司任一公司主体对应付款项均承担连带清偿责任。某供应链公司经某科技集团公司确认,可转委托有相关承运资质的其他企业进行实际运输服务,某供应链公司与接受转委托的企业对某科技集团公司承担连带责任,无论某供应链公司与接受转委托的企业是否另有约定,都不得对抗或减损本合同项下某科技集团公司享有的权利等内容。同日,某供应链公司与某物流公司签订《货物运输服务合同》,约定:因某供应链公司与某科技集团公司签订了《货物运输服务合同》,某供应链公司承运某科技集团公司托运的货物,现某供应链公司将某科技集团公司托运的货物转委托给某物流公司承运,由某物流公司提供货物的实际运输服务并承担全部风险,该合同另对双方的权利义务及运费支付方式、违约责任等进行了约定,内容与某供应链公司与某科技集团公司签订的《货物运输服务合同》一致。2020 年 10 月 16 日,某物流公司、李某、范某荣分别向某供应链公司出具担保书,内容为:因某科技集团公司与某供应链公司签订了《货物运输服务合同》,某供应链公司为某科技集团公司提供货物运输服务,某物流公司、李某、范某荣同意就某科技集团公司根据主合同约定对某供应链公司应付的运费及其他费用提供连带保

---

〔1〕 参见江苏省无锡市中级人民法院(2022)苏 02 民终 361 号。

证责任。原告认为,某科技集团公司未及时支付运费,某物流公司、李某、范某荣也未履行支付运费担保责任的行为侵害了其合法权益,故将某科技集团公司、某物流公司、李某、范某荣列为共同被告提起诉讼,请求判令:(1)某科技集团公司支付运输款7,668,284.71元及逾期付款违约金(以7,668,284.71元为基数,自2021年1月20日起至实际清偿之日止,按每日1‰计算);(2)某物流公司、李某、范某荣对某科技集团公司的付款义务承担连带保证责任。

被告某科技集团公司辩称:原被告之间不存在真实运输合同关系,双方的合作仅限于某科技集团公司以自有资金通过某供应链公司向其自行组织的司机支付运费,由某供应链公司代司机向公司开具发票。因此,某科技集团公司与某供应链公司之间的对账行为,是开具发票的一个环节,并不是确认债权债务关系。

某物流公司、李某、范某荣共同辩称,某科技集团公司与某供应链公司之间不存在真实运输合同关系,某供应链公司也未实际履行运输合同。某供应链公司与某科技集团公司及某物流公司签订运输合同的真实目的是利用虚假的运输合同,掩盖某供应链公司向某物流公司发放贷款获取高额利息。某科技集团公司实际是自行组织个体运输司机或通过第三方平台完成运输。

(二)争议的焦点及事实认定

一审、二审法院将该案争议焦点归纳为:某供应链公司与某科技集团公司之间是否存在真实有效的运输合同关系。

一审法院针对争议焦点认为:某供应链公司与某科技集团公司之间不存在真实的运输合同关系。根据当事人的举证质证情况,案涉两份运输服务合同的签订及履行存在诸多不合理情形:其一,按照某供应链公司的陈述,某科技集团公司委托某供应链公司运输,某供应链公司转委托某物流公司运输,两份合同约定的运费单价完全相同,且某供应链公司向某科技集团公司开具了增值税发票,某物流公司未向某供应链公司开票,如果实际履行上述两份运输合同,则某供应链公司反而会损失开具增值税发票的税金。其二,如果存在真实的委托运输以及转委托运输,应当由某供应链公司或者某物流公司组织运力,与实际承运司机进行对接,但该案中却由托运人某科技集团公司提供派车单,并且运输司机向某科技集团公司缴纳服务保证金,有悖于惯常的委托运输模式,且某供应链公司、某物流公司均未提供其向实际承运司机支付运费的证据。其三,某物流公司从未向某供应链公司开具过发票,而某供应链公司却在合同约定的付款条件未成就前已经向某物流公司支付了高额的运输费。其四,按照某供应链公司与某物流公司签订的《货物运输服务合同》,某供应链公司负有向某物流公司支付运输费的义务,某物流公司负有承运货物的义务,却由某物流公司为托运人某科技集团公司向某供应链公司提供连带保证责任,明显与双方之间关于委托运输的约定不符。一审法院认为,判断当事人之间的法律关系,应当依据实际交易方式、交易内容,对双方的真实意思进行认定,因此,综合分析认定某供应链公司与某科技集团公司不存在真实的运输合同关系,双方签订《货物运输服务合同》的真实目的,是过账并开具增值税发票,系以虚假的意思表示实施的民事法律行为,违反诚实信用原则,应确认无效。主合同无效,担保合同亦无效,且某供应链公司未举证证明担保人存在过错,故其要求担保人承担保证责任的诉讼请求,亦予驳回。因此,一审法院判决驳回了原告的诉讼请求。

二审法院对一审法院查明的事实予以确认。针对争议焦点认为:《民法典》第146条规定:“行为人与相对人以虚假的意思表示实施的民事法律行为无效。以虚假的意思表示隐藏的民事法律行为的效力,依照有关法律规定处理。”所谓虚假意思表示,是指行为人与相对人都知道自己所表示的意思并非真意,通谋作出与真意不一致的意思表示。双方以虚假意思表示实施的民事法律行为,从外在表现形式上往往难以看出双方真实的法律关系性质,故应运用穿透式审判思维,查明当事人的真实意思,探求真实的法律关系。该案中某科技集团公司与某供应链公司签订的《货物运输服务合同》,属于双方虚假意思表示实施的民事法律行为,某科技集团公司与某供应链公司之间不存在真实运输合同关系，该合同无效。根据法院查明的事实，某供应链公司与某物流公司之间的款项往来更符合某物流公司所称实际是某供应链公司向其发放借款的特征，但双方之间的真实关系应另行处理。因此，判决驳回上诉，维持原判。

（三）案例评析

一审、二审法院均运用穿透式审判思维，查明当事人的真实意思，探求出各主体间真实的法律关系，判决结果表现出了对通谋虚假意思表示的否定，维护了良好的市场经济秩序，助推了诚信交易之市场环境的形成。

鉴于该案系某供应链公司诉请要求某科技集团公司支付运输费用的运输合同纠纷，因此，某供应链公司与某物流公司的借款合同纠纷应另案处理。

该案法官对穿透式审判思维的运用非常克制、理性，符合司法角色和定位，值得借鉴。笔者认为，这才是商事审判中适用穿透式审判思维的应有之道。原告依据双方签订的合同诉请被告支付运输费，诉讼请求明确。处于被动地位的法院，需要回答支持还是不支持。若支持，则建立在该合同有效的基础上。若不支持，则可能由于合同本身无效，或提出诉请依据的部分条款无效等。该案法官严格按照这个逻辑认为合同无效，故原告无权根据协议要求支付运输费。这比一些法院在运用穿透式审判时少了一个环节——根据穿透之后的法律关系重新分配双方的权利义务，而恰恰这个缺少的环节是摆正法院在司法审判中定位的正确选择。若穿透名义上的运输合同，认定为实质上的借款合同，且法院继续根据借款合同审理，则关于本金、利息等各种判断完全脱离了原告的诉讼请求。法院并无权力在一个运输合同审理中作出借款合同的相关判决，即使穿透之后法院看到了本质。法院说明运输合同无效，确定实际上为借款合同，接下来将选择权交给当事人。

（四）法律建议

为避免非金融机构发放贷款的违法违规性以及由此可能造成的合同无

效，甚至造成款项出借方涉嫌刑事犯罪的法律风险，融资双方常常签订另一种法律关系的形式合同，如该案的运输合同，再通过一系列的操作，在表面上形成运输合同关系，并通过这一关系进行资金融通，实质上已达到融资借款的目的。但一旦发生争议，则可能涉及合同无效的争议，即最终被法院穿透审判后，不能支持形式合同所体现出的虚假法律关系，从而使各方无法达到最终期待效果，甚至蒙受损失。故建议市场主体在交易过程中避免通过这种方式形成通谋虚假意思表示的合同，破坏诚信交易，最终于公于私都受损。

1. 对签订商事合同当事人的建议

商事经营自由虽为基本原则，但商事组织从事商事活动需要获得资质。我国对于很多商事合同的当事人有资质要求。比如，运输合同，一般一方当事人是具有运输资质的商事组织；比如，行纪合同的一方通常是取得许可的行纪商，仓储合同的一方是经登记并被许可的仓储商。金融业务更需要获取牌照，我国明令禁止未获得牌照的组织从事银行、理财、融资租赁等金融业务。这些资质不仅是法律的要求，也反映了商事交易习惯。该案中某供应链公司从事供应链业务，形式上转委托后的受托人——某物流公司才是真正的物流业务经营者。此时，由供应链公司签订运输合同，该运输费再由实际承运的运输公司承担担保责任，显然不合常理，只要发生争议，背后的真实意思被穿透也在情理之中。

当事人为什么要借各种名头从事实际的借款或其他活动？很明显，该实际上的活动受到法律的限制。正因为如此，不合理非常明显；也正因为此，背后真实的法律关系可能还会面临无效的可能——当事人正是怕无效才找了其他的名义。

2. 对借款人的建议

第一，通过合法放贷主体借入款项。建议具有融资需求的借款人尽量通过银行贷款、发行债券、设立信托计划等合法渠道进行融资。若限于资格或实力的不匹配而无法获得，则可通过民间借贷方式进行融资，但须签订书面借款协议，约定借款期限、借款利率等内容，使借款资金获得合法使用权益。

第二,避免通过"股权转让""担保""运输合同"等虚假意思表示来掩盖借款的真实目的。若经过出借人的精心包装设计,使真正的融资借款关系被认定为非借款方真实意思表示的法律关系,则有可能被卷入"股权""担保"等复杂争议纠纷当中,使自身陷于讼累并最终蒙受损失。

3. 对出借人的建议

第一,对借款人进行适当调查并了解借款用途。调查清楚借款人的信用状况,如借款人有没有拖欠别人款项,有没有涉诉,特别是有无被执行的案件,财产状况如何等,这与借款人的偿债能力、借款能否安全收回紧密相关。除非对借款人知根知底,否则,建议对借款人的信用状况进行摸底调查。可要求借款人在借条或借款协议中写明借款的合法用途,而非用于赌博、诈骗、走私、贩毒等非法活动。出借人在借款时是否明知或应知借款人将借款用于违法犯罪活动,直接影响借款合同的效力,若明知的话,更可能导致出借人受到行政乃至刑事法律的制裁。

第二,使用自有资金出借款项。我国现行法律禁止转贷行为,如果企业和个人套取金融机构贷款,企业套取其他企业借贷、通过集资或者以向公众非法吸收存款等方式取得的资金,并进行转贷,则借款合同无效,出借人只能要求借款人返还借款并按银行贷款利率支付资金占用费,无权要求借款人支付约定利息。情节严重的还有可能构成非法经营罪、挪用资金罪、非法吸收公众存款罪等刑事犯罪。因此,建议使用自有资金出借款项。

第三,为保障借款按时收回,要求借款人提供借款担保。目前借款的主要担保方式有第三人保证,借款人或第三人提供房产、车辆、设备或股权、股票等财产作为抵押或质押担保。房产抵押、股权或股票质押,均应到有关部门办理相应的抵质押登记手续,才能主张担保物的优先受偿。若由保证人提供保证,应说明其愿意承担连带保证责任的意思表示,或者单独签署保证合同,对保证范围、保证期间等进行明确约定。若由企业提供保证,应要求企业提供公司章程以及股东会同意提供保证的决议,并根据章程审查股东会同意决议的人数、签字人员、决议内容等是否符合章程规定,避免保证合同无效。

第四,及时催收并在借款逾期后尽快提起诉讼。目前我国法律规定的一般诉讼时效为 3 年,在约定的借款期限届满后 3 年内,若出借人未积极催款,借款人也未作出还款承诺,出借人日后起诉要求还款则将因诉讼时效届满而丧失胜诉权。因此,建议出借人在借款逾期后尽早起诉并在起诉前收集整理证据,避免超过诉讼时效或证据不足而面临败诉风险。

五、担保合同纠纷案

在上诉人焦作某车轮公司、吴某、吴某鸿等(原审被告)对被上诉人安阳市某钢材公司(原审原告)买卖合同纠纷上诉案[1]中,法官作出了“名为借款抵押行为,实为其他具有担保功能的合同”的裁判。

(一)基本案情

该案以买卖合同纠纷为案由。基本案情如下:2018 年 8 月 14 日、2018 年 9 月 25 日、2018 年 9 月 30 日,安阳市某钢材公司(甲方)与焦作某车轮公司(乙方)签订《钢材购销合同》,合同约定乙方向甲方购买钢材。2019 年 10 月 18 日,原告向被告焦作某车轮公司发出对账函,被告焦作某车轮公司欠原告货款 3,512,353 元。被告焦作某车轮公司在对账函上签章确认并给付 50,000 元,尚欠 3,462,353 元未支付。后来,安阳市某钢材公司(乙方)、焦作某车轮公司(甲方)、担保人吴某(丙方)签订《还款合同》,合同约定:甲、乙双方一致确认,截至 2019 年 10 月 18 日甲方共欠乙方货款本金 3,512,353 元,利息 108,492.68 元(系按照年息 8%计算),丙方自愿作为保证人对本合同项下还款本息承担连带保证责任,最晚于 2022 年 5 月还清全部货款本金及利息,逾期还款则支付 100 万元违约金。2019 年 10 月 19 日,被告吴某鸿、邵某云、刘某婵、刘某刚分别向原告出具担保书,对被告焦作某车轮公司所欠原告货款 3,462,353 元及利息、费用、违约金、损害赔偿金以及实现债权

[1] 参见河南省安阳市中级人民法院(2022)豫 05 民终 1197 号。

的费用承担连带担保责任。2019 年 10 月 24 日,借款人被告焦作某车轮公司、担保人被告吴某鸿、邵某云与出借人康某法(安阳市某钢材公司法定代表人)签订《借款及担保合同》,合同约定:借款金额 200 万元,借款期限 3 年,担保财产为吴某鸿、邵某云名下房产。2019 年 10 月 24 日,3 人又签订《博爱县房地产抵押合同》并办理了抵押登记。2019 年 10 月 25 日,被告焦作某车轮公司将名下动产进行了抵押,并办理了抵押登记。原告认为被告焦作某车轮公司拖欠货款的行为已构成违约,原告有权要求被告支付货款并对被告吴某鸿、邵某云名下的抵押房产享有优先受偿权,并有权要求货款支付的担保人承担担保责任。遂将焦作某车轮公司、吴某、吴某鸿等列为共同被告提起诉讼,请求判决:(1)被告焦作某车轮公司给付原告货款本金 3,462,353 元、违约金 1,000,000 元、前期利息 108,492.68 元及后期利息(利息以 3,462,353 元为基数,按年息 8%计算,从 2019 年 12 月 4 日起计算至履行完毕之日止,其中截至 2020 年 8 月 31 日利息为 207,163.89 元);(2)拍卖、变卖被告焦作某车轮公司所抵押的动产,所得价款优先偿还第一项诉讼请求货款本息、违约金;(3)拍卖、变卖被告吴某鸿、邵某云所抵押的房产,所得价款优先偿还第一项诉讼请求货款本息、违约金;(4)被告吴某、吴某鸿、邵某云、刘某婵、刘某刚对第一项诉讼请求货款本息、违约金承担连带清偿责任;(5)上述 6 被告共同承担原告为实现债权支出的交通费、差旅费、律师费等各项费用共计 100,000 元;(6)被告共同负担该案案件受理费等一切费用开支。

(二)争议的焦点及事实认定

法院将争议焦点归纳为:一是安阳市某钢材公司与焦作某车轮公司是否存在真实有效的买卖合同关系,其利息、违约金及实现债权的费用支出是否符合法律规定;二是安阳市某钢材公司能否对吴某鸿、邵某云名下的房产及焦作某车轮公司名下的动产享有优先受偿权;三是吴某鸿、邵某云、吴某、刘某婵、刘某刚是否应当承担连带责任。

一审法院针对争议焦点认为:关于争议焦点一,原被告双方确认存在真实的买卖合同关系，而依法成立的合同对当事人具有法律约束力。当事人应当按照约定全面履行自己的义务。该案中安阳市某钢材公司依约履行了向焦作某车轮公司交付货物的义务，被告焦作某车轮公司有义务向原告支付合同价款，但是被告焦作某车轮公司并未按约定向原告支付合同价款，其后，被告焦作某车轮公司、吴某与原告签订还款合同一份，合同对欠款本金及利息均作出了明确约定，在此情况下，案涉货款转化为借款。关于争议焦点二，当事人订立的具有担保功能的合同，不存在法定无效情形的，应当认定有效。因此，应运用穿透式审判思维，认为该案借款抵押行为应回归到拖欠货款的一种特殊担保形式，不应简单否定抵押合同的效力，故对该抵押合同的效力予以认定。被告吴某鸿、被告邵某云以自己所有的房产抵押借款形式达成实质上的延期归还原告货款的担保合同，符合意志、情理、法理及法律规定，也符合逻辑推理和日常生活经验法则。抵押权人康某法在原告公司任执行董事兼总经理，系原告公司的法定代表人，其履行的系职务行为，是代表原告公司的行为，不能简单认定为个人行为，其同意被告以借款担保抵押形式的延期还款亦符合民情风俗，符合逻辑推理和日常生活经验法则，案涉担保的性质，并不违背法律、行政法规的效力性禁止性规定，属于《民法典》规定的“其他具有担保功能的合同”。故一审法院对其效力予以认可，认定原告对吴某鸿、邵某云名下的房产及焦作某车轮公司名下的动产享有抵押权。关于争议焦点三，吴某鸿、邵某云、刘某婵、刘某刚向原告提供保证的意思表示是明确的，案涉债权也是真实发生的，因此，该案保证合同合法有效，吴某鸿、邵某云、刘某婵、刘某刚应当承担相应的保证责任。

二审法院经审理查明的事实与一审法院认定的事实一致，将该案争议焦点归纳为：被上诉人对案涉房产及设备是否享有优先受偿权，吴某等 5 人是否应对案涉债务承担连带清偿责任。

二审法院针对争议焦点认为：关于争议焦点一，案涉《借款及担保合同》系借款人焦作某车轮公司、担保人吴某鸿、邵某云与出借人康某法签订，借款金额约定为 200 万元，该合同显示双方当事人、金额与案涉货款主体、数额均不一致，且抵押登记证书显示抵押权人为康某法，可认定案涉不动产系为

200 万元借款提供抵押担保，一审认定安阳市某钢材公司对案涉不动产享有抵押权及优先受偿权不当，因此予以纠正。

（三）案例评析

担保合同常常发生在借款合同中，在买卖中为货款提供担保较为少见，但该案一审、二审法院均认为担保合同有效，值得肯定。我国《民法典》第 388 条第 1 款规定："设立担保物权，应当依照本法和其他法律的规定订立担保合同。担保合同包括抵押合同、质押合同和其他具有担保功能的合同。担保合同是主债权债务合同的从合同。主债权债务合同无效的，担保合同无效，但是法律另有规定的除外。"且法院从民众朴素的生活常识出发，认定合同的效力，符合我国国情和文化。

一审法院运用穿透式审判思维，审查各主体之间的真实法律关系，并将案涉《借款及担保合同》定性为"其他具有担保功能的合同"，这是对《民法典》规定的非典型担保合同的司法适用，亦体现出了灵活的判案思路，但其中又不免透露出"为穿透而穿透"的强行穿透之味。因为，无论是典型担保合同，还是非典型担保合同在法律性质上都属于从合同，都是为了担保主合同债务的履行而设置。该案从一审法院"本案借款抵押行为应回归到拖欠货款的一种特殊担保形式"和"被告吴某鸿、被告邵某云以自己所有的房产抵押借款形式达成实质上的延期归还原告货款的担保合同"的说理过程，可以得出，一审法院认定的案涉《借款及担保合同》的主合同系《钢材购销合同》抑或是一审法院认为的"案涉货款转化为借款"的《还款合同》，但这两份合同的债权人都是安阳市某钢材公司，而《借款及担保合同》所指向的债权人为自然人康某法，且案涉房产的抵押登记显示抵押权人亦为康某法，且抵押担保的金额也与货款金额不一致。康某法虽系安阳市某钢材公司的法定代表人，但其作为民事主体的自然人完全具有出借款项给吴某鸿、邵某云的主体资格和逻辑上的可能性，而一审法院在未排除借款法律关系不成立的前提下径行得出"康某法履行的系职务行为，是代表原告公司的行为，不能简单认定为个人行为"的结论，明显缺乏令人信服的说理过程。

二审法院纠正了一审法院的“强行穿透”，有效避免了“穿透式审判”的过度适用，体现了穿透进入司法的底线，即不允许通过穿透对法秩序造成过度损害。

（四）法律建议

民商事交易形式与习惯复杂多变，法定代表人作为代表公司行使职权的负责人，在参与民商事活动过程中，其参与实施的行为究竟是职务行为还是个人行为，会对其本人和公司产生不同的法律后果。因此，《民法典》第61条和第62条分别规定了“法定代表人”和“法定代表人职务行为的法律责任”，在商事交易实践中值得法定代表人和公司引起重视。

1. 对法定代表人的建议

第一，在法定代表人职权范围内行事。法定代表人代表法人行事时，应体现法人的特征，站在法人的角度权衡利弊并将所得利益归属于法人，避免过度利用自己特定身份超出职权范围谋取私利，避免形成人格混同或财务混同，导致最终由法定代表人个人承担责任。

第二，代表法人参与民商事交易时，表明自己的身份即代表公司行事。对内遵守公司内部的管理制度、审批流程、公司章程或公司权力机构对其权力的限制；对外明示自身法人身份与履行职务的材料，签字后及时用印等，以免后期产生纠纷时，交易相对方针对法定代表人个人提起诉讼，要求其承担民事责任。

第三，不随意担任公司法定代表人。若只是担任名义上的法定代表人，实际上不参与经营决策，可能出现法定代表人无法行使自己的代表权，却可能要为实际决策者的错误决策承担责任的情形。因此建议在自己并不真正参与公司运营的情况下，不随意担任公司法定代表人。

2. 对公司的建议

第一，建议通过公司章程或者公司权力机构对法定代表人代表权进行适当限制。因法定代表人以法人名义从事的民事活动，其法律后果由法人承受。因此，为避免法定代表人利用法律所赋予的特殊身份谋取自身利益或损害公司利益,建议通过公司章程或者公司股东会(股东大会)对法定代表人代表权进行适当限制,将可能产生的法律风险控制在一定的范围和程度内。

第二,积极行使法定追偿权,避免公司遭受实际损失。若法定代表人的过错行为导致公司承担民事责任,公司可依照法律或者公司章程的规定,向有过错的法定代表人追偿。因此,为避免造成公司的实际损失,公司应积极行使追偿权利。

第三,及时变更工商登记,防止构成"表见代理"。法定代表人变更后应及时去市场监管部门办理法定代表人变更登记,以免交易相对方基于法定代表人虚假的权力外观和信赖与其进行交易而构成表见代理,从而由公司承担不利后果。

3. 对交易相对方的建议

第一,核实法定代表人身份。若由公司法定代表人参与交易过程,则建议在签署协议、达成交易之前先通过公开渠道或向对方公司相关人员询问的方式核实法定代表人身份,并要求在交易文件上除了法定代表人签字外必须加盖公司公章,以此约束公司,一旦产生纠纷,也由公司作为诉讼主体并承担法律责任。

第二,注意履行法律明确规定的适当性审查义务。如由公司出面担保时,严格依据《公司法》第 16 条的规定,审查公司章程关于公司对外担保事项的程序规定,即是否经过股东会(股东大会)或董事会的决议,避免因程序瑕疵影响对外担保的效力。

第三,合理利用"表见代理"制度,主张由公司承担责任。一旦与不再担任法定代表人或超越公司对法定代表人权力限制的法定代表人完成了相关交易,为避免因此蒙受损失,则建议通过《民法典》规定的"表见代理"制度,主张该法定代表人的权力瑕疵应由公司来承担责任。

本章法条链接

一、《中华人民共和国公司法》(中华人民共和国主席令第15号,2018年10月26日修正发布)

第三条第一款　公司是企业法人,有独立的法人财产,享有法人财产权。公司以其全部财产对公司的债务承担责任。

第十六条　公司向其他企业投资或者为他人提供担保,依照公司章程的规定,由董事会或者股东会、股东大会决议;公司章程对投资或者担保的总额及单项投资或者担保的数额有限额规定的,不得超过规定的限额。

公司为公司股东或者实际控制人提供担保的,必须经股东会或者股东大会决议。

第二十条　公司股东应当遵守法律、行政法规和公司章程,依法行使股东权利,不得滥用股东权利损害公司或者其他股东的利益;不得滥用公司法人独立地位和股东有限责任损害公司债权人的利益。

公司股东滥用股东权利给公司或者其他股东造成损失的,应当依法承担赔偿责任。

公司股东滥用公司法人独立地位和股东有限责任,逃避债务,严重损害公司债权人利益的,应当对公司债务承担连带责任。

第六十三条　一人有限责任公司的股东不能证明公司财产独立于股东自己的财产的,应当对公司债务承担连带责任。

第七十四条　有下列情形之一的,对股东会该项决议投反对票的股东可以请求公司按照合理的价格收购其股权:

(一)公司连续五年不向股东分配利润,而公司该五年连续盈利,并且符合本法规定的分配利润条件的;

(二)公司合并、分立、转让主要财产的;

(三)公司章程规定的营业期限届满或者章程规定的其他解散事由出现,股东会会议通过决议修改章程使公司存续的。

自股东会会议决议通过之日起六十日内,股东与公司不能达成股权收购协议的,股东可以自股东会会议决议通过之日起九十日内向人民法院提起诉讼。

二、《中华人民共和国民法典》(中华人民共和国主席令第45号,2020年5月28日发布)

第六十条 法人以其全部财产独立承担民事责任。

第六十一条 依照法律或者法人章程的规定,代表法人从事民事活动的负责人,为法人的法定代表人。

法定代表人以法人名义从事的民事活动,其法律后果由法人承受。

法人章程或者法人权力机构对法定代表人代表权的限制,不得对抗善意相对人。

第六十二条 法定代表人因执行职务造成他人损害的,由法人承担民事责任。

法人承担民事责任后,依照法律或者法人章程的规定,可以向有过错的法定代表人追偿。

第一百四十六条 行为人与相对人以虚假的意思表示实施的民事法律行为无效。

以虚假的意思表示隐藏的民事法律行为的效力,依照有关法律规定处理。

第一百四十八条 一方以欺诈手段,使对方在违背真实意思的情况下实施的民事法律行为,受欺诈方有权请求人民法院或者仲裁机构予以撤销。

第一百五十一条 一方利用对方处于危困状态、缺乏判断能力等情形,致使民事法律行为成立时显失公平的,受损害方有权请求人民法院或者仲裁机构予以撤销。

第一百五十三条 违反法律、行政法规的强制性规定的民事法律行为无效。但是,该强制性规定不导致该民事法律行为无效的除外。

违背公序良俗的民事法律行为无效。

第三百八十八条 设立担保物权,应当依照本法和其他法律的规定订立担保合同。担保合同包括抵押合同、质押合同和其他具有担保功能的合同。担保合同是主债权债务合同的从合同。主债权债务合同无效的,担保合同无效，但是法律另有规定的除外。

担保合同被确认无效后，债务人、担保人、债权人有过错的，应当根据其过错各自承担相应的民事责任。

第三百九十四条　为担保债务的履行，债务人或者第三人不转移财产的占有，将该财产抵押给债权人的，债务人不履行到期债务或者发生当事人约定的实现抵押权的情形，债权人有权就该财产优先受偿。

前款规定的债务人或者第三人为抵押人，债权人为抵押权人，提供担保的财产为抵押财产。

三、《中华人民共和国刑法》（中华人民共和国主席令第66号，2020年12月26日修正发布）

第二百二十五条　【非法经营罪】违反国家规定，有下列非法经营行为之一，扰乱市场秩序，情节严重的，处五年以下有期徒刑或者拘役，并处或者单处违法所得一倍以上五倍以下罚金；情节特别严重的，处五年以上有期徒刑，并处违法所得一倍以上五倍以下罚金或者没收财产：

（一）未经许可经营法律、行政法规规定的专营、专卖物品或者其他限制买卖的物品的；

（二）买卖进出口许可证、进出口原产地证明以及其他法律、行政法规规定的经营许可证或者批准文件的；

（三）未经国家有关主管部门批准非法经营证券、期货、保险业务的，或者非法从事资金支付结算业务的；

（四）其他严重扰乱市场秩序的非法经营行为。

第二百七十一条　【职务侵占罪】公司、企业或者其他单位的工作人员，利用职务上的便利，将本单位财物非法占为己有，数额较大的，处三年以下有期徒刑或者拘役，并处罚金；数额巨大的，处三年以上十年以下有期徒刑，并处罚金；数额特别巨大的，处十年以上有期徒刑或者无期徒刑，并处罚金。

【贪污罪】国有公司、企业或者其他国有单位中从事公务的人员和国有公司、企业或者其他国有单位委派到非国有公司、企业以及其他单位从事公务的人员有前款行为的，依照本法第三百八十二条、第三百八十三条的规定定罪处罚。

第二百七十二条 【挪用资金罪】公司、企业或者其他单位的工作人员，利用职务上的便利，挪用本单位资金归个人使用或者借贷给他人，数额较大、超过三个月未还的，或者虽未超过三个月，但数额较大、进行营利活动的，或者进行非法活动的，处三年以下有期徒刑或者拘役；挪用本单位资金数额巨大的，处三年以上七年以下有期徒刑；数额特别巨大的，处七年以上有期徒刑。

【挪用公款罪】国有公司、企业或者其他国有单位中从事公务的人员和国有公司、企业或者其他国有单位委派到非国有公司、企业以及其他单位从事公务的人员有前款行为的，依照本法第三百八十四条的规定定罪处罚。

有第一款行为，在提起公诉前将挪用的资金退还的，可以从轻或者减轻处罚。其中，犯罪较轻的，可以减轻或者免除处罚。

四、《中华人民共和国企业破产法》(中华人民共和国主席令第54号，2006年8月27日发布)

第三十五条 人民法院受理破产申请后，债务人的出资人尚未完全履行出资义务的，管理人应当要求该出资人缴纳所认缴的出资，而不受出资期限的限制。

五、《全国法院民商事审判工作会议纪要》(法〔2019〕254号，2019年11月8日发布)

6.【股东出资应否加速到期】在注册资本认缴制下，股东依法享有期限利益。债权人以公司不能清偿到期债务为由，请求未届出资期限的股东在未出资范围内对公司不能清偿的债务承担补充赔偿责任的，人民法院不予支持。但是，下列情形除外：

(1)公司作为被执行人的案件，人民法院穷尽执行措施无财产可供执行，已具备破产原因，但不申请破产的；

(2)在公司债务产生后，公司股东(大)会决议或以其他方式延长股东出资期限的。

10.【人格混同】认定公司人格与股东人格是否存在混同，最根本的判断标准是公司是否具有独立意思和独立财产，最主要的表现是公司的财产与股东的财产是否混同且无法区分。在认定是否构成人格混同时，应当综合考虑以下因素：

(1)股东无偿使用公司资金或者财产，不作财务记载的；

(2)股东用公司的资金偿还股东的债务，或者将公司的资金供关联公司无偿使用，不作财务记载的；

(3)公司账簿与股东账簿不分，致使公司财产与股东财产无法区分的；

(4)股东自身收益与公司盈利不加区分，致使双方利益不清的；

(5)公司的财产记载于股东名下，由股东占有、使用的；

(6)人格混同的其他情形。

在出现人格混同的情况下，往往同时出现以下混同：公司业务和股东业务混同；公司员工与股东员工混同，特别是财务人员混同；公司住所与股东住所混同。人民法院在审理案件时，关键要审查是否构成人格混同，而不要求同时具备其他方面的混同，其他方面的混同往往只是人格混同的补强。

66.【担保关系的认定】当事人订立的具有担保功能的合同，不存在法定无效情形的，应当认定有效。虽然合同约定的权利义务关系不属于物权法规定的典型担保类型，但是其担保功能应予肯定。

71.【让与担保】债务人或者第三人与债权人订立合同，约定将财产形式上转让至债权人名下，债务人到期清偿债务，债权人将该财产返还给债务人或第三人，债务人到期没有清偿债务，债权人可以对财产拍卖、变卖、折价偿还债权的，人民法院应当认定合同有效。合同如果约定债务人到期没有清偿债务，财产归债权人所有的，人民法院应当认定该部分约定无效，但不影响合同其他部分的效力。

六、《最高人民法院关于适用〈中华人民共和国公司法〉若干问题的规定(二)》(法释〔2020〕18号，2020年12月29日修正发布)

第二十二条　公司解散时，股东尚未缴纳的出资均应作为清算财产。股东尚未缴纳的出资，包括到期应缴未缴的出资，以及依照公司法第二十六条和第八十条的规定分期缴纳尚未届满缴纳期限的出资。

公司财产不足以清偿债务时,债权人主张未缴出资股东,以及公司设立时的其他股东或者发起人在未缴出资范围内对公司债务承担连带清偿责任的,人民法院应依法予以支持。

第七章

穿透式审判思维的重新厘定和建议

本书第一章分析了穿透式审判思维的演变，第二章到第六章根据穿透前的外观对穿透式审判进行分类，对裁判进行分析。同时从实务角度对所涉主体提出明确建议，即尽量克制商事交易行为的随意性，关注法律风险，使其不因穿透而蒙受损失。但是，对于穿透式审判思维，笔者还想对重新厘定穿透式审判思维提出建议。

一、金融司法实践对穿透式审判的误用

（一）概念理解出现偏差

承上文所述，倘若将司法实践中出现“穿透式审判”的裁判文书进行分门别类，会出现“向上穿透”与“向下穿透”之外的第三种情形。在这第三种情形下，法院将穿透式审判与“实质重于形式”或“查清案件事实”画等号，且在适用范围上超出了金融领域。这在本质上是对穿透式审判概念的误读。

首先，“穿透”作为一种事实发现的手段，是由金融监管领域向金融司法领域扩展的；其本身蕴含着穿透纷繁复杂的金融创新形式防范与化解系统性金融风险的重要功能。然而，司法机关对穿透式审判的理解偏差，导致了司法实践中的穿透范围不当扩大，甚至超出金融司法的范畴，这是值得商榷的。

其次，穿透式审判虽然是一种“实质重于形式”的事实发现方法，但绝不意味着在任何情形下都要贯彻实质重于形式。正如法理学者所言：“撇开形式正义过多地谈实质正义将使太多的非法律因素进入法律实施的过程，从而可能造成执法者、司法者的专断，并加深权力因素、利益因素对法律实施过程的渗透，最终受到严重伤害的必将是法治。……‘在立法、行政及审判中，迅速地扩张使用无固定内容的标准和一般性的条款’，这将使以控制权力为核心的现代法治对权力的控制效能被弱化，而且公民也将因正义的模糊不清反而离实质正义更远了。”[1]事实上，在金融法之外的税法法域，已

〔1〕 江必新：《严格依法办事：经由形式正义的实质法治观》，载《法学研究》2013年第6期。

有学者对实质课税原则的原则化适用产生了质疑;〔1〕金融法领域亦应当警惕实质重于形式的泛化适用。

最后,司法对穿透式审判理念的理解偏差还表现为将含义等同于“查清案件事实”。事实上,穿透式理念在《九民纪要》中的提出并非为了强调对案件事实的查清;“以事实为依据,以法律为准绳”早已成为我国诉讼法的一条基本原则。〔2〕如果将穿透式审判简单视为对“查清案件事实”的再次强调,则无法解释穿透式审判进入《九民纪要》的前因后果,也与《九民纪要》出台的大背景无法契合。综上所述,司法实践对穿透式审判的概念理解出现了偏差,亟待予以修正。

(二)过度介入交易安排

金融法是公私交融的法律部门,在实践中常常体现为私法规范与公法规范的杂糅;同时,由于社会生活复杂化,金融实践催生出多种多样的金融创新形式,这些金融创新形式体现为当事人之间复杂的交易安排与当事人不同的权利义务分配。以资产收益权为例,其在 2012 年的金融监管放松背景之下,得到了诸多资管参与者的青睐,也得到了蓬勃发展。但是,资产收益权在实践中通过资管产品实现了跨机构、跨市场的销售和投资,基础资产风险呈指数级别增加,单一基础资产的信用风险转化为系统性风险,严重地影响了金融稳定。〔3〕于是,金融监管介入此类复杂的交易安排就有了正当性。

然而,并非司法实践介入所有的复杂交易安排都具备正当性。金融私法有其自身运行逻辑,倘若并未发生系统性金融风险之可能,则国家强制力无须动辄干涉;即便国家强制力干涉交易安排存在正当性,也不能无度、肆意干涉。同时,司法权固然应当在事实上发挥公共治理的功能,与金融监管权共同防范和化解重大风险,但司法权同样要符合其本质特征和运行逻辑。

---

〔1〕 参见汤洁茵:《形式与实质之争:税法视域的检讨》,载《中国法学》2018 年第 2 期。

〔2〕 参见孙再思:《“以事实为依据,以法律为准绳”原则新论》,载《学习与探索》1994 年第 1 期。

〔3〕 参见王乐兵:《资产收益权视角下资管交易的穿透式规范》,载《政法论坛》2022 年第 5 期。

反映在金融司法中,谦抑性、个案平衡与其所依托的法律逻辑,均为金融司法权的行使与金融监管权的不同之处。因此,金融司法应当“适度超脱于变动不居的监管政策”,进而实现金融司法的专门化。[1]

在运用穿透式审判思维的部分案例中,法院对金融市场复杂交易安排的介入,很难逃避对过度介入当事人间交易安排的质疑。以前文所述的“名股实债”现象为例,倘若法院过度介入当事人之间股债杂糅的交易安排,强行将某种介于股与债之间的“渐变式融资”归入股与债之列,就无法解释公司融资中出现的债转股、股转债、优先股等现象究竟属于“股”,还是属于“债”。事实上,学者的研究也表明,在不涉及第三人利益或公共利益时,对股与债相互关系的特别约定进行限制并不具备合理性,完全能够按当事人实际约定的权利义务关系进行处理。当然,即便该交易安排具备涉他性,需要对其进行限制,这种限制也往往具有时空局限性,应根据相关因素的变化及时进行调整。[2]

(三)过分追求经济实质

穿透式审判思维的普遍运用,很难绕开对其过度追求交易经济实质的质疑。首先,法官不是经济学家,基于审判效率的考量,苛求其对待所有交易安排都判定经济实质是不现实的;囿于裁判者基础知识的局限性,其对交易实质的判断亦无法在质量上达到与经济学专业人士相近的水平。其次,形式本身亦具备独立价值,在众多制度中均可发现形式主义之踪迹,商法中的商事外观主义、票据法中的无因性原则等,均是在数百年甚至数千年的商业实践中形成的交易规则。如果司法实践无法认真对待形式主义,则实质主义背后所蕴藏的实质正义亦将不复存在。

以近年学界热议的融资性票据问题为例:“红鹭案”[3]前,法院往往基

---

[1] 参见丁冬:《金融司法的逻辑——中国金融司法专门化的组织构建与未来走向》,华东政法大学2019年博士学位论文,第163页。

[2] 参见许德风:《公司融资语境下股与债的界分》,载《法学研究》2019年第2期。

[3] 参见最高人民法院(2017)最高法民终41号。

于鼓励金融创新的政策考量,按照意思自治和合同自由原则,对交易行为并不轻易认定为“通谋虚假表示”或“合法形式掩盖非法目的”。然而,在“红鹭案”中,最高人民法院最终从票据原因关系和票据活动两个层面阐述了相关主体实际的法律关系,认定双方在该案中的真实意思表示是借款,并据此否定民生银行南昌分行的票据权利。上述裁判思路的变化,是在穿透式审判思维影响之下,金融司法不断对金融交易的经济实质予以重视的结果。

然而,对交易的经济实质进行考量,真的能达到金融监管的效果吗?事实上,由于该案最终依交易实质认定案涉法律关系为借贷,融资方权利义务不变、银行并未受到实际惩罚,而该案中的另一重要角色红鹭公司,更是从这段法律关系中逃之夭夭,最终免予承担责任。如此一来,票据法的形式价值,将在经济实质所代表的借款关系中就此丧失。从我国《票据法》文本对票据基础关系的重视态度,也不能推导出法院穿透至经济实质的正当性,否则将无法解释为何在2017年前,这样的交易形式大多受到法院认可的情况。也许,更合理的解释在于:“融资性票据的《票据法》地位不是因为第10条对特殊情形下某些持票人的票据权利的否定,而是因为《票据法》的设计从来没有考虑过融资性票据的存在。”[1]我国司法裁判对融资性票据问题由尊重到否定的变迁史,既反映出金融司法受到监管逻辑影响的深刻现实,也让我们对原则性地追求经济实质的裁判方式产生了疑窦。

(四)判决说理流于形式

习近平总书记在2013年1月举行的全国政法工作电视电话会议上强调,“努力让人民群众在每一个司法案件中都能感受到公平正义,保证中国特色社会主义事业在和谐稳定的社会环境中顺利推进”。在司法裁判中,裁判文书的释法说理意义重大:一方面,其事关司法公开的实质性深化和司法责任制的全面落实;另一方面,其对裁判文书定分止争功能的发挥和提升司

---

〔1〕 赵意奋:《论融资性票据的入法》,载《宁波大学学报(人文科学版)》2016年第4期。

法公信力具有重要意义。[1] 2018 年 6 月，最高人民法院公布了《关于加强和规范裁判文书释法说理的指导意见》，该意见第 15 条指出："裁判文书释法说理应当避免使用主观臆断的表达方式、不恰当的修辞方法和学术化的写作风格，不得使用贬损人格尊严、具有强烈感情色彩、明显有违常识常理常情的用语，不能未经分析论证而直接使用'没有事实及法律依据，本院不予支持'之类的表述作为结论性论断。"此后，我国法院在该意见的指导下，在裁判中阐明事理、释明法理、讲明情理、讲究文理等方面的能力取得了长足的进步，司法公信力得到了显著提升。

司法裁判在本质上是法官行使判断权的过程，其本质特点并不在于解决纠纷，而在于解决纠纷的方式。司法裁判具有超越个案本身的价值目标，而裁判文书的说理就是为了追求或实现这些价值目标，即达致增强裁判的可预测性、司法公正与提高裁判可接受性的统一。[2] 然而，穿透式审判的本质是一种裁判思维，其一旦提出，就将成为法官面对金融纠纷的"前意识"，在诸多环节引导法官的价值判断，最终影响到判决说理的过程与判决结果。

实践中运用穿透式审判思维进行裁判的诸多案例就出现了判决说理不周延的现象。例如，在（2022）湘 02 民终 1446 号民事判决书中，法院认为，该案中，甲以投资款名义向乙转账 20 万元，双方未对共享收益、共担风险等事宜进行明确约定，甲也未对案涉超市进行经常性、直接性的管理，同时乙也向甲明确承诺"超市投资我不会让你参与也从来没要你参与，款的事我等我正常运行好了退款给你算银行利息返还"，综合上述案情，原审认定案涉 20 万元，名为投资实为借款，具有合理性。该案中法院在进行说理论证时，并未对当事人之间的交易形式进行阐述，仅对证据进行了复述。而在（2022）粤 06 民终 5138 号民事判决书中，法院更是指出，甲中心与乙公司签

---

〔1〕 参见胡仕皓、刘树德：《裁判文书释法说理：原则、目的和价值——〈关于加强和规范裁判文书释法说理的指导意见〉的理解与适用（上）》，载《人民司法（应用）》2018 年第 25 期。

〔2〕 参见雷磊：《从"看得见的正义"到"说得出的正义"——基于最高人民法院〈关于加强和规范裁判文书释法说理的指导意见〉的解读与反思》，载《法学》2019 年第 1 期。

订多份《投资经营合同》约定,甲中心向乙公司投资 370 万元,但经审查双方之间的法律关系名为投资实为借款,甲中心非金融机构,无借贷业务经营权,案涉《投资经营合同》违反金融管理的强制性规定,属于无效合同。这样的表述完全忽略了认定法律关系名实不符的判断因素。法院在运用穿透式审判思维的过程中的裁量因素被简化乃至省略,将可能对金融交易产生不利的参照作用;在穿透式审判思维的指引下,法院的裁量权限亦将极大地扩张。在现代法治越来越多地依赖法律活动的专业化和技术化之际,金融司法作为极具专业性的领域,在释法说理时更应当认真对待裁判说理。只有这样,以审判为中心的司法改革才能在微观上通过具体的裁判文书的个案说理实现"软着陆",进而使司法裁判由"看得见的正义"转变为"说得出的正义"。[1]

二、司法实践误用穿透的原因分析

在重塑穿透式审判这一裁判思维之前,对司法实践误用穿透的原因进行系统分析是十分重要的。穿透式审判——这一助力于防范和化解系统性金融风险的提法缘何在实践中出现了多重张力,主要与私法自治、能动司法、金融监管权、金融司法权等方面的因素有关。

(一)被异化的私法自治

如果说商法背后的价值是私法自治,经济法背后的价值是"市场/政府失灵—国家干预"框架下的适度干预,那么金融法作为二元性的学科,在面对不断更新迭代的金融创新现象时,将每时每刻面临着"自治—强制"的分析框架。事实上,在现代商法中,这样的分析框架都有迹可循。以公司法为例,"从动态政策视角看,'公司自治'与'国家管制'经历了漫长、反复的转变

---

〔1〕 雷磊:《从"看得见的正义"到"说得出的正义"——基于最高人民法院〈关于加强和规范裁判文书释法说理的指导意见〉的解读与反思》,载《法学》2019 年第 1 期。

过程,其中不乏信义义务与经营判断等规则在公司治理领域的角力”。[1]而在金融法领域,这一“自治—强制”的分析框架体现为作为上位概念的“金融安全”与“金融创新”,亦在诸多制度中可觅踪迹。

然而,审理金融案件的法官在处理“金融安全”与“金融创新”这对关系的同时,有忽视金融法所依托的私法基础的可能。一旦金融司法将金融监管的时变性政策凌驾于私法的自身逻辑之上,则同案不同判现象的增加、释法说理的形式化等都将使金融法治丧失生存和发展的土壤。基于传统民法中“违反法律、行政法规的效力性强制性规定的民事法律行为无效”的规定,司法层面一般并不轻易对违反规章的法律行为效力作出否定。然而,金融领域由于天生具有的时变性、专业性等特点,监管规章十分繁复;在强监管的大背景之下,金融司法往往运用“违背公序良俗的法律行为无效”条款作为转介,为监管规章乃至政策进入私法领域打开了通道。这一现象源于我国审理金融案件的法官对金融安全这一公共政策的重视,具有一定的合理性,也招致了不少问题。一方面,法院对“公共秩序”和“善良风俗”的理解存在一定差异,这可能导致同案不同判现象的发生。另一方面,倘若以违背公序良俗原则否定效力,其后之处理方式,如一律按照合同无效原则判决相互返还等是否妥当,还需要法院进行个案衡量。同时,由于缺乏对公序良俗的类型化研究和指导,法院对公序良俗的说理欠缺规范和统一;[2]这将导致金融实践面临巨大的动力,创造出可能规避监管的新型交易形式。

事实上,对金融产品进行监管是助力金融安全、防范和化解系统性风险的必要选择;而作为司法机关的法院对其进行介入,事实上也间接地起到了监管的效果,是法院服务于公共政策的具体表现。但是,商法的产生本就是一种制度创新;经过数百年的发展,其已经成为有效率的市场机制,在节约

---

[1] 马俊彦:《“公司自治”与“司法强制”关系辨析》,载《宁波大学学报(人文科学版)》2019 年第 3 期。

[2] 参见贺小荣:《意思自治与公共秩序——公共秩序对合同效力的影响及其限度》,载《法律适用》2021 年第 2 期。

主体间的交易成本、促进资源优化配置等方面都体现了巨大的效用。[1] 倘若法院以强制手段介入私法自治,就意味着将经济法思维纳入对商事交易效力的考察之中。此时,私法自治不应被视为经济法思维的附庸,经济法思维与私法自治亦并非水火不容,二者应为一个事物的两面:经济法思维存在干预私法自治的可能,但在干预的方式上应与私法理念相契合,最终实现二者的和谐共处。而实践中出现的穿透式审判介入金融交易后不协调的现象,本质上是金融司法对私法自治的异化,需要予以纠正。

(二)被误解的能动司法

穿透式司法在实践中出现的多重问题,与裁判者对能动司法的误解有关。2009 年 8 月,时任最高人民法院院长王胜俊明确提出了能动司法的主张[2]。对于能动司法,部分学者存怀疑态度,认为司法权运作的范围和边界是有限的,法官应当像裁判者一样,而非像立法者一样思考,并且运用法律,而非道德的逻辑证成判决;[3]有学者对能动司法的合理性予以认可,但也指出需要通过建立相关的保障机制保障司法能动主义的贯彻。[4] 一个比较有代表性的、总结性的观点认为:“司法并不总是克制的,司法能动也是可能的,司法能动的发生超越了法条主义者的司法理念;从整体上说,司法克制是必然,司法能动则是偶然,平衡克制与能动的支点是公民权利的保护。”[5]

穿透式审判的提出,体现出司法机关对金融司法能动的殷切期望。在

---

[1] 参见郑少华:《商法与经济法:市场经济发展的重要法律制度设计》,载《法商研究(中南政法学院学报)》1995 年第 1 期。

[2] 参见王胜俊:《坚持能动司法、切实服务大局》,2009 年 8 月 28 日在江苏省高级人民法院调研座谈会上的讲话。转引自顾培东:《能动司法若干问题研究》,载《中国法学》2020 年第 4 期。

[3] 参见吴英姿:《司法的限度:在司法能动与司法克制之间》,载《法学研究》2009 年第 5 期。

[4] 持类似观点的有苏力教授、顾培东教授等,参见苏力:《关于能动司法与大调解》,载《中国法学》2010 年第 1 期;顾培东:《能动司法若干问题研究》,载《中国法学》2020 年第 4 期。

[5] 李清伟:《司法克制抑或司法能动——兼论公共政策导向下的中国司法能动》,载《法商研究》2012 年第 3 期。

这一提法之下，金融司法能够超越法条主义的禁锢，在助力监管机关实现金融监管、防范和化解重大风险等方面起到重要作用。然而，由于司法机关具有被动性、程序性的特点，加之法院不可以对所有想要裁判的事项均加以干涉，否则可能将违背民事诉讼中的纠纷相对性解决原则，[1]因此法院必须在原则上保持被动和谦抑的姿态，仅在例外情形下贯彻司法能动主义。体现在金融司法中就是，金融司法的裁判者不应当以维护金融安全的公共政策导向肆意走向司法能动，在适用法源解决纠纷时也不可以径直向穿透式审判逃逸，而应当个案分析，利益衡量，得出穿透的必要性后再行穿透，并且这种穿透一定是例外性质的。金融司法实践中出现的诸多事例，体现了法官对原则性、无差别穿透的偏爱。这既是对能动司法的误解，也是无视司法克制的结果。

（三）被消解的权力边界

传统观念下的司法权与行政权可谓泾渭分明：司法权是被动的，而行政权具有主动性；司法权具有中立性，而行政权具有倾向性；司法权更注重权力过程的形式性，行政权更注重权力结果的实质性；司法权具有相对稳定性，行政权是应变的；等等。[2] 然而，穿透式审判思维的不当运用事实上反映出二者权力边界消解的态势；裁判者在履行司法权时往往忽视司法权与监管权的区别和边界，化被动为主动，最终形成“金融司法监管化”现象。

从实用主义的视角看，很难对金融司法中出现的金融司法监管化现象妄加苛责。不可否认的是，尽管司法权与监管权本质上属于两种截然不同的权力，但在面对金融领域时，它们都共同助力于“防范和化解金融市场风险”的目标，具体表现在价值取向、运行立场和适用领域的相同或交叉

---

〔1〕 关于纠纷相对性解决原则，参见张卫平：《论民事纠纷相对性解决原则》，载《比较法研究》2022年第2期。

〔2〕 参见孙笑侠：《司法权的本质是判断权——司法权与行政权的十大区别》，载《法学》1998年第8期。

上。[1] 同时，我国法院扮演着金融风险重要治理者的角色，[2]这是由现实的政法体制所决定的。[3] 自此，司法与监管二元式的金融风险治理机制形成，并在风险社会的大背景下体现出“制度正当性、智识合理性、功能有效性和结构科学性等方面”[4]的缺失。

因此，倘若能实现金融司法与金融监管的配合与互补，形成一种二者协同的金融风险治理机制，则防范金融风险的价值目标能够更好地得以实现。但是，“金融司法本质上是个案思维，行政监管体现行政监管机关某一时期某一区域金融监管的单方意志”，据此，“两者在‘金融安全’这一背景下必然要以调和与互补为发展方向，金融司法在履职中应扬长避短，明确自身的权力边界和专业优势”。[5] 同时，这种协同治理机制也不应当以牺牲司法权与监管权二者的边界为代价。由于当前金融司法并未在行使权力时恪守司法权的边界，司法权与监管权的边界模糊，穿透式审判思维可能存在不当运用，金融司法自身的运行逻辑、法的形式性以及市场的稳定预期也可能受到影响。

三、穿透式审判的重新厘定

厘清穿透从监管领域走入司法领域的历史，检视穿透式司法的实践样态后，有必要对当前法院运用穿透式审判思维进行金融纠纷裁判的路径进行重构，以使“穿透”实现由监管思维向裁判思维的转变。但在此之前，必须重新厘定穿透式审判思维的内涵，以使司法实践正确认识穿透式审判思维的本质。

---

〔1〕 参见周荃：《金融领域中监管与司法的博弈与融合》，载《法律适用》2020年第8期。

〔2〕 参见鲁篱：《论金融司法与金融监管协同治理机制》，载《中国法学》2021年第2期。

〔3〕 参见黄韬：《公共政策法院：中国金融法制变迁的司法维度》，法律出版社2013年版，第89页。

〔4〕 鲁篱：《论金融司法与金融监管协同治理机制》，载《中国法学》2021年第2期。

〔5〕 宋辉：《金融司法的金融监管功能及其权力界限》，载《大连理工大学学报（社会科学版）》2022年第2期。

(一)穿透式审判的本质:法秩序下的事实发现工具

穿透式审判的本质是一种裁判思维,亦可被称为裁判理念。而穿透式审判思维作为一种审判理念,旨在实现权力机关对经济的适度干预,因而属于经济法理念下的一种派生理念。权威性的著作认为,经济法的理念应包含人本主义理念、实质正义理念、社会本位理念、可持续发展理念与适度干预理念。[1] 其中,穿透式审判思维集中反映了实质正义、社会本位与适度干预三重理念在金融审判中的具体化。因此,对穿透式审判思维本质的探寻,需要在这三重理念的指引下进行。适度干预理念决定了穿透式审判需要以遵循法秩序为基本底线,而事实发现则是穿透式审判实质正义的具体体现,适度干预是二者在理想情境中所达到的平衡状态。

1. 穿透式审判与穿透式监管关系之厘清

法律系统的运作应当是一个相对封闭的内部过程;但是,法律系统的运作也会与政治、经济、宗教、科学等其他社会功能次系统发生关联。[2] 从这个角度看,穿透式思维之所以能够从监管领域进入司法领域,事实上是中国的司法机关力求成为公共政策的维护者的必然结果。此处的"公共政策",指的就是金融安全和金融公平。

但是,进入司法领域的穿透式思维能够完全化约为监管领域的穿透式思维吗?现行的研究结果并未得出明确的解答。事实上,这个问题的答案一定是否定的。监管权与司法权具有不同的特点与不同的社会分工:金融监管权的行使本质上是一种行政行为,监管者与被监管者的权利义务地位并不平等。而金融交易的双方当事人在金融私法的框架下活动,双方的法律地位平等,司法机关则需要以司法公正的态度不偏不倚地对待双方当事

---

〔1〕 参见李昌麒主编:《经济法理念研究》,法律出版社2009年版,第85~224页。

〔2〕 参见郑智航:《最高人民法院如何执行公共政策——以应对金融危机的司法意见为分析对象》,载《法律科学》2014年第3期。该观点也是著名法社会学家卢曼系统论所持的观点,参见[德]卢曼:《社会的法律》,郑伊倩译,人民出版社2009年版。

人。〔1〕相对应地，二者的程序性也存在差别。金融监管具备较强的主动性与灵活性，但金融司法具有被动性和较强的稳定性与可预期性。一旦金融司法失去了稳定性，那么先前的判决与在后的判决就可能出现同案不同判的现象，进而影响市场主体之预期。此外，囿于分业监管体制的束缚，金融监管可能出现供需博弈、权力寻租、监管俘虏与监管失灵等现象，最终可能导致监管失灵。〔2〕这就决定了金融司法不可奉金融监管为圭臬，不可亦步亦趋地跟随监管政策。因此，穿透式审判与穿透式监管虽然在源流、方式与目的等方面均有着诸多联系，但以监管思维径直取代审判逻辑，是绝不合适的。

总体而言，对穿透式审判与穿透式监管的关系，可以用以下三点来概括：(1)穿透式审判与穿透式监管虽然有着同样的价值追求和工具性内核，但二者不能完全等同。(2)穿透式审判作为一种审判思维，在形式上与穿透式监管极其类似，但在实质上，二者存在不同的规范意旨。穿透式监管为了金融监管而服务，因而具备较强的主动性、较弱的程序性、较强的时变性和较低的公开性，这决定了穿透式监管可以在监管机关行使金融监管权时被原则性地运用；而穿透式审判思维是为金融司法服务的，但金融司法的主要功能与传统司法并无二致——定分止争，确保个案公平。这就决定了《九民纪要》提及穿透式审判思维时所用的“查明当事人的真实意思，探求真实法律关系”，并非一般情形下穿透式审判思维的功能，而应当理解为：在该金融纠纷影响他人利益乃至社会公共利益时，应当运用穿透式审判思维查明当事人的真实意思，探求真实法律关系。因此，穿透式审判思维并不能被原则性地适用。(3)穿透式审判思维的存在目的并非将双方当事人的交易安排转化为监管语言，而是应当转化为法律层面的权利义务配置与危害“公共政策”的可能性。与此相对应地，穿透式监管则强调监管机关应以穿透的姿态检验金融交易，将杂糅的权利义务设置转化为“是否存在危害金融安全”的

〔1〕参见周荃：《金融领域中监管与司法的博弈与融合》，载《法律适用》2020年第8期。
〔2〕参见郑少华：《论金融监管权的边界》，载《法学》2003年第7期。

监管语言。因此,法院在运用穿透式审判思维的同时,应当同时运用利益衡量、法律推理与法律论证等,将双方当事人之间的交易安排转化为法律语言,并在裁判文书中以释法说理的形式表现出来。综上,穿透式审判与穿透式监管在横向层面存在一定的交叉,但在纵向层面,即运用的层面存在完全不同的运作机理,不可等同而论。

2. 遵循法秩序:穿透进入司法的底线

穿透式思维进入司法领域,其底线应为遵循法秩序。所谓"法秩序",在这里至少存在两层含义:第一层含义是以穿透式审判思维为代表的经济法思维,其价值定位应当着力于建构经济秩序;第二层含义是穿透式审判进入司法对司法裁判中常用法律方法的冲击,不应达到对现行法秩序的过分损害。以下将分而述之。

"经济法属于规制型法,其运行目的在于防范导致整体经济领域系统性风险发生的行为,以及建构或维护理想的经济秩序。"[1]经济法从某种程度上说就是一种秩序法,其旨在维护一般市场的公平交易秩序、特殊市场秩序以及经济结构秩序。金融法中的金融监管法属于经济法的范畴,其旨在维护金融领域的秩序;这在实践中体现为金融法应当在监管框架下赋予金融交易行为创设必要的空间,也应当在尊重私法自治的前提下进行适当干预,防范和化解重大性风险,促进金融公平。因此,穿透式审判需要以维护经济秩序为其底线要求,倘若穿透后的裁判结果对防范金融风险、促进交易公平并无所益,则穿透的正当性就值得怀疑。如前文的"红鹭案"即为典例,通过穿透,各方主体不仅不受损,部分主体甚至由于穿透而获益;在此种情形下,穿透式审判的运用颇有些"为了穿透而穿透"的意味,不符合穿透式审判思维的初衷。

穿透式审判思维进入司法裁判,将不免冲击法院在裁判过程中所运用的法律方法。在司法裁判中,法官常常运用的法律方法包括法律解释、法律

[1] 刘水林:《秩序理念下的经济法研究》,浙江大学出版社 2021 年版,第 43 页。

漏洞的补充、利益衡量等;〔1〕而这些法律方法的形成离不开法教义学的基本立场。穿透式审判思维本身带有先验的价值判断,其进入以法教义学为基本立场的司法裁判之中将不免面临价值判断与法教义学的冲突问题。法教义学本身就带有很强的秩序性,其"宗旨在于,在一国的立法条文和司法案例构成的实定法秩序内,基于其法规范体系(现行法体系),得出解决具体问题的司法结论。……至少在理论上,这些具体的法律解释方法都可以服务于法教义学,服务于从实定法秩序内的法规范体系得出的司法结论"。〔2〕因此,穿透式理念进入司法应当服从于法律秩序本身,既要对现行法体系保持尊重,也需要对现行司法裁判中被广泛运用的法律方法保持尊重。穿透式审判思维本身虽然带有强烈的价值判断色彩,但正如许德风教授所言:"价值判断可以对法律及法律适用产生影响,但必须遵循适当的规则。"体现在司法中就是,"价值判断必须通过特定的程序和论证过程才能作为裁判的依据",〔3〕而这些特定的程序和论证过程,就是穿透式审判思维运用于金融司法的过程中所需要确立的一系列规则,是维护穿透式审判思维进入司法之底线的可行路径。

3. 事实发现性:穿透进入司法的功能

穿透式思维进入司法裁判中的功能在于事实发现,但此处的"事实发现"并非传统意义上法院查明案件事实的"事实发现",而是被赋予了深层次的含义。如前述,司法权的本质是一种判断权,司法机关在行使判断权之前,必须做到查清案件事实,并将案件事实转化为法律事实,进而适用法律。因此,广义的"事实发现"本来就是司法机关的职权,不需要再通过"穿透式审判思维"这一提法予以重申了。因此,《九民纪要》中"穿透式审判思维"这一提法中的"事实发现"是一种狭义的事实发现。

---

〔1〕 此处的列举参照了梁慧星教授的著作,可能并不一定完整;但是通常而言,法官在判案的过程中游离于规范与法律事实之间所熟悉运用的法律方法,以上所列举的几种为主流。参见梁慧星:《裁判的方法》,法律出版社 2021 年版。

〔2〕 凌斌:《什么是法教义学:一个法哲学追问》,载《中外法学》2015 年第 1 期。

〔3〕 许德风:《论法教义学与价值判断——以民法方法为重点》,载《中外法学》2008 年第 2 期。

为了更好地理解这种狭义的“事实发现”,我们可以将诉讼程序中的事实发现形式视为一条横轴,这条横轴的两侧各自表现为两种极端形态:在其中的一个极端形态中,事实发现由当事人或其代理人来控制,另一个极端则由司法机关控制。前者的裁判者表现出消极的态度,而后者的裁判者则是能动的事实发现者。[1] 传统的私法案件偏重于纠纷解决,因而裁判者居中且偏向消极,而金融纠纷具有政策实施性纠纷的特征[2],因而裁判者偏向能动。这就可以解释《九民纪要》中“查明当事人的真实意思,探求真实法律关系”的真义。《九民纪要》中的这一表述应当理解为:法院审理金融纠纷时,若发现该金融纠纷影响他人利益乃至社会公共利益时,法院的角色应当由消极的事实发现者转向积极的、能动的事实发现者,运用穿透式审判思维查明当事人的真实意思,探求真实法律关系,进而助力于防范和化解重大风险,实现金融司法与金融监管的协同治理。有的裁判者狭隘地、武断地理解穿透式审判思维中积极能动的事实发现功能,进而出现对穿透的误用情况。

(二)穿透式审判的运用:个案而非普遍

对《九民纪要》中穿透式审判思维应关注的关键信息有二:(1)法院审理金融纠纷时,并非原则运用穿透,而是在可能产生外部性影响时方能运用穿透;(2)穿透这一提法中的“事实发现”指的是一种主观能动的事实发现。重新厘定后的穿透将面临一个质疑:为何穿透式审判思维无法成为原则性运用的法律理念?这是本部分需要予以解决的问题。

1. 穿透式司法的泛化可能

如前所述,司法实践中的穿透可大体类型化为向上穿透与向下穿透,即

---

〔1〕 参见陆而启、王铁玲:《事实发现:能动与回应之间》,载《政法论丛》2010 年第 4 期。

〔2〕 金融纠纷具有政策实施性纠纷的特征,表现在法院对金融监管规则的“附和”;当然,这种“附和”是有条件的。有学者对金融纠纷中法院尊重监管规则的原因作出了以下概括:“在监管日益强化、规章与金融稳定高度捆绑的当下,司法对监管(规章)的敬畏,不仅是对国家治理大局和谐合作的笃行,毕竟若监管评价不合规,而司法认为合同有效,市场主体仍会以违规成本为代价竞逐经济利益;更根本的是对中央大政方针的支持……”,参见张阳:《金融司法监管化的边界约束》,载《清华法学》2023 年第 2 期。

对法律关系状态的穿透与对法律关系性质的穿透;当然,也有部分情形无法归入这两种类型之中。[1] 以向下穿透为例,司法实践中常常表现为“名A实B”或“名为A,实为B”;而从检索结果可知,当前的司法实践已积累了数量巨大的向下穿透案例库。[2] 事实上,这一表述已成为法院对错综复杂的新型法律关系进行定性时惯用的裁判语词,且在实践中存在诸多泛化的可能。正如学者所言:当“名为A,实为B”这样一种语词“频繁地在裁判文书中出现,并且经常被作为判决说理部分的核心论据之一时,该表达似乎就在事实上形成了一种自身蕴含正当性的独特公式……当裁判者意图适用有关B的规则规制A时,便可能声称该法律行为‘名为A实为B’,在该语境下,这样一种声称通常就被作为说理本身”。[3]

在穿透式审判的语境中,不论是以“名为A,实为B”为代表的向下穿透,还是以股权代持审查为代表的向上穿透,抑或是司法实践对穿透式审判这一提法的误读,都使穿透式审判成为一张“普罗透斯的脸”:不仅司法机关可以运用穿透式审判这一语词对裁判文书的正当性、自由裁量权的扩大进行正当性论证,还使穿透式审判成为金融司法跳脱出传统法教义学的裁判方法进行说理论证的“前意识”。这对于公共政策的执行是必要而有益的,但对金融司法权的行使则暗藏着破坏法秩序的巨大风险。

以商事交易中常出现的行纪合同、隐名代理等现象为例,商事法律规范对其的确认本就是对商事外观的尊重,是商事法律容忍某些商事合同名实不符的具体表现;再比如融资租赁合同,其本质是附有担保的融资,但《民法典》仍依其名称对待其法律效力,并未穿透其经济本质进行法律效果的修

---

〔1〕 前文对此进行了说明,在此种无法显著归类的情形之中,司法机关往往将“穿透式审判”化约为“实质重于形式”或“查清案件事实”,并且在适用范围上明显超出了金融领域。这种对穿透式审判思维的理解事实上是存在偏差的。

〔2〕 在威科先行数据库中进行高级检索,设置关键词“名为、实为”,搜索范围为“裁判理由及依据”,搜索模式为“同段”,案件类型为“民事”,案由为“民事案由”,可检索到79,495条结果;该检索结果中,“合同、准合同纠纷”占比达到了99.92%,共得检索结果69,956件。数据来源:威科先行数据库,最后访问时间为2022年6月27日。

〔3〕 于程远:《论法律行为定性中的“名”与“实”》,载《法学》2021年第7期。

正。商法学者对此理解为:“这些合同不是单纯的借款合同/民间借贷合同,而是涉及若干合同,甚至体现着交易主体至少是一方当事人的高智慧,在这样的背景下仅依借款合同/民间借贷合同处理,颇有将问题简单化之嫌……”[1]该学者在论及以股权代持为代表的向上穿透时也指出:“决定‘穿透’合同关系源自裁判者自以为已经清楚、准确地了解了系争案件的事实,准确地把握了制定法上的制度及规则,唯有‘穿透’合同关系才能达到公平正义的彼岸。这在实务中仅在某些情况下是如此。”[2]据此,传统商法的原则导向、制度设计与运行机理都决定了穿透式审判的运用应当是个案的而非原则性的、普遍的;倘若在所有商事交易中均径行穿透,则这一裁判思维的泛化,将对整个商法所赖以生存的意思自治价值产生巨大冲击。

2. 穿透式司法的风险价值

穿透式审判思维不可原则性地运用的另一个原因在于,穿透式审判思维防范与应对风险的制度价值。以 10 余年前发生的“光大银行与安信信托案”为例,该案所涉及的银信合作理财产品在产生之初,就涉嫌法律规避性质。在银信合作的交易安排中,银行借这种合作机制突破了金融分业监管的束缚,并规避了利率管理、信托计划人数限制以及表内监管等强制性规定。然而,这种具有一定脱法性质的交易安排并不意味着法院一定需要最终将其认定为无效;况且,经济学的观点也指出,交易主体规避法律的交易安排,在很多时候也成了金融产品、服务和制度创新的重要动力。[3] 据此,有学者就指出,面对此种情形,“应从信托目的的违法性角度进行脱法性检验”,并且“不能扩张解释为只要与规范性文件的精神不完全符合就否认信托合同的效力”。[4]

直至今日,10 余年前的“光大银行与安信信托案”仍对穿透式审判的研

---

〔1〕 崔建远:《民事合同与商事合同之辩》,载《政法论坛》2022 年第 1 期。

〔2〕 崔建远:《民事合同与商事合同之辩》,载《政法论坛》2022 年第 1 期。

〔3〕 参见[美]弗雷德里克·S. 米什金:《货币金融学》(第 9 版),郑艳文、荆国勇译,中国人民大学出版社 2011 年版,第 266 页。

〔4〕 倪受彬、江翔宇:《从安信信托案看银信合作理财中信托合同效力问题》,载《法学》2010 年第 4 期。

究具有重要意义。该案中数个当事人选择了信托制度作为交易安排的框架，并通过交易结构的精密设计事实上达到了规避法律的效果。这种避法行为在当前的中国民法学界尚未有过系统性的论述，但已有学者通过类型化的方式对避法行为进行系统研究，指出，司法实践对法律规避行为的态度事实上已经反映出避法行为的价值中立性；[1] 对避法行为的价值评判，应当根据其是否产生负外部性、是否造成当事人权利义务的不公分配加以判断，倘若不存在上述情形，则法院应当对避法行为保持价值中立。穿透式审判思维的提出很大程度上是为了通过司法的方式，对司法实践中存在的、具有负外部性的交易形式加以管制，这体现的是一种风险治理的经济法思维，但在运用过程中，"风险治理"将有可能异化为"肆意治理"，因此需要予以必要的限制。

如前所述，在风险治理的视域下，现代社会中的风险已非建构于风险个人责任的私法和秩序行政的传统风险治理方式可轻易应对。[2] 经济法在风险社会要解决社会经济整体发展的问题，而"影响社会整体经济发展的最大问题是系统性风险——市场秩序紊乱以及产业结构不合理等引起的危机问题。这一问题也可以说是良好的市场秩序和宏观结构维护的成本分担，即经济法上的义务配置，以及市场秩序失序和宏观结构失调的风险代价（成本）如何分担的问题……"。[3] 穿透式审判思维的提出，是司法助力于风险治理的重要尝试，呈现出金融司法应对风险的价值依归。然而，司法实践中的绝大多数商事交易并不存在造成系统性风险的可能。法院在对不存在造成系统性风险可能的商事交易进行裁判时，就不存在运用穿透式思维的必要性，应当以传统私法的裁判方式进行裁判。

（三）穿透式审判的核心特征：运用前提与运用过程的分离

穿透式审判的核心特征在于运用前提与运用过程的分离。在真正运用

[1] 参见王军：《法律规避行为及其裁判方法》，载《中外法学》2015 年第 3 期。
[2] 参见闫海：《论经济法的风险规制范式》，载《法学论坛》2016 年第 1 期。
[3] 刘水林：《风险社会对经济法研究范式的挑战》，载张守文主编：《经济法研究》2019 年第 1 期，北京大学出版社 2020 年版。

穿透检视金融交易的权利义务分配、结构设置与法律关系性质前,法院应当对该金融交易是否具备造成系统性风险之可能、是否存在违背公序良俗或社会公共利益之可能进行初步判断;若确实存在以上因素发生的可能性,则可实质性运用穿透式审判遁入双方当事人的交易之中,对双方当事人的交易进行主动乃至能动的事实核查。在实质性运用穿透的场合下,法院应由风险判断与价值判断转向法教义学与利益衡量,避免在运用穿透时走向主观擅断。

1. 运用前提:风险判断与价值判断

穿透式审判思维的运用前提,是对双方当事人之间的交易进行风险判断与价值判断。此时,"穿透"作为一种实质重于形式的事实发现方法并未被实际运用,法官以一种介于司法者与社会治理者之间的能动角色对双方当事人之间的交易安排进行检视,以决定是否需要实质性运用穿透。

法院之所以应当在实质性运用穿透式思维之前,先通过风险判断与价值判断对交易安排进行检视,总体而言有三方面的原因。原因之一在于,倘若未先行考察穿透的必要性,将可能导致法官对任意交易安排均贯彻穿透式理念,这与穿透式审判思维的价值基础是背离的;同时,原则性地运用穿透本质上是一种原则性的司法能动,不符合司法克制的一般原理,也很难逃避过度追求交易经济实质的质疑。鉴于形式法治本身具备独立价值,司法实践应当认真对待法律形式主义,在一般的私法纠纷中遏制向穿透式审判"逃逸"的倾向。

司法机关之所以应当为穿透式设置运用前提,是穿透式审判作为一种经济法思维的必然结果。作为部门法的经济法是在"市场/政府失灵—国家干预"的框架下被构建起来的,它需要承担维护经济秩序、防范化解重大风险的社会功能;而这种社会功能"是一种社会对国家经济治理权的想象和期待,它经由法律制度、法律适用行为而作用于经济和社会的过程和效果可以被间接观察到,但它本身却无法被实证地加以观察、测量……这是它与私法的根本区别”。[1] 据此，经济法的运行——不论是在司法中，还是在立法中，都存在社会治理的踪迹。在金融司法中，这种踪迹通过穿透式审判思维表现出来。因此，法官运用穿透式审判之前，需要以司法者和社会治理者的双重视角看待这一交易行为，此时，穿透是一种风险判断与价值判断的思考模式。

司法机关为穿透式审判设置运用前提，还与穿透式审判作为一种“前意识”的特征有关。作为一种裁判思维，穿透式审判思维是一种体现了经济法实质正义、社会本位与适度干预三重理念的经济法思维，将不可避免侵入私法自治的边界，变相扩大商法与经济法共同调整的场域。事实上，在商法与经济法共同调整的“杂糅空间”之中，商法与经济法并非各行其是，而是犹如一张纸的两面，呈现出“你中有我，我中有你”的互相依存状态。而作为“前意识”的穿透式审判思维倘若不以前置程序加以限制，肆意扩大的自由裁量权将使金融司法中的经济法思维实现对商法思维的压制；金融司法的监管化现象也将愈演愈烈，违背穿透式审判思维的初衷。

2. 运用过程：法教义学与利益衡量

相比起穿透式审判运用的前提，其运用过程需要转变。在法官通过对双方当事人之间的交易进行风险判断与价值判断后，倘若发现此种交易安排存在通过穿透介入的必要性，则应该通过法教义学与利益衡量的法律方法介入交易安排之中对其进行穿透。这里需要阐明的是，不论是运用风险与价值判断来决定是否启用穿透，还是通过法教义学与利益衡量进行实质意义上的穿透，法官都应当在审理过程中将这一思考过程在法院的裁判文书之中体现出来，通过裁判文书公开的方式对金融实践起到指导作用，还能够形成案例库，对此后的金融司法起到启示甚至是指导作用。

穿透式审判的实际运用过程，本质上是司法机关运用法律思维与能动的事实查明姿态，对权利义务杂糅的法律关系的效力或状态进行厘清的过程。此时，倘若继续沿用穿透运用必要性的思考与论证方式，则司法能动势

[1] 刘凯：《经济法学科学化的法教义学路径》，载《政法论坛》2020 年第 1 期。

必导向极端,并对法的安定性产生剧烈的冲击。实际上,从“穿透式审判思维”这一表述来看,其本身就带有较强的价值判断色彩;而法教义学作为一种基本立场,处在就事论事、一事一议的纠纷解决方式与“法典万能”、概念主义的纠纷解决方式的中间地带,使法教义学能够在“当争议事实有多个可供选择的法律规则时,提供可供检验的、相对稳定的规则选择机制”。[1] 这种法教义学方法“既能促进法的安定性,又有助于融贯法律体系的建构,对于任意类型的法治都具有重要意义”。[2] 法教义学这一贯彻法之安定性的法律方法之所以能在穿透式审判思维中得以运用,是由于其是一个独立、开放的理论系统,它对法社会学、法政治学、法哲学等并不一味排斥,并且在发展的过程中同样表现出对社会现实和法律实践后果的关注。当下我国金融法的研究样态深刻地反映出法教义学在经济法中的实践情况,有学者将其概括为:“尽管具体论证中也会运用经验——实证的方法对相关问题进行描述和分析,但实现知识的教义化和类型化却是其终极目的。”[3]在穿透式审判思维的运用过程中运用法教义学的分析路径,是经济法思维迈向实践的必然选择;其在避免“穿透式审判”这一提法蕴藏的价值判断因素侵害司法秩序的同时,也有助于经济法理念更好地被接受,并引导金融司法更好地平衡意思自治与适当干预的关系。

与法教义学一样,利益衡量也是符合穿透式审判运用过程的一种法律方法。基于穿透式审判思维的强烈公共利益属性,忽视利益衡量的径直运用要么将走入自由裁量权的无限制扩张,要么将恪守法条主义,走向困局。在穿透式审判思维的运用场域,法院积极地追求金融领域公共政策的实现,将极有可能限制私权;在此种情况下,法院就需要通过对公共利益内涵的广泛铺陈来求得追求公共利益的妥当性,并对以权利为表征的具体法律制度

[1] 许德风:《法教义学的应用》,载《中外法学》2013 年第 5 期。

[2] 雷磊:《法教义学与法治:法教义学的治理意义》,载《法学研究》2018 年第 5 期。

[3] 张继恒:《法教义学的勃兴对经济法意味着什么》,载《现代法学》2016 年第 1 期。

中的制度利益进行衡量。[1] 在这一过程中,法教义学与利益衡量共同作用于穿透,确保穿透结果的公正性与可接受性,并在裁判说理的过程中向社会公众展示出来。

四、穿透式审判的运用规则

穿透式审判思维的实际运用应当遵循“三步走”的基本程式:在穿透前进行个案外部性审查;在穿透的过程中遵循金融司法自身的运作逻辑;在穿透后得到定性的结果,依照现行法秩序对法律关系的效力进行判断。从严格意义上说,这三个步骤中仅有第二个步骤涉及“穿透”的运用,但第一个步骤与第三个步骤都是穿透式审判思维的有机组成部分,三者共同组成了作为经济法思维的“穿透”。

(一)穿透的前置程序:个案外部性审查

穿透式审判的运用需要进行前置程序的判断,即“应予穿透必要性”的判断。“应予穿透必要性”一旦被确证,则法官可运用穿透式审判思维对双方当事人的交易安排进行法律定性;否则,应对双方当事人法律关系的外观与形式予以尊重。这种前置程序的审查具体体现为,对双方当事人间的法律行为是否存在造成外部性影响的可能进行审查,这是穿透式审判作为一种经济法思维的必然要求。

1. 个案外部性审查的理据

经济法学界对于外部性问题着墨颇多,其作为发源于经济学的概念,在解释经济法问题时同样迸发了强大的解释力。在呈现出公私二元轮廓的金融法中,外部性思维对厘清公私法二元的划分更是具有重大意义。因为金融法中的监管法规范与私法规范本就是耦合相嵌的,法官在识别一个行为是否涉及公法规范的适用时常面临莫大的困难;而外部性审查能够为这种

---

〔1〕 上述观点,参见梁上上:《利益的层次结构与利益衡量的展开——兼评加藤一郎的利益衡量论》,载《法学研究》2002 年第 1 期;梁上上:《公共利益与利益衡量》,载《政法论坛》2016 年第 6 期;梁上上:《利益衡量论》,法律出版社 2013 年版。

识别困难提供一个可供参照的依据。

关于何为外部性,经济学界虽有不同观点,但大致形成了两种定义方式:“一类是从外部性的产生主体角度来定义,另一类是从外部性的接受主体来定义。前者如萨缪尔森和诺德豪斯的定义:‘外部性是指那些生产或消费对其他团体强征了不可补偿的成本或给予了无须补偿的收益的情形。’后者如兰德尔的定义:外部性是用来表示‘当一个行动的某些效益或成本不在决策者的考虑范围内的时候所产生的一些低效率现象,也就是某些效益被给予,或某些成本被强加给没有参加这一决策的人’。”[1]由此,在公私交融的金融法实践中,如何避免外部性,尤其是负外部性问题,事实上可以等同于:如何在贯彻私法自治的前提下,避免这种私法层面的自由干涉到外部,进而导致外部(不论是第三人的,还是整个社会公众的)利益受损。在经济法视角下,这种利益受损更多地体现为一种对公共利益与公共秩序的破坏。

经济法的产生与变迁史,就是一段应对外部性问题的变迁史:正是因为运用传统的私法与行政法解决外部性问题均具有一定的局限性,而以“市场失灵/政府失灵—国家干预”框架建构的经济法则具有传统私法与行政法所无法比拟的优势,经济法才能得以产生并发展壮大。“经济法确认政府干预,尽管出自国家的‘有形之手’,却植根于市场的土壤”,[2]同时,经济法还具有社会本位的价值导向和优化资源配置的规范追求。这意味着“作为国家干预经济的基本法律形式的经济法必然能够在外部性问题解决方面发挥重要的作用。……在外部性问题解决上,经济法不仅应有所作为,而且应当有更大的作为”。[3] 以上种种,均为经济法解决外部性问题提供了理论上

---

〔1〕 沈满洪、何灵巧:《外部性的分类及外部性理论的演化》,载《浙江大学学报(人文社会科学版)》2002年第1期。其中,外部性的两种定义分别参见:[美]保罗·萨缪尔森、[美]威廉·诺德豪斯:《经济学》,萧琛等译,华夏出版社1999年版,第263页;[美]兰德尔:《资源经济学》,施以飞译,商务印书馆1989年版,第155页。

〔2〕 胡元聪:《法与经济学视野中的外部性及其解决方法分析》,载《现代法学》2007年第6期,第132页。

〔3〕 胡元聪:《经济法解决外部性问题的理论基础》,载李昌麒、岳彩申主编:《经济法论坛》第8卷,群众出版社2011年版。

的可能。

同时,经济法的实施本身也具备外部性。由于经济法以追求公共利益为目标,而这种公共利益又同时具备受益对象的不确定性特征;因此,在经济法的实施过程中,经济执法机关及其执法人员实施经济法时有可能对他人产生额外成本或收益;[1]而体现在金融司法中就是,司法机关实施经济法时将可能对他人产生额外的成本。如:经由穿透式思维进行裁判导致的同案不同判现象,将明显对金融市场交易实践造成一定的不可预测,进而对金融市场主体进行交易造成不当预期;而通过穿透对合同效力进行重新认定,也将对各方主体的权利义务配置造成不同的后果。因此,运用外部性审查的方式对是否启用穿透进行判断,是弥合二元性金融法中公私法规范交融的必由之路;这种外部性审查既能够防止金融市场中的当事人通过所谓的"金融创新",对社会公共利益——金融安全与金融稳定造成影响,也能够防止经济法思维介入市场交易所造成的,经济法实施本身所具有的负外部性。

2. 个案外部性审查的运用

明确个案外部性审查的必要性后,就必须回答"如何进行外部性审查"。诚然,外部性作为经济学上的概念,直接引入法学分析范式的确存在一定的困难;即便近年来法经济学的研究已得到迅猛发展,但在金融司法实践中进行精密的法经济学分析,事实上是一件很难完成的任务。因此,对个案外部性进行的审查只能是一种概括式的、高度裁量的审查形式。但是,个案外部性审查的高度裁量性并不意味着其可以肆意妄为,而应当从风险判断与经济法适度干预的价值两个维度对穿透的必要性进行二维审查。

对穿透的必要性进行的第一维度审查,在于检视该金融交易可能存在的风险性。金融法是经济法的有机组成部分,必然秉承经济法的社会责任本位的价值目标;在强监管背景下,这种价值目标更多地体现为金融安全。法官审查金融交易可能造成的外部风险,即该金融交易形式是否可能导致

---

[1] 参见郑鹏程:《论经济法制定与实施的外部性及其内在化》,载《中国法学》2003年第5期。

金融风险、危害金融安全时,其事实上具备了二重性的身份:第一重身份是传统意义上的司法者,第二重身份则是趋近于监管者的社会治理者。这就要求审理金融案件的法官留意金融监管的趋势,对具备时变性的金融监管方针、政策及各地经验进行提炼与总结,相机决定是否介入交易安排之中。

由于经济法回应型法的特点,负外部性需要经济法予以矫正,这种矫正体现为经济法的适度干预;其根本目的在于"降低产权充分界定的成本,尽量为当事人提供更多的可选择的交易空间,从而促使当事人通过自己的自由交易而使产权达到充分界定的水平,实现一定约束条件下的资源配置最优或产值最大化"。[1] 适度干预的重点并非在"干预",而在于"适度",这是因为不论是监管层面还是司法层面,干预都是存在成本的,体现在金融司法中亦然。这种干预成本在金融司法中通过对现有规范秩序性的影响以及对裁判效力示范性的影响等方面表现出来。因此,仅有风险性不足以成为穿透的理由,还需要检视这种牺牲一定私法秩序的干预是否有效率,是否产生高昂的干预成本,这种干预究竟能否实现经济法社会本位的基本价值。倘若通过上述两个维度的审查与判断,法院最终作出了穿透的决定,则应当在裁判文书中将穿透必要性予以实质性论述,增强判决说理的融贯性与可接受性。

(二)穿透的运行机理:遵循金融司法的运作逻辑

金融司法拥有的特殊性并不改变其司法之本质:金融司法属于司法权运行的场域,这种运行应当遵循司法的运作逻辑。上述观点似乎是不言自明的公理。但我国司法政策长期注重法律效果与社会效果相结合的现状,必须使我们重新审视金融司法应当怎样在尊重司法运作逻辑的前提下,寻求社会效果的实现。司法裁判追求法律效果与社会效果的统一,关键点是要避免过度僵化地适用法律导致个案不正义,同时要在适用法律的过程中实现对社会问题的关注。正如孔祥俊教授所言:"法律解释和适用的目的是

---

[1] 秦小红:《外部性问题与适度政府干预》,载《江西社会科学》2008年第1期。

实现社会福祉,能否达到这种目标是衡量法律适用和解释的最重要的标准。因此,社会效果是检验法律解释和适用的重要尺度。"〔1〕在金融司法中,法院对公共政策的追求不言自明,但是,在穿透的过程中,要谨防司法运作逻辑的异化;毕竟"穿透式审判思维"这一提法,本就蕴含着浓厚的社会公共政策导向。

1. 运行逻辑一:司法克制与能动的平衡

与前述追求司法社会功能所"遥遥相望"的是一种"司法功能有限主义"的主张,这种主张同样具有很强的说服力,其指出:"当我们过份地强调司法的社会功能时,总是把司法置于整个社会场域和社会治理之中来对司法活动进行总体性的考察……把对司法的整体要求强加给个案司法,我们常常忽视了个案当事人所享有的'公平受审权',忽视了当事人在司法功能上的本体地位,以社会效果插手个案,会威胁个案当事人的利益,导致个案司法的不公。"〔2〕

极端司法功能有限主义的观点与司法功能多元主义完全对立,否认司法所具有的社会功能与治理功能,显然与我国当下的法治环境不符,也无助于解决处在转型期的我国社会经济领域所出现的新问题。但是,一般意义上的司法功能有限主义并不否认司法在其核心功能以外所可能发挥的其他功能,这些功能可能包括缓解社会矛盾、促进营商环境的提升、营造良好的社会风气,等等。从这个角度来说,司法功能有限主义与司法功能多元主义并不如它们的名称一样相距甚远,只是在能动的强度与功能的发挥上存在强弱区别。如果将司法的功能划分为法理功能与社会功能,那么一般意义上的司法功能有限主义只是在强调:在当下中国的司法实践中,应当将司法的功能适度地限制在法理功能内,同时谨慎地强调司法的社会功能,避免司

〔1〕 孔祥俊:《论法律效果与社会效果的统一——一项基本司法政策的法理分析》,载《法律适用》2005年第1期。

〔2〕 孙笑侠:《论司法多元功能的逻辑关系——兼论司法功能有限主义》,载《清华法学》2016年第6期。

法承载不可承载的重负。[1] 二者的具体关系,详见图 7-1。

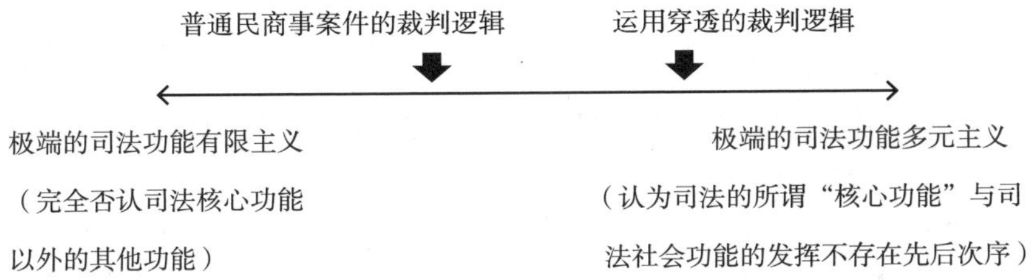

图 7-1　各种裁判逻辑的所在位置

当法院通过前置程序明确了对于个案需要运用穿透能动司法,事实上就形成了一种裁判逻辑的转变:由普通民商事案件的裁判逻辑转向运用穿透的裁判逻辑。此时,金融司法追求社会政策的功能被凸显,司法的能动性大大增强,呈现出越发明显的金融司法监管化特征。适度的司法监管化现象对法秩序、司法裁判本身运行逻辑的影响都相当有限;强监管背景下的金融司法固然对追求金融安全价值产生一定的偏好,但这种偏好是有限的。一旦金融司法对其本身运行的逻辑置若罔闻,则司法追求社会功能的倾向将会对司法本身的法理功能完全压制;法律的安定性、司法的被动性与可预期性等特点将会完全失去,最终导致司法机关的权力异化为实实在在的监管权。因此,法官在通过前置程序明确了穿透必要性后,应当在穿透的过程中尊重金融交易安排的实质价值,适度穿透,同时明确自身的权力界限。

2. 运行逻辑二:进行多层次的利益衡量

卡多佐法官有言:“试图使每个案件都达到绝对的公正就不可能发展和保持一般规则,但是如果一个规则不断造成不公正的结果,那么它就最终将

[1] 以上观点参见孙笑侠:《论司法多元功能的逻辑关系——兼论司法功能有限主义》,载《清华法学》2016 年第 6 期。笔者认为,将司法功能的有限主义与司法功能的多元主义截然划分,并不符合中国金融司法的现状。中国的金融司法应该更多地在司法功能的有限主义与司法功能的多元主义间游走,体现在裁判方式上,就是在司法的克制与能动之间。穿透式审判思维的适用,就是一个由司法克制迈向司法能动的过程,而我们需要厘清的问题应该是:在怎样的时间点,金融司法应当由克制走向能动。

被重新塑造。”〔1〕那么，金融司法中的“公正”应当如何理解呢？对此，袁康教授作出了卓有成效的研究。在他眼中：“随着金融市场的逐渐成熟以及经济社会文明的不断进步，将金融效率奉为圭臬的传统理念已难以适应金融市场发展的要求……人们开始将目光从金融促进经济增长的经济功能拓展到收入分配、区域协调等社会功能。金融社会功能的发挥，实际上是基于金融资源的公平配置实现所有社会资源的公平配置，进而达到维护社会公平、促进社会发展的效果。”〔2〕

袁康教授的这一论断至少能够给我们两方面的启示：(1)在金融发展的过程中，绝不能一味追求效率而忽视公平；(2)当下的金融，还存在发挥更多、更有意义的社会功能的广阔空间。反映在穿透式审判的语境下，由于穿透式审判思维旨在通过能动性的穿透，对市场交易中存在危害金融安全的法律行为的效力进行重塑，进而实现一种矫正正义。如果说这种矫正性质的法律思维背后的上位价值是金融公平，那么其所调整的私法领域的交易安排，就是金融效率的体现。在金融公平与金融效率之间，金融司法更应当发挥一种“稳定器”的角色——遵从司法的运行逻辑，适时对传统司法中的被动性、中立性进行一定的突破，对私法领域的意思自治、交易自由进行一定的介入；当然，它还通过个案主义的特性，对监管机关具有时变性的金融监管政策进行一定的中和，最终实现金融治理体系的相对稳定。

对金融司法“稳定器”角色的肯定需要法官在运用穿透时适度运用利益衡量的方法，将交易安排的利益划分为当事人利益、群体利益、制度利益与社会公共利益。〔3〕我们以“红鹭案”为例对利益衡量方法进行直观的展示。

在“红鹭案”中，正拓公司与有色金属公司的实际控制人罗某向民生银行南昌分行提出，由有色金属公司向红鹭公司购买阴极铜，有色金属公司以商业承兑汇票形式支付货款，再由红鹭公司持该票据向民生银行南昌分行申请贴现，罗某承诺所得贴现款项将用于归还正拓公司的逾期贷款。据此，

〔1〕［美］本杰明·卡多佐：《司法过程的性质》，苏力译，商务印书馆2019年版，第22页。

〔2〕袁康：《重新审思金融：金融公平理念的勃兴》，载《财经问题研究》2018年第1期。

〔3〕这一划分方法，参见梁上上：《利益衡量论》，法律出版社2013年版，第102~117页。

民生银行南昌分行向有色金属公司单笔授信 1.1 亿元的商业承兑汇票贴现额度。有色金属公司开具了一张以自己为出票人和付款人、红鹭公司为收款人、票面金额为 1.1 亿元的商业承兑汇票。红鹭公司(贴现申请人)与民生银行南昌分行(贴现银行)、有色金属公司(出票人)签署《贴现宝合作协议》,就案涉商票进行贴现,并进行了背书转让;同时,罗某与民生银行南昌分行签订《担保合同》,为案涉《贴现宝合作协议》项下的民生银行南昌分行全部债权承担连带担保责任。上述协议签订后,民生银行南昌分行依约办理了商业承兑汇票贴现业务,向红鹭公司支付了贴现款。红鹭公司获得贴现款后,部分由正拓公司用于归还民生银行南昌分行逾期贷款,部分用于有色金属公司经营。汇票到期后,有色金属公司未能如期支付票据款项,最终涉诉。最高人民法院最终将民生银行南昌分行与有色金属公司在该案中的真实意思表示认定为借款;案涉票据活动认定为各方通谋虚假行为,所涉相关民事行为无效,民生银行南昌分行依法不享有票据权利;该案应按虚假意思表示所隐藏的真实法律关系处理。根据这样的处理结果,法院在穿透的过程中改变了权利义务关系的配置,最终将双方当事人的法律关系认定为借贷关系。

要理解"红鹭案"的裁判结论,首先需要对案涉背景进行一定的说明。在"红鹭案"前,金融司法对融资性票据的实践长期采取了宽容态度,倾向于按照意思自治和合同自由原则,对融资性票据的实务行为并不轻易认定为"通谋虚假表示"或"合法形式掩盖非法目的"。但随着 2017 年《民法总则》(已失效)与《关于进一步加强金融审判工作的若干意见》(下文简称《金融意见》)的颁布,法院不仅拥有了《民法总则》中的通谋虚假表示制度作为规范与依据,还拥有了《金融意见》"对以金融创新为名掩盖金融风险、规避金融监管、进行制度套利的金融违规行为,要以其实际构成的法律关系确定其效力和各方的权利义务"的裁判思维背书。据此,法院在"红鹭案"中作出了截然相反的结论。

从裁判结果对各方权利义务的影响来看,这个裁判结果禁不起利益衡量方法的推敲。原因在于以下几点:

(1)认定为借贷关系对4方主体的法律后果并无区别,红鹭公司甚至能够逃脱责任,银行也不会因这一否定性的裁判结果受到惩罚。

(2)认定为借贷关系不会导致此类交易形式的消失,恰恰相反,由于法院的裁判结果具有变相的“兜底”作用,这类合同仍然会长期存在。

(3)票据法的制度利益受到损害,票据权利有无、票据关系是否成立,对参与此类交易安排的主体并不重要,因为穿透之后的法律关系是借款。

(4)法院将法律关系认定为借贷关系,且并未否认这一借贷关系的效力,那么通过司法维护金融安全的社会公共利益这一价值追求能否实现,就值得怀疑。

根据以上分析,我们整理了表7-1以直观表现该案的利益衡量情况。其中,“0”表示利益未受影响,“×”表示“并未受到保护”,“?”表示是否受到保护存疑,“+”则表示受到不当保护。

表7-1 “红鹭案”中的利益衡量

穿透后定性的具体内容	当事人具体利益				群体利益		制度利益	社会公共利益
	民生银行	正拓公司	有色金属公司	红鹭公司	银行的群体利益	融资方的群体利益	票据法基本原理(如原因关系理论、票据关系与票据权利理论)	金融安全
融资性票据	0	0	0	0	0	0	0	×
借贷关系	+	0	0	+	+	0/+	×	?

根据表7-1的结论可知,穿透后将该案中的法律关系认定为有效的借贷关系,不仅没有成功保障社会公共利益,还导致了票据法的制度利益受损,各交易主体并未因此受损,反而部分交易主体还因此得利。综上所述,该穿透的结论是失败的。

(三)穿透的法律结论:法律关系定性与效力的二分

应当明确,穿透式审判思维旨在通过穿透,发挥事实发现的功能。因此,穿透本身只能明确被穿透法律关系的性质,或否定被穿透的法律关系本身。倘若穿透后的法律关系发生了定性层面的改变，则应当走出“穿透”，回归正常的裁判方法，对有效与否进行判定。这种裁判方法有助于避免裁判者“倒果为因”，避免法律沦为政策的工具，避免折损判决说理的正当性与法律的公信力。至此，穿透式审判由“走入穿透的正当性”，再到“进入穿透”，直至“走出穿透”的三重程序已经厘清；这三重逻辑有助于金融司法在得以能动地追求金融安全目标的同时，保留其本身的运行逻辑，避免法秩序受到侵害。

在走出“穿透”后，由于穿透后的结论可能出现定性上的改变，且这种权利义务杂糅的法律关系可能面临金融监管政策与同案不同判的双重诘问。因此，法官面临的最后一道任务就需要解决以下两个问题：(1)穿透后的法律关系运用金融监管规章或政策进行否定是否正当？(2)为何穿透后的法律关系会出现同案不同判的现象？这两个问题需要法官在裁判文书中通过释法说理的方式进行集中解答。

1. 对金融规章与政策的考量与论证

穿透后的法律关系倘若是一个“新”的法律关系，需要面临一个诘问：这个“新”的法律关系的效力是否因其与现有金融规章与政策相违背，以致存在被法院判定为无效的可能？以上文提及的“红鹭案”为例，该案穿透后，法院认定为借贷关系，且并未对借贷关系这一穿透后的“新”法律关系进行否定，最终造成了利益的不平衡与穿透的失败。但是，该案中的这一法律关系的确并未违反法律、法规的效力性强制性规定，不存在无效的可能。《金融意见》明文提及：“遵循金融规律……以金融服务实体经济为价值本源，依法审理各类金融案件。对于能够实际降低交易成本，实现普惠金融，合法合规的金融交易模式依法予以保护。对以金融创新为名掩盖金融风险、规避金融监管、进行制度套利的金融违规行为，要以其实际构成的法律关系确定其效力和各方的权利义务。”那么，法院有没有可能基于这一金融领域的审判政策，并借由《民法典》中的公共利益条款，来认定这一法律关系无效呢？再假设另一种情况，倘若穿透后的法律关系并未违反法律、法规，但是违反了金融监管政策，法官是否也能通过这种论证方式否定效力呢？上述疑问可以被化约为以下两个问题：第一，国家政策与监管规章是否能够成为法源？第二，国家政策与监管规章是否有权介入法院裁判？

对于第一个问题，答案很明显是否定的。以国家政策为例，《民法通则》（已失效）第6条曾有过这样的规定："民事活动必须遵守法律，法律没有规定的，应当遵守国家政策。"2017年颁布的《民法总则》则没有了这样的规定，取而代之的是"民事主体从事民事活动，不得违反法律，不得违背公序良俗"的表述。2020年《民法典》延续了《民法总则》的规定。根据《民法典》第8条的规定，国家政策之所以能够被当作法源适用，是因为"法律没有规定"，这体现的是国家政策的漏洞填补功能。这就意味着，国家政策并不能够直接运用于司法裁判，而应当借由自由裁量确定裁判规范与国家政策的联系，才能顺利地介入司法裁判当中。[1] 因此，国家政策并非法源，"红鹭案"中的法院亦不可以《金融意见》的内容否定借款关系的效力。对于监管规章，答案同理，不再赘述。

但对于第二个问题，答案很可能与第一个问题完全相反。实践表明，国家政策与监管规章有权介入法院裁判，只是需要通过民法中的"公共利益"或"公序良俗"条款作为转介。这种转介的过程，事实上是法院将公共政策引入司法裁判的过程，也是法院创制公共政策的过程。这一过程需要在裁判文书中进行充分的释法说理，在整体上遵从法律安定性原则的同时，对其加以严格的目的论证，权衡目的实现的可能性，评估结果的异化可能性；必要时，还可以运用指导性案例、典型案例，加强公共政策进入司法的可接受性与融贯性。[2]

2. 对同案异判正当性的考量与论证

穿透后法律关系的效力还需要面临同案同判的考验。实践中常常出现这样一种情况：一种新型的交易关系在此前被认定为A关系，但经由穿透则被认定为B关系。此种法律关系的变化将导致双方当事人权利义务

---

[1] 参见张红：《论国家政策作为民法法源》，载《中国社会科学》2015年第12期。

[2] 参见陶鹏远：《经济法司法审判中公共政策的引入与创制》，载王红霞执行主编：《经济法论丛》第1卷，法律出版社2021年版，第191～192页。

关系的变化,因此关乎各方当事人的切身利益感受。倘若法官在穿透后改变了对这一法律关系的认定,同时并未对其为何突破同案同判的原因进行充分说理,则将容易被认定为“不公正的”或“不道德的”,金融司法的公信力也将无从保障。因此,法院在拒绝同案同判时,对同案不同判正当性进行考量与论证,是穿透式司法不可忽视的一环。

人们对同案同判的追求可能与案例指导制度的推行有关。自从案例指导制度实施以来,同案同判很容易被视为法官的一种法定义务加以遵循;其中,金融法领域表现得尤为典型。诸多疑难的新型金融案件经由案例指导制度,在给司法实践裁判带来“准法源”性质的帮助的同时,统一了司法机关对法律的认识,进而统一了法律的适用。但是,这种“同案同判”真的是法官的法定义务吗?如果不是,它又是什么性质?同案同判虽然是值得尊重的司法要求。但另一方面,我们又认为给予某些情形以特殊对待是正当的。二者间的关系又应当如何平衡?这种“特殊对待”在什么时候是正当的呢?

基于此问题,延伸出两种引人注目的主张。一种主张是所谓的“强主张”,这种主张认为同案同判是一个法律义务,只有在说明并非“真正同案”,才可能给予特殊对待。另一种主张是一种“弱主张”,该主张认为:同案同判虽然有重要的价值,但它只是一个与司法裁判相关的道德要求,只要成功证明它被其他的标准凌驾,我们就有了给予特殊对待的正当理由。[1] 这两种主张对金融司法如何应对同案异判提供了充分的理据,但由于“强主张”既无法解释为何同案同判是一种司法裁判的“构成性价值”,也无法确证这种道德要求的终局性,因此无法推理出“同案同判是法官的法定义务”这一实定观点。

事实上,“司法公正所面临的真正难题其实并不是‘同案同判’,而是差异化判决在个案意义上的合理性确证”。[2] 从语义层面看,同案同判更多的是在强调类似案件类似处理,“同案”与“类案”在此处是可以化约的。司

[1] 参见陈景辉:《同案同判:法律义务还是道德要求》,载《中国法学》2013 年第 3 期。

[2] 周少华:《同案同判:一个虚构的法治神话》,载《法学》2015 年第 11 期。

法裁判所依循的类型化标准来自法律自身的建构,如金融司法所倚重的案例指导制度。而同案同判"并非结果导向,而是施加理由的原则。它作为形式原则虽然具有推定优先性,但并不是终局性的,与差异化判决完全可以相容"。[1] 在笔者看来,同案同判虽然不似一种所谓"虚妄的法治神话",但其在司法裁判中的作用也的确因为其天生具有的误导性质而常被误解。金融司法在面对穿透后的同案异判现象时,无须刻意区分 A 案与 B 案的差别(当然这一区分在部分时刻可能也是必要的),而应当通过法教义学的知识和方法进行充分的说理与论证,依据既可以包括双方当事人利益衡量的结果、金融监管政策与规章的追求、法经济学的分析结果等,以实现对同案异判判定过程中价值判断不确定性的缓解。当然,这一论证过程应该在裁判文书中予以充分体现。

[1] 雷磊:《如何理解"同案同判"? ——误解及其澄清》,载《政法论丛》2020 年第 5 期。

结论与展望

穿透式审判思维是一种经济法思维，其集中体现了经济法实质正义、适度干预与社会本位的理念。在司法实践中，这三重理念对穿透式审判思维具有指导性作用。本书在对穿透式审判思维的运用实践与误区进行厘清后，建议对《九民纪要》有关穿透式审判思维的表述进行完善："法院审理金融纠纷时，若发现该金融纠纷具有外部性影响他人利益乃至社会公共利益的可能时，法院的角色应当由消极的事实发现者转向积极的、能动的事实发现者，运用穿透式审判思维查明当事人的真实意思，探求真实法律关系，进而助力于防范和化解重大风险，实现金融司法与金融监管的协同治理。"

完善后的提法更符合经济法与金融法的基本理念与价值，能够防止司法实践对穿透式审判思维的无度适用，还能凸显穿透式审判思维的应然运用原则与运用方式。在新提法之下，穿透式审判思维的运用不仅应当强调能动的事实发现功能，更应当强调穿透进入司法的底线——不允许通过穿透对法秩序造成过度损害。因此，穿透式审判思维的实际运用应当遵循"三步走"的基本程式：在穿透前进行个案外部性审查，得出"应予穿透必要性"的判断，若不存在应予穿透的必要，则无须穿透，依私法的逻辑进行裁判即可。在穿透的过程中，为避免肆意运用穿透，法院应当遵循金融司法自身的运作逻辑，避免向穿透式审判思维过度"逃逸"，避免审判权异化为广义的社会治理权。在穿透后，法院得到一个对法律关系进行定性的结果，这一结果可能与依照私法思维进行定性的结果相同，也有可能不同。但不论如何，对法律关系本身性质的认定与对法律关系效力的认定都是二分的;法院应当回归到司法权行使的本位,依现行法秩序对法律关系的效力进行判断;倘若法院试图超越现行法,依照金融监管政策或规章否认该法律关系的效力,则应当进行充分的说理论证;倘若法院的穿透结论与此前具有典范意义的裁判结论不同,也应当在裁判说理中重点运用利益衡量、法经济学等分析方式进行证明。